U0022508

圖書資訊組織原理

何光國 著

三民書局印行

周寧森 主編

圖書資訊學叢書

國立中央圖書館出版品預行編目資料

圖書資訊組織原理／何光國著--初版
--臺北市：三民，民79
面；　　公分--（圖書資訊學叢書）
含索引
ISBN 957-14-0061-0（平裝）

1.圖書分類法—哲學，原理
2.編目—哲學，原理
023.301

圖書資訊組織原理

主　編　周寧森
著　者　何光國
發行人　劉振强
著作財產權人　三民書局股份有限公司
印刷所　三民書局股份有限公司
地址／臺北市復興北路三八六號五樓
郵撥／〇〇〇九九九八—五號
初　版　中華民國七十九年六月
再　版　中華民國八十二年八月
編　號　S 02004
基本定價　伍元柒角捌分
行政院新聞局登記證局版臺業字第〇二〇〇號

ISBN 957-14-0061-0（平裝）

編者的話

當我在草擬這叢書的書名時，一位在唸圖書資訊學的同學曾建議我用「圖書資訊科學」做書名，她的意思很明顯：(1) 她認爲「圖書資訊學」是一種「科學」；(2) 用了「科學」兩個字，便可以在一般社會人士心目中提高這門學問的身價，因而便可使更多人願意學習這門學問，而獻身圖書資訊事業。這位同學的看法，不但反映了一般社會人士對「圖書資訊學」的看法，也多多少少說出了她自己和很多圖書資訊從業人員的心態。這個普及的心態來源有自，背景很是複雜。簡單的說一方面是因爲近百年來自然科學在社會進化過程中的衝擊性；另一方面，是因爲從事圖書資訊事業的人們對這門學問的認識有偏差，我很能瞭解並同情這個建議。考慮再三，我仍然用「圖書資訊學」做書名，我覺得，「學」字本身便已經有了「系統化研求」的涵義，而且在一般社會人士的心目中，旣然已將「科學」二字當作「自然科學」的專用詞，又何必在已經複雜已極的現代名詞中，爲大家更增添不必要的混淆？巴特勒先生 (Pierce Butler) 說得好：「不管如何，一個詞的意義決定在社會的採納與否，而不在邏輯性地下定義。」❶再說回頭，要改變一般社會人士對這門學問的看法，不是硬用「科學」一詞便可以達到的，一切還得看這門學問是不是值得人們冠以「科學」這個詞，還得看我們從事這項事業的人是否值得人們重視。

---

❶ Butl er, Pierce, *An Introduction to Library Science*, Chicago: University of Chicago Press, 1933, p. 2.

我感謝這位同學的建議，但也不想爲不採納這個建議而致歉。

知識的成長是社會進步的原動力，而圖書資訊卻是知識成長必備的要素。知識是人們日積月累的經驗和研究的成果，這些知識的結晶便儲藏在圖書資訊中。圖書資訊學是研究：

①、目前及以往圖書資訊的型態；

②、蒐集它們的方法；

③、整理它們的過程和方法；以及

④、傳播它們到需求者的方式、過程和途徑。

根據上述四項研究成果來改進一切圖書資訊的作業程序，並推測、試擬未來圖書資訊作業的方向與方法，所以，我們也可以說圖書資訊學是社會進步、文化發揚的基石。

參照國內需求，這套叢書先出十本作第一輯：

①、圖書資訊學導論　周寧森著

②、圖書館藏之規劃與發展　張鼎鍾著

③、圖書資訊組織原理　何光國著

④、圖書資訊之儲存及檢索　張庭國著

⑤、圖書館之管理及組織　李華偉著

⑥、圖書館際合作與資訊網之建設　林孟眞著

⑦、美國國會圖書館主題編目　陳麥麟屏、林國強合著

⑧、圖書館與當代資訊科技　景懿頻著

⑨、圖書資訊學專業教育　沈寶環著

⑩、法律圖書館　夏道泰著

本叢書的作者都是當代圖書資訊學的精英，內容均能推陳出新，深入淺出，特地在此向他們致最高的敬意和最深的謝意，若有疏漏之處，都是編者一人的責任。

最後，我要向三民書局劉振強先生致敬，像這樣專業性的學術叢書是注定了要蝕本的，劉先生爲了國家民族的遠景，毅然斥資去做這項明知無利可圖但影響深遠的事，實在不由人不佩服。

主編
周寧森

1989於新澤西州

沈　序

何光國教授的大作《圖書資訊組織原理》問世了!

在我國圖書資訊學文獻的出版消息裏，這算得是引人注意，振奮人心的頭條新聞，值得慶祝，值得大書特書。

這部經典鉅著是《圖書資訊學叢書》的第一種。叢書主編是大名鼎鼎的周寧森教授。寧森兄慧眼識人，精挑細選的結果，情商光國兄爲這本書的執筆人。近來我有兩次和寧森兄見面的機會，話題自然而然的轉到這部書上。他對我說:「光國這本書越寫越好，越到後面越精彩。」對於他的評語，我舉雙手贊成。他講話時眼神中顯露出來的滿意光輝，表情鄭重仍然掩蓋不住欣賞的笑意，至今仍然歷歷在目。我在完全贊同他的意見之餘，仍然忍不住加了一點補充，我說:「從頭到尾，的確不凡。」這句話雖然脫口而出，卻是我內心深處的眞正感受。

以專業的立場而論，寧森兄是身經百戰的宿將，我則是服終身役的老兵，我們都謹遵圖書館工作人員的言行守則，更不致違背介紹資訊、製作書評的倫理。我們可能以略嫌過份的語言贊賞一個美麗的女郎，但是我們絕不會放鬆對一本學術著作的嚴格評價。這部書「精彩」、「不凡」，好處在那裏?

第一，這部書是獨特的、空前的，而且具有創意。

就研討圖書資訊的「組織原理」而言，光國兄是在「專賣」，到目前爲止還是「祇此一家，別無分店。」因此我說「空前」，更由於本書內容涉及若干值得討論的項目，可能引發很多的反應和共鳴，我熱誠的期待這種情況出現，這是我刪除「絕後」兩字的原因。在自序中光國兄指出：「……（這是）一本研究如何有效組織圖書資訊（爲主）和非書資料（爲輔）的書。過去和現在許多中外圖書館學專家學者，對如何組織圖書資訊這個問題都有過不少卓見，但純以資訊觀點爲中心者，則尚待發掘。」仔細拜讀這部書之後，我對從事我們這一行的朋友說：「光國兄的努力耕耘，『發掘』了自己」。

第二，這部書有極高的可讀性。

可讀性是現代寫作的要件之一。余光中在《大書坊》中指出：「朱光潛拿到一本書，往往先翻一兩頁，如果發現文字不好，就不讀下去了。我要買書，也是如此……因爲一個人必須想得清楚，才能寫得清楚；反之，文字夾雜不清的人，思想也一定混亂。所以文字不好的書，不讀也罷。」光國兄文學修養極深，文字寫得行雲流水，深入淺出，令人看來不忍釋手。這部書是我親自護送回國的，是道道地地的「限時專送」。好幾磅重的原稿我放在隨身攜帶的手提箱裏，一方面我怕失落，對不住朋友，再則我可以先睹爲快，在飛機上的十幾個小時，我把這部書前後翻閱，一氣呵成的拜讀完畢。培根說閱讀的方法有三，有的書輕嘗略試 (Tasted) 卽可，有的可以囫圇吞棗 (Swallowed)，若干則必須細嚼消化(Chewed and Digested)。我是以欣賞的態度，運用最後一種方法來看這部書的。光國兄的寫作紙上活躍，正好像他講話一樣風趣，妙語如珠的例子不勝列擧。例如他說：「資訊是所得，而知識則爲累積的資本。」，「分類和編目——它們不僅可以分家，還可以老死不相聞問……。」光國兄是圖書資訊學的大牌學人，看過他這本書後，我想如果他不是走的我們這條路，改行做政論家、文藝家，他也會成名的。

第三，這部書始終以做好讀者服務爲重心。

圖書館的經營理念是建築在技術服務和讀者服務兩大支柱下的，

兩者之間如何取得平衡，是圖書館工作最主要的挑戰。有識之士，深爲這種問題憂慮。我的好朋友范承源教授曾經幾度對我講：「大家拼命提倡技術，不要走火入魔才好。」光國兄的偉大之處，就是他隨時流露出來他對讀者的關切。他說：「圖書館存在的目的，是設法將讀者和他需要的資料，儘快的溝通和連結在一起。因此，圖書館一方面不僅要提供讀者成千上萬的圖書資料，另一方面還要建立一套捷便確實的檢索工具，使讀者笑著進來，笑著出去。」光國兄要讓讀者「笑進笑出」，因爲他知道這是大勢所趨。他又指出：「三十年前圖書館對讀者的需求，有絕對的控制力量。三十年後的今天，那種控制力量反過來掌握在讀者的手裏，……時代在變。」讀者各型各色，我在〈未來的圖書館無紙行嗎？〉一文中曾經提出：「無紙論者可能低估了讀者的反應，更沒有考慮使用者的習慣。躺在床上，一卷在手，有時加上一支香煙，我覺得其樂無窮。誰願意把綠色光芒閃爍的終端機放在床頭呢？」光國兄成竹在胸，他的結論是「一本書在手和一片光碟在手，對讀者來說，心情和感受都會不同的。」希望大家都記得他這句話。

第四，這部書加強了圖書館工作人員的自信心。

由於資訊科技的突飛猛進，加之出版品污染，圖書館會不會遭受到無情的淘汰而淪落爲祇能收藏過時資訊的舊書博物院？蘭開斯特的話在圖書館界產生了極大的震憾。光國兄的意見爲我們的行業注射了一針強心劑。他說：「將來或者有那麼一天，讀者借助高超的電子設備，直接與資訊（知識）溝通，毋需再透過圖書館，甚至出版商等中間人。但是，若從『羣體知識』的觀點上看，圖書館的中介地位仍不可少，因爲祇有圖書館才力足供應讀者『羣體知識』——一種以主題爲中心的完整知識。」

光國兄寫了一本好書。什麼樣的書才算好書？根據亞柯特(Amos Bronson Alcott) 的解釋：「當你翻開一本書時心中有所期待，而讀完時感覺到欣喜和若有所得時，就是好書。」這一點，光國兄是做到了的。凡是看過我寫的〈重讀（美國）公共圖書館調查後的省思〉一文的讀者，都知道我有重讀好書的習慣，這部書我當然不會就此罷手。讓一部好書「束之高閣」是違背良知的行爲。亞柯特所謂的「有所期待，欣喜和若有所得」看來頗有詩意，但在氣勢上略嫌軟弱了一點，祇能形容一般性的讀物。我覺得像光國兄這樣的作品，就應該用讀後「恍然大悟」和「豁然貫通」的字樣，在價值的層次上比較合適。在基本組織、內容和思想上《圖書資訊組織原理》幾乎是「零缺點」，無懈可擊。其最可貴之處在於能夠啟發讀者的思想，導致進一步討論的可能。以下是幾個例子：

⑴他說：「有了主題，才會有知識；沒有主題，便沒有知識。」

這句話我聽得進也深以爲然。不過我曾經看過一本薄薄的書，書名是《不按牌理出牌》。這本書並不教我們怎樣打麻將，而是一本散文集。我覺得寫得相當有水準，對於知識的增長，不無小補。但我當時就在爲分類編目館員躭心，他們怎樣處置這一本書，它的主題是什麼？

⑵他說：「當我們完畢知識面的討論後，讀者就會更清楚在館藏發展中增建『面』比增添『點』更重要。」

沒有人敢說這句話錯。在館藏規劃中，當然要考慮通盤，力求均衡，一味在「點」上做文章，結果館藏就會有支離破碎的情況出現。但在組織的邏輯上，「點」、「線」、「面」的次序是一定的，如果沒有「點」，那裏會有「面」？

⑶他說：「……圖書和雜誌不是最具成效的中介物，……而是指

「紙」在意思的表達上，不夠逼眞和傳神。紙的先天缺欠，使它奏不出悅耳動聽的歌曲，散發不出美麗的光彩。……紙上的兔子，旣不能跳又不能跑。總之，在引人入勝、寓教於娛的功用上，白紙黑字完全起不了作用。」

光國兄講的是實情，我們都有同感。不過我也要爲圖書出版事業略作辯護，他們正在朝這個方向努力。我在〈二十一世紀的公共圖書館〉一文中就提出：

會唱歌的雜誌

「當紐約雜誌的一百多萬名讀者翻開1987年11月30日一期時，他們極爲驚訝的聽到「聖誕鐘聲」……的輕巧合唱歌聲，音樂是由隱藏在雜誌中的音樂晶片發出的。」

又在聯合報副刊上（民國79年3月1日，25版）載有〈可以玩的書——讓孩子動腦又動手〉一文，其中寫有下列文字：

「……皮皮愛玩小白兔，小白兔是美國一本童話書的主角。每翻一頁，小白兔就從書中跳出來，跟著皮皮一頁一頁跑。」

嚴格的說，會唱歌的雜誌是靠外來的助力——音樂晶片，可以玩的書是塑膠書，不是紙製的，因此和光國兄的高論沒有衝突。我祇是指出一個發展的方向而已，說不定有一天會達到光國兄的願望。

林衡哲在《讀書的情趣》的序中引用約翰生的話說：「你要瞭解一個人，最好是看他讀的是什麼書。」我套用這句話說：「要瞭解一個學人，要看他寫的是什麼書。」我是反對述而不作的，我認爲不出版的研究，算不得研究。這本書祇有光國兄才寫得出來，希望他能多寫幾本書，讓我們一讀、二讀、三讀。

沈　寶　環　謹序

1990年3月4日

自　序

假如西方哲人亞里斯多德的 *Politics* 一書，因受他當時的時空環境所限制，以現在的眼光看，不能算是一部思想完整的著作；假如 Euclid 的 *Elements of Geometry* 一書，因沒有涵蓋全部平行線定律的有關假定，而不夠完整；再假如約翰·杜威 (John Dewey) 的 *How We Think* 一書，因沒有談到「閱讀」和「講授」也可以激發人們思考，也不能算是一本完整作品的話，那麼這本《圖書資訊組織原理》，就更不能算是一本完整的作品了。實在的，圖書資訊的組織是一個相當大的題目，很難面面顧到。不過，筆者的本意也只想拋磚引玉。

我國有句俗話：「乘轎不知抬轎難」。一向喜歡看書（這也許與筆者喜愛這行職業有關），可從不知道寫書還有那麼多的艱難。平時雖也寫點小文章，寫書還眞是第一遭。由於經驗缺乏，如何使章節內容能夠一脈相承、前後連貫，就費了很長一段時間。術語的選用，也頗費周折。幸好手邊有一本李德竹教授賜贈的《圖書館學暨資訊科學字彙》（民74年版），否則眞還不知從何著手。凡在該字典中找不到的術語，概爲筆者自創或試譯。英譯中時，爲了避免「詞不達意」的弊病，如直譯無法正確反映事項的眞意，則採用意譯。

著作的目的，本不在供讀者謳歌拱拜，而是讓他們鑑賞批判。因此，如何能夠使筆者個人的觀念，簡單正確而又完整的表達出來，的確也絞了不少腦汁。但是，不管如何，這「第一遭」的經驗對筆者來說都是非常寶貴和有價值的。

這本《圖書資訊組織原理》，顧名思義，偏重理論性的探討。它既不是一本編目規則，也不是一則分類大綱，而是一本研究如何有效組織圖書資訊（爲主）和非圖書資訊（爲輔）的書。過去和現在許多中外圖書館學專家學者，對如何組織圖書資訊這個問題都有過不少卓見。但純以資訊（Information）觀點爲中心者，則尚待發掘。筆者忝爲圖書館資訊行業中的一名小兵，才疏學淺，也效野人獻曝，欲以一得之愚，請教於各位同業先進。尚祈不吝指正。

這本小書能夠和讀者見面，筆者應該特別感謝鄉長寧森兄的愛護和鼓勵。付梓之前，更蒙寶環公過目匡正，並允賜序，使本書增輝不少。隆情厚誼，衷心感激。李德竹教授贈書，一直無以回報，正好借這個機會，向李教授深致謝忱。在臺灣大學教書那年，有幸結識了很多國內圖書館學界的精英才俊，他們給了筆者不少的啟示。在這「舉世混濁」的環境裏，也許只有我們圖書館這一行最眞純清高。願借這個機會，祝福他們繼續成功。

謹以此書紀念已故雙親

何光國謹識

美國華盛頓 Howard University

1989年10月

圖書資訊組織原理

目　次

圖　例

表　　例

第一章 概 論

五十年前，很少有人知道電腦這樣東西，更沒有多少人研究資訊學 (Information Science)。且不說電腦，資訊可是從我們黃帝開天闢地的時候就已經有了的。只是當時的人和五十年前的人一樣，都不當它是一門專門學問。當時的人也不知道他們每天所聽到的、見到的、說的、寫的、讀的，甚至在腦子裏胡思亂想的那些「東西」，都是我們現代人所謂的資訊，或另外一些人所稱的消息、訊息、和情報。

人類之所以異於禽獸，是人類賦有愼思明辨的能力和智慧。古人從累積的經驗中，辨別出冷暖、善惡、安危和生死。他們趨吉避兇，積穀防飢、趨暖避寒。有了文字以後，他們便將這些親自體驗的一些事，刻繪在石壁上、泥片上、甲骨上、竹簡上。讓後人能够吸取「歷史的教訓」。

前人的經驗，包括發現、發明、觀察，和有關人、事、天時等各種紀錄。這些紀錄留傳了幾千年。只要地球還留存在太陽系裏，它們還會繼續地留傳下去一千年、一萬年、億萬年。在這段漫長的歲月裏，就像過去千百年的日子一樣，某些紀錄會散失、會燒燬、會改頭換面，有的也會依然故我。人類就在這些紀錄的替換中，變得更聰明、更機警，也更狡猾。

倉頡造字，洩漏了天機，將人教壞了。所以在他造字的時候，

「天雨粟，鬼夜哭」。人有了文字，都爭着去賺錢，而不再去辛苦種田了。於是上天怕人不够吃，所以降下米來救急。連鬼也怕人用文字(咒符)來制他們，所以夜裏哭嚎❶。這雖然只是一段故事，可是卻淋漓地描寫盡文字的力量，同時也間接的說明了它帶給人類的進步和文明。

我們從農業社會，進入了工業社會。如今又從工業社會進入了所謂資訊社會 (Information Society)❷。在資訊社會中的人，已不再崇尚製造，而改向資訊服務❸。現在的趨勢，更已從資訊管理(Information Management) 跳入了知識管理 (Knowledge Management)❹。在高等資訊社會中，知識管理的重要，遠遠超過資訊管理。資訊在未演變成知識以前，只是一些片斷的「資訊原料」(Data)。雖然它們在數量上近年來已造成「資訊污染」，但是除了帶給知識界人士一種無可奈何的煩燥和閉塞的感覺外，還不見有其他大害。

知識管理的重點在知識的生產、傳佈、擷取、和利用。在資訊社會中，圖書館之所以能够佔有着一個非常重要的地位，就因為它的作業和服務，正屬於如今當道的熱門專業——知識管理。雖然很少牽涉到直接的生產知識，圖書館卻是不折不扣組織知識、傳佈知識、提供讀者擷取知識和利用知識的場所。知識的組成基本單元為資訊(Information)，因此我們也可以說圖書館是組織資訊、傳佈資訊、供應資訊和利用資訊的地方。這也就是圖書館的四大傳統功能和目的。二千多年來一部圖書館發展史，多多少少可說都是有關這些功能

---

❶ 朱自清，《經典常談》，臺北縣：漢京文化事業有限公司，民72年，頁1。
❷ Bell, Daniel, "The Information Society", In: *The Microlectronics Revolution*, Cambridge, MA: MIT Press, 1981, pp. 500-549.
❸ 同❷，p. 522.
❹ Henry, Nicholas, "Knowledge Management," In: *Libraries in Post-Industrial Society*, Phoenix, AZ: Oryx Press, 1977, pp. 175-184.

和目的的紀錄和見證。

「利用」這二個字，在英文中的同義字包括 use, utilize, 和 employ。在字義上，它們都隱含「舉手之勞」的意思。也就等於一桌子的菜，客人只需挑選合胃口的進食，就可達到他「大快朵頤」的目的。這一桌菜，可以比作圖書館的豐富館藏，而擔任烹調的主人，便是圖書館專業人員。被請的客人則是讀者。可是，二十世紀末期的讀者，他們對資訊的需求，已不再是被請的客人，而是一羣經驗老到的食客。三十年前，圖書館對讀者的需求，有絕對的控制力量。三十年後的今天，那種控制力卻反過來被掌握在讀者的手裏。從整個作業和服務的觀點上看，圖書館已不再需要強調圖書資訊的利用，而是如何增進讀者對它們的使用。時代在變、讀者對資訊和知識的追求慾望，自然地也會跟着變。

知識的發展和進步，靠迅速確實的傳遞。而知識的傳遞又依靠便於使用的知識儲存媒體。媒體的使用，又靠適當的展示和安排。而適當的展示和安排，則需對圖書館精心蒐集來的各種圖書資訊，予以有效和有系統的組織。這一系列的連鎖行動，清楚的說明今日圖書館在傳播知識中的重要地位。

暫時不談圖書資訊應該有怎樣的組織才能算是有效和有系統，且讓我們先瞭解一下目前圖書館界共同面臨的幾點困難:

一、圖書資訊的數量急性膨脹:

一般學者都認爲第二次世界大戰結束以後，圖書資訊的數量有突然發生急性膨脹的現象。美國圖書館學文獻中多稱這種現象爲「資訊爆炸」(Information Explosion)。其實，這種觀念是不十分正確的。根據美國歷年新書（不算新再版）出產量統計（附錄一），我們可以看出除了兩次大戰和經濟不景氣的幾段時期外，美國新書的成長是漸進而不是突發的。也許美國的出版業，不能代表世界，但是用它來作爲樣板，應該錯不到那裏去。不過，有一點應該說明，這裏所謂的「漸進」並不是等量累積，$\sum_{i=1}^{n} K$，的漸進，而實是不等量累積，$\sum_{i=1}^{n} X_i$，的漸進。也就是說，它是一種和知識發展一樣的滾雪球式的漸進。不管怎麼說，這種有增無減的膨脹現象，不僅蠶食了圖書資訊貯藏的空間，而且在圖書資訊的管理上，尤其是在讀者對圖書資訊的使用上，都增加了不少困難。爲了強調這種膨脹趨勢，從下面三組不同的數字，當可見一斑：

1. 期刊、叢刊：

(1) 現在世界上究竟一共出版多少種期刊、叢刊，很少有人能說出一個確切的數目。1986年出版的 *Ulrich's International Periodical Directory* 一共列舉出68,800種，分成534類的世界性期刊。在*Ulrich's Irregular Serials and Annual*中，另外又列出446種主題標目，35,000 種叢刊或年刊。在 Ulrich 的資料庫中，一共列有由 197 個國家，59,000家出版商出版的133,990種定期和不定期的期刊和叢刊。

(2) 在1989 *Standard Periodical Directory* 裏，列舉出由美國和加拿大二國出版的期刊共65,000種。

(3) 美國研究圖書館協會(Association of Research Libraries)會員圖書館中每年訂購期、叢刊最多的四所大學圖書館及它們訂購的數量[5]。

---

[5] *ARL Statistics, 1987-88*, Washington, DC: ARL, 1988, p. 44.

學　校	期叢刊定購量
哈佛大學	102,000種
加州大學，伯克萊校區	98,861種
加州大學，洛杉磯校區	94,757種
伊利諾大學	92,530種

(4) 根據某文獻中估計，到公元2000年，世界期叢刊數量將會達到1,500,000種❻。

2. 圖書:

(1) 從1977年到1986年，十年間，美國共出版新書（不包括平裝和再版）384,478種（附錄一）。

(2) 根據美國研究圖書館協會統計，在藏書最多的五所會員圖書館中，從 1978 年度至 1988 年度十年中，新書增加比率在17.67%至 42.8%之間。增加幅度以加州大學，伯克萊校區最大，42.8%或2,155,068冊。

學　　校	1977-78	1987-88	增加册數	%
哈佛大學	9,753,214	11,496,906	1,723,692	+17.67
耶魯大學	7,072,345	8,538,156	1,465,811	+20.73
伊利諾大學	5,622,938	7,377,051	1,754,113	+31.20
加大，伯克萊校區	5,035,753	7,190,821	2,155,068	+42.80
密契根大學	5,049,501	6,133,171	1,083,670	+21.46

資料來源: *ARL Statistics*, 1977-78, p. 6; 1987-88, p. 42

(3) 哈佛大學1988年度一年中增加了 313,922冊。美國研究圖

❻ Taylor, David, *Managing the Serials Explosion*, White Plains, NY: Knowledge Industry Publications, 1982, p. 3.

書館協會119 所會員圖書館，在1988年度共有藏書三億三千八百九十餘萬册，其中大學會員圖書館佔二億九千零三十四萬餘册❼。

3. 縮影資料:

美國研圖協會會員圖書館中，縮影資料達到四百萬種以上的共有加大洛杉磯校區、哈佛大學、華盛頓大學、密蘇里大學、康乃爾大學、維州理工大學、加大伯克萊校區、和德州大學等八所大學圖書館。119 所會員圖書館共有縮影資料二億七千一百九十七萬餘件。其中大學會員圖書館佔二億四千六百餘萬件❽。

二、圖書資訊內容日漸複雜:

近年來由於專門知識的種類不斷增加，有了很多新發現，使得原本不相關的知識建立起新的關係。這種新關係的形成，引起了圖書資訊組織上分類、編目、和排架次序調整等等一連串的問題。類目要重新擬定，分類標記也要跟着修改，著錄、排架等也要改。在傳統式人工作業的情況下，這種牽一髮而動全身的變動，最易受到圖書館專業人員的抵制。不過，在線上目錄的環境中，這種困難就會減少很多。

新知識的不斷發現，對分合式分類(Analytical-synthetic Classification) 來說，雖然有關主題的術語和詞彙經常的改變，可是在作業上和使用上所引起的困擾，卻不是一朝一夕解決得了。

三、資訊語言的障礙:

二次大戰後，資訊的需求已逐漸世界化。可是，一般讀者面對着

---

❼ 同❺，頁42。
❽ 同❺，頁29。

嚴重的語言障礙，都仰賴翻譯。雖然世界上85%的重要科技出版品都爲英文，對英語國家的讀者來說，仍有15%的重要作品需要翻譯。而對那些不懂英語的讀者，所遭遇到的語言障礙則更加嚴重。同時，在資訊的組織及整理上，也經驗到同樣的困難。

四、出版品體裁不一：

如專利文件、規格標準、政府出產品等，它們在內容敍述的方式上，與普通圖書資訊完全不同。因此在編目及分類上，常常發生困難。

五、出版方式的改變：

近年來，很多重要文獻的出版，多已不再透過正規出版商。因此，像全國性的書目控制機構，如美國國會圖書館，對這些圖訊資料便失去了控制。結果這類資料很少能够歸納入全國或國際性的書目資料庫中，因而造成資訊的損失和殘缺。

六、資訊表達方式的日趨複雜：

人們尋求資訊，無論巨細、複雜或簡單，都有他們的目的。譬如，有人喜歡閱讀某作家的著作；另一批讀者則喜歡看有關天文的書籍。往往一份圖書資訊所涵蓋的內容，並非出自一位作者，而是好幾位作者，並且包含好幾種不同的學科主題。再說，同樣的一篇有關人口調查的文章，索取的人可能來自各個不同的行業，如統計家、市場研究專家、經濟學家、社會學家等等。像這類資訊在需求及組成上彼此的糾纏不清，不僅使讀者感到困惑非常，而且使圖書資訊的組織工作也倍加困難。線上檢索的興起，只能算是解決了問題的一半。

七、非印刷類媒體的快速成長：

圖書資訊媒體在過去十年中，已逐漸擺脫「印刷和紙」的限制，而進入了以機械方式製作和儲存的新境地。這種結果，使圖書館的財源分散，變相的使圖訊資料的預算減低。不僅如此，由於非書資料在使用和典藏上的種種限制，使得每所圖書館都面對圖書資訊組織上的困難。這一點我們將會再進一步的討論，暫且不提。

上述七點困難，清楚的說明了圖書資訊的「多」、「雜」、和「亂」。在這種情況下，任何圖書館都必須先做好圖書資訊的控制和管理工作。否則，讀者擷取利用圖書資料的機會將會大大減低。圖書館存在的目的，是設法將讀者和他所需要的資料，盡快的溝通和聯結在一起。因此，圖書館一方面不僅要提供讀者成千上萬的圖訊資料，另一方面還要建立一套捷便確實的檢索工具。使讀者笑着進來，笑着出去。

圖書資訊的組織——敍述著錄、分類、編製目錄、和編製索引，是圖書館的重點作業。爲了正名，我們在這裏先解釋二個小問題。「圖書」(Book) 是眾多儲存資訊媒體之一種。習慣上，我們多用「圖書」這二個字，作爲各種儲存媒體的族類術語 (Generic term)。從字面上看，「圖書」本身只是一種媒體的外表。因此，若我們說「圖書編目和分類」，不啻局限於對媒體外涵的編目和分類，而忘掉了分類的中心對象，那就是儲存在圖書媒體中的內容 (Content)。而「內容」，則是我們所謂的資訊 (Information)。所以說，當我們談編目和分類，就不應該稱「圖書編目和分類」，而應稱「圖書資訊的編目和分類」。這樣的話，「裏」「外」兩面都兼顧到了。

很多人認爲圖書資訊的分類和編目（指根據標準格式爲圖書資訊著錄，建立單元紀錄的工作）是一物的二面，它們是不分家的。其實，它們不僅可以分家，還可老死不相聞問。說得直接一點，就是任何一批圖訊資料都可以做到「分類而不編目」、「編目而不分類」、

「既分類又編目」，「既不分類，也不編目」、和「部分分類和部分編目」。究竟採取那一種方式，個別圖書館得酌視該館需要而定。事實上，很少大型圖書館將全數圖訊資料都分類或編目。不是不能，是不爲矣。

無論從管理或使用的觀點上着眼，圖書資訊必須予以有效的組織，殆無異議。可是要怎麼樣去組織才算有效呢？經驗告訴我們，要靠下面二種方式：

1. 組織圖書資訊個體：
   (1) 敍述著錄——編目
   (2) 擬定主題——分類
2. 組織圖書資訊整體：
   (1) 編製目錄
   (2) 編製索引

在組織圖書資訊的過程中，遺漏其中任何一項，它都不能稱爲完整的組織。「個體資訊」的組織是爲圖訊資料建立個別的紀錄，爲訂定圖訊資料在書架上排列展示的次序，爲組合「整體資訊」奠基礎。而組織「整體資訊」，則爲便利讀者檢索。這是組織圖書資訊的最後一道手續。

另外還有一件事，値得在這裏略作交待。那就是「資訊」應該分成二種：一爲「未定型資訊」，另一種爲「定型資訊」。與圖書館業務有直接關係的只有「定型資訊」[9]。

---

[9] J. H. Shera 也有類似的說法，但不具體。請參看 J. H. Shera and M. E. Egan ed, *Bibliographic Organization*, Chicago, IL: University of Chicago Press, 1951, pp. v-vi.

本書的中心旨意在研討有關圖書資訊組織的理論。不過在涉及正題以前，我們必須瞭解資訊、知識和圖書資訊形成的原理。然後再分章的討論個體資訊的組織——著錄和分類，和整體資訊的組織——目錄和索引的編製。在資訊時代中的知識人，不能不瞭解新科技會給他們帶來何種新的希望和便利，所以我們接著將論題轉到「圖書資訊組織自動化」，討論它的現在和將來，以及對圖書資訊組織的衝擊和影響。最後，爲了完成組織圖書館中全部資料的心願，我們也必須簡略的討論一下組織圖書資訊以外的其他資訊組織原理。

現在就讓筆者從資訊的形成開始。

第二章　資訊之意義及組織

第一節　「資訊原料」與資訊

一、資訊原料(Data):

科技發展的一日千里，已使工業社會步入了所謂的「資訊社會」(Information Society)❶。在這個新的生活環境裏，耳聞目睹，無不都是資訊。尤其像圖書館這個「資訊社會」的中堅，更是以蒐集資訊、組織資訊、傳佈資訊爲生活。但是，究竟甚麼是「資訊」呢？若要解答這個問題，我們必須先弄清楚甚麼是「資訊原料」(Data)。

簡單的說，「資訊原料」是一堆或一羣散亂無章的文字、數目字、或其他有代表性的符號。這些文字、數目字、或符號的本身，在沒有經過系統性整理以前，對一般資訊使用者，毫無意義。換句話說，凡不具備明確意義的任何一組文字、數目字、或符號，通稱爲「資訊原料」。在沒有經過整理以前，它們的功用極爲有限。

二、資訊 (Information):

「資訊」這二個字，對一般人來說，可能還相當陌生。在普通的中文字典中還找不到它。即使在一般性的英漢大辭典中，對 Infor-

❶ Bell, Daniel, "The Social Framework of the Information Society," In: *The Microelectronics Revolution*, ed. by Tom Forester. Cambridge, MA: MIT Press, 1981, pp. 550-572.

mation 這個字也沒有「資訊」這種註釋。Information 這個字，大約出現在十四世紀。它的含意廣，用途也廣。根據《韋氏第九版新大學字典》❷，該字的意義包括(1)知識、消息；(2)情報、新聞；(3)事實、資料；(4)信號、文字；(5)告發、告訴等。這些註解實際上與我們所謂「資訊學」(Information Science) 中的資訊，並無十分密切的關係。在韋氏字典的不同版本中，對「資訊」卻有如下的解釋❸：

> 凡可以儲存在電腦中，而又可以從電腦中檢索出來的資訊原料，都稱爲資訊。

上面這個定義已很接近資訊學家對「資訊」所下的詮義❹：

> 資訊是將資訊原料整理成一組對收受者具有意義的詞句或數目。

三、「資訊原料」與「資訊」實例：

下面三組實例，說明了「資訊原料」與「資訊」本質上的差異。圖一(A)中的八個單字：務、館、部、書、技、圖、術、服。每個字，若個別看起來，都有它的解釋。除此之外，並不見有其他意義。可是，若我們設法像玩拼字遊戲一樣的將這些單字整理出來，並且重新排列如圖一(B)，它們便變成「圖書館技術服務部」❺。原來那八個單字，經過這樣一整理，它們的意義，就相當的明顯了。

---

❷ *Webster's Ninth New Collegiate Dictionary*, Springfield, MA: Merriam-Webster, 1988, p. 620.

❸ *Webster's New World Dictionary of the American Language*, 2nd ed. NY: Simon And Schuster, 1980, p. 723.

❹ Burch, John G. Jr. et al, *Information Systems: Theory and Practice*, 3rd. NY: John Wiley, 1983 p. 4.

❺ 整理結果，也可組成「技術館圖書服務部」，不過這個名稱非本文之原意。

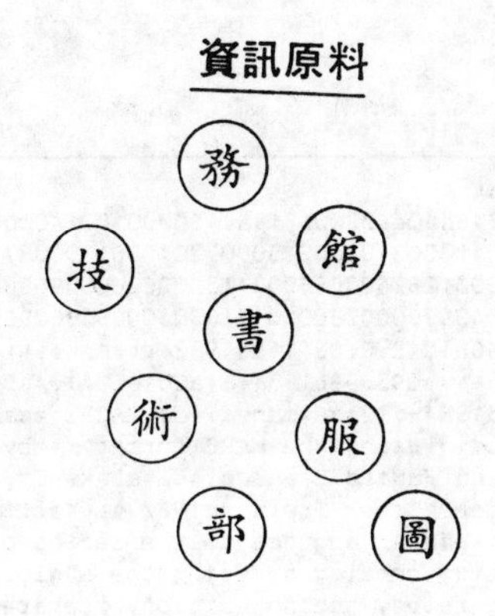

圖一(A)　資訊原料

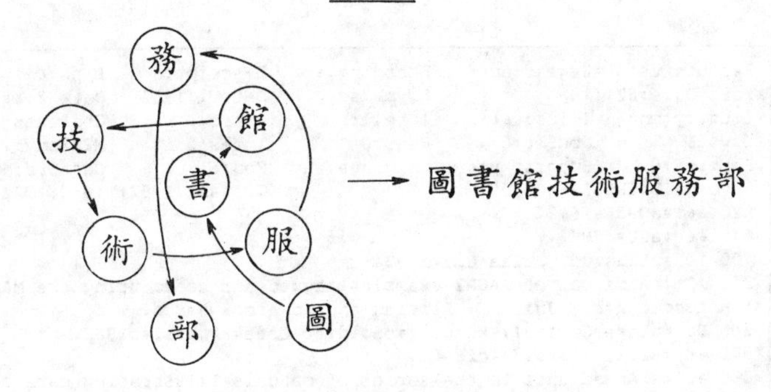

圖一(B)　資訊

同樣的，再看圖二(A)中一系列的數字、文字、和符號。它們的意義很不明顯。實際上，它是儲存在磁帶中的一個美國機讀格式(USMARC)的單元紀錄 (Unit Record)。它不是爲肉眼而是爲電腦設計的，所以普通人不容易看得懂。同樣的文字、數字、和符號，經過電腦程式的編輯整理，在螢光幕顯示出圖二(B)的形象。這個紀錄再經過編目專業人員的編輯而印製出主要款目卡(Main Entry Card)如圖二(C)。

```
Offset   Text
   0     00745namƀƀ2200181ƀaƀ4500001001400000005001700014OO
  50     8004100031020001500072040001100087100003000098245O
 100     1130012826000550024130000260029650001670032265000l
 150     6004397000028005057100030005330CRLG82-B33509◊19821
 200     119081042.0◊821119s1982ƀƀƀƀmnuƀƀƀƀƀƀƀƀƀƀƀ00010ƀeng
 250     ƀd◊ƀƀ‡a0936996137◊ƀƀ‡aCU‡cCU◊10‡aBlixrud, Julia C.
 300     ,‡d1954-◊12‡aA manual of AACR2 examples tagged and
 350      coded using the MARC format /‡cby Julia C. Blixru
 400     d and Edward Swanson.◊0ƀ‡aLake Crystal, Minn. :‡bS
 450     oldier Creek Press,‡c1982.◊ƀƀ‡aiii, 116 p. ;‡c28 c
 500     m.◊ƀƀ‡a"An adjunct to the series of manuals illust
 550     rating cataloging using the Anglo-American catalog
 600     ing rules, second edition, prepared by the Minneso
 650     ta AACR2 Trainers."◊ƀ0‡aCataloging.◊10‡aSwanson, E
 700     dward,‡d1941-◊20‡aMinnesota AACR2 Trainers.◊‖
```

圖二(A)

```
Rec Status:n   Legend:amƀƀ    Encoding:ƀ     Descript:a     Link:ƀ
File Date:821119              DType:s        Date 1:1982    Date 2:ƀƀƀƀ
Country:mnu    Illus:ƀƀƀƀ     Intell:ƀ       Repro:ƀ        Contents:ƀƀƀƀ
Govt:ƀ         Confer:0       Fest:0         Index:0        ME/Body:1
Fiction:0      Biography:ƀ    Language:eng   Mod:ƀ          Cat Src:d
Record ID:CRLG82-B33509                      Transac:19821119-081042.0
020 ƀƀ ‡a0936996137
040 ƀƀ ‡aCU‡cCU
100 10 ‡aBlixrud, Julia C.,‡d1954-
245 12 ‡aA manual of AACR2 examples tagged and coded using the MARC
       format /‡cby Julia C. Blixrud and Edward Swanson.
260 0ƀ ‡aLake Crystal, Minn. :‡bSoldier Creek Press,‡c1982.
300 ƀƀ ‡aiii, 116 p. ;‡c28 cm.
500 ƀƀ ‡a"An adjunct to the series of manuals illustrating cataloging
       using the Anglo-American cataloging rules, second edition,
       prepared by the Minnesota AACR2 Trainers."
650 ƀ0 ‡aCataloging.
700 10 ‡aSwanson, Edward,‡d1941-
710 20 ‡aMinnesota AACR2 Trainers.
```

圖二(B)

```
Blixrud, Julia C., 1954-
  A manual of AACR2 examples tagged and
coded using the MARC format / by Julia C.
Blixrud and Edward Swanson. -- Lake
Crystal, Minn. : Soldier Creek Press,
1982.
  iii, 116 p. ; 28 cm.

  "An adjunct to the series of manuals
illustrating cataloging using the Anglo-
American cataloging rules, second edition,
prepared by the Minnesota AACR2 Trainers."
  ISBN 0-936996-13-7

  1. Cataloging. I. Swanson, Edward, 1941-
II. Minnesota AACR2 Trainers. III. Title.
```

圖二(C)

我們稱圖二(A)爲「資訊原料」，圖二(B)和圖二(C)都是「資訊」。

圖三(A)是幾組比較有秩序的數字。但是不可能有人捉摸得出它們代表甚麼。但是，若以統計圖的方式表示出來，原來的數字就成了某圖書館從1983年至1988年的圖訊資料預算（圖三(B)）。

資訊原料

83, 100;　84, 200

85, 220;　86, 180

87, 160;　88, 140

圖三(A)

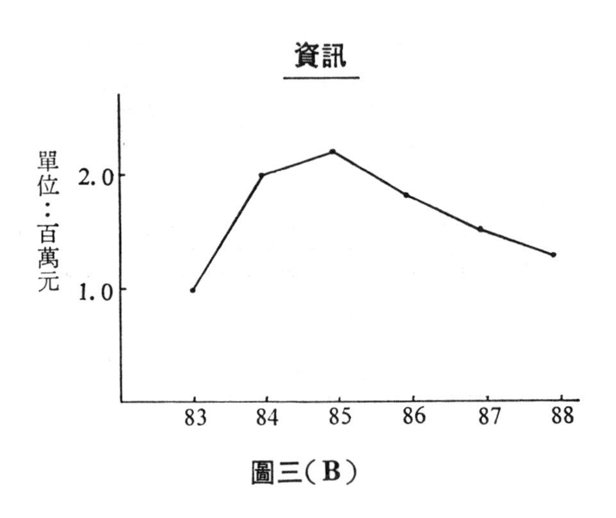

圖三(B)

根據前述三組實例，我們可以看出任何一組資訊原料經過組織整理以後，都可變成有用的資訊。換句話說，凡是沒有經過組織編輯這一道手續的資訊原料，都不能算做資訊。不過，話又得說回來，即使經過這個階段的資訊，對圖書館的讀者來說，也是沒有利用的價值。

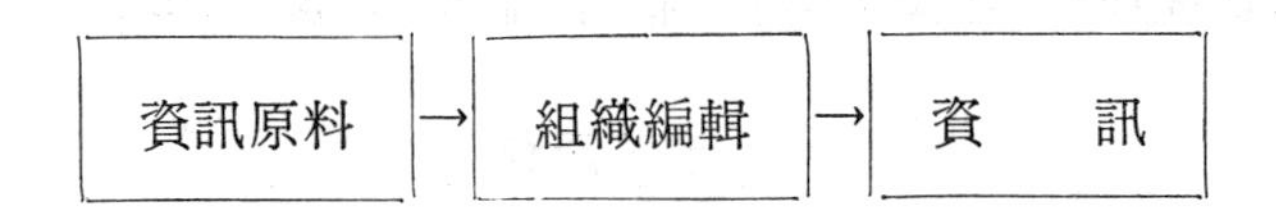

爲甚麼呢？因爲「未定型」的資訊❻在原則上都是不可相信的。它們就像藍天裏的白雲，忽兒像兔，忽兒像鳥，忽兒像山，忽而又像樹林的在那裏變換不停。

「未定型」的資訊，狹義的說，包括所有心裏想的，口裏隨便說出來的，耳朵聽到的，眼睛見到的，鼻子嗅到的，手所接觸到的全部訊息。廣義的說，凡沒有經過正式紀錄 (Recorded) 的資訊，都是「未

❻ 也有人稱「未定型」的資訊爲「非正式的資訊」，參見❹，頁5。

定型」的資訊。我們也可以稱這些「未定型」的資訊爲「無形體」的資訊。

人們索求資訊的目的是欲借助他人的經驗，幫助自已尋求出一種合理的方法，來解決思想上和生活上所遭遇到的種種困難❼。所謂「他人的經驗」或「前人的經驗」都必定是一種有憑有據的紀錄（紀錄方式不拘），絕不是空穴來風。這也就是說讀者所索求的是「定型的」資訊❽。

第二節　「定型資訊」與「圖書資訊」

圖書館是一個公共個體 (Public Entity)❾。它的服務對象不是一個人，而是多數人。因此，它所蒐集的和供應的圖訊資料 (Library Materials)，也必定都是公開的紀錄。這些公開紀錄，就是已經公開發表、出版、及傳佈的「定型資訊」。它是一種有了「形體」的資訊。凡是有了「形體」的資訊，便不能隨意更改。所以我們說「定型資訊」是可信的資訊，也是證明它確實存在的資訊。

除了「定型資訊」和「未定型資訊」以外，我們還需要討論「有形」和「無形」二種資訊。所謂「有形」或「無形」，是指肉眼能見或不能見。凡看得見的資訊，都稱爲「有形資訊」。相反，凡看不見的資訊，都是「無形資訊」。無論是「定型資訊」或「未定型資訊」，它們都可分爲「有形」和「無形」二種。前者的「有形資訊」如圖書

---

❼ Soergel, Dagobert, *Organizing Information, Principles of Data Base and Retrieval Systems*, NY: Academic Press, 1985, p. 17.

❽ 也有人稱爲「正式資訊」，見❹。

❾ 純私人或秘密會社的資訊服務，不在本文討論之內。

雜誌、微縮資料、幻燈片等等；前者的「無形資訊」如儲存在電腦中的各種資訊。後者的「有形資訊」如傳單、沒有公開發表的私人文件、手扎等等；而後者的「無形資訊」，則包括耳語、未經證實的廣播報導，尤其是廣告宣傳等等。

稍前已說過，圖書館只蒐集、組織、和供應「定型資訊」，所以我們也只研討「有形」和「無形」的「定型資訊」二類。

「圖書資訊」是一個專門用來代表全部「有形」和「無形」的「定型資訊」的族類術語（Generic Term）。它的結構有如下式：

圖書資訊 ＝ 媒體 ＋ 資訊

（有形和無形的定型資訊）＝（有形和無形媒體）＋（資訊）

若再進一步的推敲，「圖書資訊」的演進程序，可以簡單的用下圖來表示：

未成形的資訊→整　理→ 成形資訊 →媒體的選擇→
（未定型資訊）

・資訊原料　・蒐集　・片段資訊　・印刷品
　　　　　　・選擇　・手稿　　　・非印刷品
　　　　　　　　　　・私人文件

資訊儲存→出版發售→ 圖書資訊
（定型資訊）

・編輯　　　　　　・個體資訊
・寫作
・著述
・電腦操作

著名資訊學家藍開斯特（F. W. Lancaster）多年前便宣稱「無

紙社會」的即將來臨❿。雖然有人稱他的想法太過神話⓫，可是事實上「無形」的「定型資訊」已隨處可見。至於這些「無形」是否能完全取代「有形」，那是一個純屬經濟的問題，而已不是一個科技上的問題。

本書討論的對象，仍以「有形」的「定型資訊」為主，「無形」的「定型資訊」為輔。不管怎麼說，有形的資訊，在能見的將來，仍會佔圖書館館藏的絕大多數。

從學術的觀點上出發，資訊需求者，不僅依賴可信的「定型資訊」，同時還需要高品質、高水準的「定型資訊」。這類資訊必須具備下列十種特質⓬：

（一）確實（Accuracy）
（二）精確（Precision）
（三）適時（Timely）
（四）明晰（Clarity）
（五）恰當（Appropriateness）
（六）可以計量（Quantifiable）
（七）可以查證（Verifiable）
（八）可以利用（Accessible）
（九）公正（Impartiality）
（十）廣博（Comprehensive）

---

❿ Lancaster, F. W., *Toward Paperless Information System*, NY: Academic Press, 1978.

⓫ Boss, Richard W., "The Myth of the Paperless Society," In: *Information Technology, Critical Choices for Library Decision-makers*, ed. by Allen Kent and Thomas J. Galvin, NY: Marcel Dekker, 1982, pp. 41-46.

⓬ 同❹，頁15。

對圖書館來說，那裏有一個不成文的準則。凡圖書館館藏的平均品質高，它的聲譽也一定高，而讀者能够得到的眞實利益(Real Gain)也會高。因此，館藏的建立，不僅應注意提高「定型資訊」的平均品質，同時還需做到「將適當的圖書資訊，在適當的時期，提供給適當的使用者有效的利用。」⓭

第三節 「個體資訊」與「整體資訊」⓮

圖書館學是「應用資訊學」(Applied Information Science)。它和純理論的資訊學，同曲而異工。圖書館學強調「定型資訊」(有形或無形)的組織和利用，積極地精化館藏、分類、編目、典藏、傳佈、檢索等功能，先後已有二千多年。而純粹資訊學的正式成爲一門獨立的學科，還是1960年左右的事。它的重點在如何操作(Manipulate)，組織和利用資訊原料(Data)。

圖書館中的每一本書，每一份雜誌、每一張幻燈片、每一卷錄音帶等等，都代表一個單位(Unit)的資訊個體——「個體資訊」(Micro-information)。它是「整體資訊」(Macro-information)的一部份。每一個單位的「個體資訊」代表一個單位的「資訊點」，而每一個單位的「整體資訊」則代表一個「資訊面」(Information Plane)。我們也可以這樣說：透過線上作業(Online Operation)，每一個單位的

⓭ 適當(Appropriate)是客觀語，絕不隱含任何人爲的限制。

⓮ 本節中所引用的術語如個體資訊(Micro-information)、整體資訊(Macro-information)、資訊面(Information Plane)、資訊點(Point of Information)、羣體知識(Aggregated Knowledge)、知識立體(Three-dimensional Knowledge)，皆爲筆者自創，英文譯名，也爲筆者自撰，特此註明。

「書名計量」(Title Count)⑮，都是一個單位的「個體資訊」。假如一所圖書館的「書名計量」量爲十萬個單位，那麼這所圖書館就有十萬種不同的「個體資訊」；若有一百萬個單位，「個體資訊」就有一百萬種。

「書名計量」的另一種方式爲「卷册計量」(Volume Count)。「卷册計量」永遠等於或大於「書名計量」:

「卷册計量」≥「書名計量」

這也就是說，一個單位的「書名計量」可有一個單位以上的「卷册計量」。若用通俗一點的語句來說，那就是「一本書可有一本以上的複本」。當我們討論「資訊點」和「資訊面」的組成，以及稍後討論「知識點」和「知識面」的組成，都是以「書名計量」爲基準，我們不考慮「卷册計量」。

「個體資訊」都有獨立的題目(Topic)、不同的體裁、和不同的附身媒體。「整體資訊」有獨立的主題(Subject)，而體裁和媒體則因各組成「個體資訊」的體裁和媒體而異。它們之間的關係，可以下圖顯示:

整體資訊⇄資訊面
↑　　　　↑
個體資訊⇄資訊點

稍前我們說過，「整體資訊」是由「個體資訊」所組成。假如我們用R代表「整體資訊」，用Q來代表「個體資訊」，它們的關係可以下式表示:

$$R=\sum_{i=1}^{n} Q_i \qquad (1)$$

---

⑮　不是「卷册記量」(Volume Count)。

我們也說過，「個體資訊」只有獨立的「題目」(Topic) 而無「主題」(Subject)。「整體資訊」有「主題」而無一定數量的「題目」。那麼，我們需要問：組成一個「主題」，至少要有多少個獨立的「題目」呢？換句話說，組成一個單位的「整體資訊」(資訊面)，至少需要多少個單位的「個體資訊」(資訊點) 呢？

讓我們不妨暫時用 3 來作爲 n 的值。這也就是說，若要合組成一個單位的「整體資訊」(資訊面)，至少需要三個單位的「個體資訊」(資訊點)。爲什麼我們用 3 而不用 2 或 1 爲基數呢？雖然這屬於見仁見智的假定，不過，在幾何學中，不是有「三」點成面，在《論語》〈述而篇〉中不也有「三人行，必有我師焉。」的說法嗎？若將「三人」視爲三個獨立單位的「個體資訊」(資訊點)，也許可以幫助我們瞭解 3 優於 2 或 1 的觀念。

假如我們決定採用 $n = 3$ 那麼我們可將(1)式改寫成：

$$R = Q_1 + Q_2 + Q_3$$

若我們再將 Q_1、Q_2、Q_3 當作數量上三個單位的不同「個體資訊」，那麼上式又可變成：

$$R = 3Q \qquad (3Q = Q_1 + Q_2 + Q_3) \qquad (2)$$

對 (2) 式的解釋爲：假如我們只組合一個單位的主題，我們至少需要 3 個單位的不同「個體資訊」；若我們要組織 4 個單位的主題 (四種不同的主題)，那麼我們便至少需要12個單位的不同「個體資訊」。準此類推，而獲得下列相關公式：

$$R : 3Q = rR : qQ$$

$$r=\frac{q}{3} \qquad\qquad q=3r \tag{3}$$

r ＝主題的單位數量

q ＝不同「個體資訊」的單位數量

「主題」的數量越大，q 值也就越大，不同「個體資訊」的數量就越多。因爲不同「個體資訊」就是單位「書名計量」，所以 q 值與圖書館的「書名計量」成正比。而不同「個體資訊」的單位數量至少應該爲主題單位數量的三倍。

「書名計量」是以「單元紀錄」(Unit Record) 的數量爲標準。這個紀錄可以建立在資料庫 (Database)中，如 OCLC 資料庫。也可以建在卡片式的排架目錄 (Shelflist) 中。每一本圖書，只有一個紀錄。複本 (Added Copies) 沒有獨立的單元紀錄，只有複本登錄紀錄。因此，一份圖書資訊無論有多少複本，它的「書名計量」只等於一，而「卷册計量」則可能等於或大於一。根據這種解釋，假如圖書館甲共有一百册圖書，可是只有二個單位的「書名計量」，也就是 q(甲)＝2。在圖書館乙，總共有圖書十册，可是它的「書名計量」卻等於6，也就是 q(乙)＝6。當我們比較這二所圖書館館藏品質的時候，我們會很容易的指出圖書館乙比圖書館甲的館藏好。原因是圖書館甲的館藏還不足構成一個主題 (Subject) 所需要的三個單位「個體資訊」的最小數量，而圖書館乙的館藏則涵蓋二個主題(Subject)。

在討論「圖書資訊的品質」時，曾提及「廣博」(Comprehensiveness)爲高品質館藏的基本特質之一。這裏所指的「廣博」並不是指館藏數量的多寡，而是指由獨立「個體資訊」(資訊點) 所構成的「整體資訊」(資訊面) 數量的多寡。所以「廣博」實包含二種不同的意義:「個體資訊」的數量和「整體資訊」的數量。這二種的數量都以越多越佳。越多則越足以顯示館藏品質的優越。

當我們完畢「知識面」的討論以後，讀者就會更清楚在館藏發展中，增建「面」要比增添「點」更重要。同時，在「知識」一章中，我們將會爲「整體資訊」（資訊面）的 r 值，求取答案。

第三章　知識之意義及組織

嚴格的說，資訊 (Information) 和知識 (Knowledge) 並不是可以通用的同義詞。尤其在資訊學的觀念中，雖然它們之間有絕對的相關性，但卻不可相互交換。在訊息的傳遞上，「資訊」是傳遞知識的一條通道。假如用在訊息的內容上，「資訊」就變成了「知識」的組成元素。若用經濟學上的觀念來譬喻，「資訊」是所得 (Income)，而「知識」則爲累積的資本 (Capital)。根據字面上的意義，「知識」還有下面幾種解釋[1]:

(一) 知識是經驗累積的紀錄

(二) 知識是事實組織的系統化

(三) 知識是對事實的一種理解

(四) 知識是一種理解的行爲或狀態

(五) 知識是人的已知和未知

圖書館素有「知識寶庫」的美名。我們毋需證實或否認「知識」存在於圖書館中。但是，若「知識」的確藏在圖書館裏，我們就必須

---

[1] 關於知識的定義，讀者可參看下列二書: (1) Machlup, Fritz, *Knowledge: Its Creation, Distribution, and Economic Significance*, Princeton, NJ: Princeton University Press, 1982, 2 vols. (2) Costello, John C. Jr., "Indexing in Depth: Practical Parameters," In: *Information Handling: First Principles*, Washington, DC: Spartan Books, 1963, pp. 60-61.

要知道它們是怎樣形成的。

假如我們採用知識是人類對過去、現在、以及將來周遭事物的理解和紀錄，那麼「理解」代表「資訊」還未定型的一個階段，而「紀錄」則爲資訊定型的一種結果。圖書館只對「知識的紀錄」，也就是定型的資訊，感到興趣。

在「個體資訊和整體資訊」一節中，我們指出一本書、一份雜誌、或其他任何儲存著資訊的媒體，都是一個資訊單元，一個單位「個體資訊」。每一個單位「個體資訊」代表一個「資訊點」。「三」個以上的「個體資訊」（資訊點）組成一個單位的「整體資訊」（資訊面）。只有「整體資訊」，也就是只有「資訊面」，才有主題(Subject)。而這個「主題」則是歸併「個體資訊」（資訊點）的依據和標準。

通常，我們稱「知識」，並不指一則新聞或一則消息，也不是指一篇文章或一本書❷。它指的是一個中心觀念。這個中心的觀念便是主題。顯然，一篇文章，一本書，或一張幻燈片建立不出一個主題。它們必須是多篇文章，多種圖書，和多張幻燈片，才能建立出來一個主題，才能形成「知識」。知識層面越高，主題的涵蓋性也越廣。沒有資訊固然沒有圖書館❸，有資訊若無主題也不能算做圖書館。因爲只有主題才能代表知識，而圖書館則是公認貯藏知識的地方。

現代圖書館的存在，並不在典藏成千上萬册的圖訊資料，而是看這些圖訊資料能够組合成多少個單位的整體資訊（資訊面），也就是我們所謂的主題。它是任何圖書館館藏的靈魂。一個沒有靈魂的圖書

---

❷ 百科全書除外。

❸ 胡述兆，〈圖書館學的界說〉（註5），《中國圖書館學會報》，第四十一期，民76年12月，頁62。

館，縱使它外表堂皇巍峨，那也只不過是一個燙了金的空殼子。

第一節　知識與主題

在前面我們說過，知識的層面越高，主體的涵蓋性也就越廣。廣與精不同。在知識的層次結構上，廣表示籠統。所以，知識的精進與知識的層面高低，恰恰是背道而馳。知識越精，它的層面越低。知識越博，則層面越高。假如我們用圖書資訊爲例，那麼每一種圖訊資料就代表知識專精的一面。在層次排名上，它最低。當幾種或幾千種相同內容的圖訊資料放置在一起，我們很可能會發現這些不同的「專精知識」，實際上卻是一種比較籠統性知識的延伸。而這個「籠統性」的知識在層次上就較那些專精的知識會要高一層。同樣的道理，這個「籠統性」的知識，對它上一層更籠統性的知識來說，它又變成了專精的知識。就像這樣，層次的每上昇一層，知識的涵蓋面也就擴展了一層。

「知識」這二個字，原本就很抽象。而很多人對它的解釋和運用也很鬆弛。筆者卻認爲知識代表一種對主題 (Subject) 的瞭解和認識。知識形成的先決條件是主題的建立。這就是說，有了主題，才會有知識。沒有主題，便沒有知識。而且不同層面的知識，有它相對等級的主題。它們之間的關係，請見圖一。

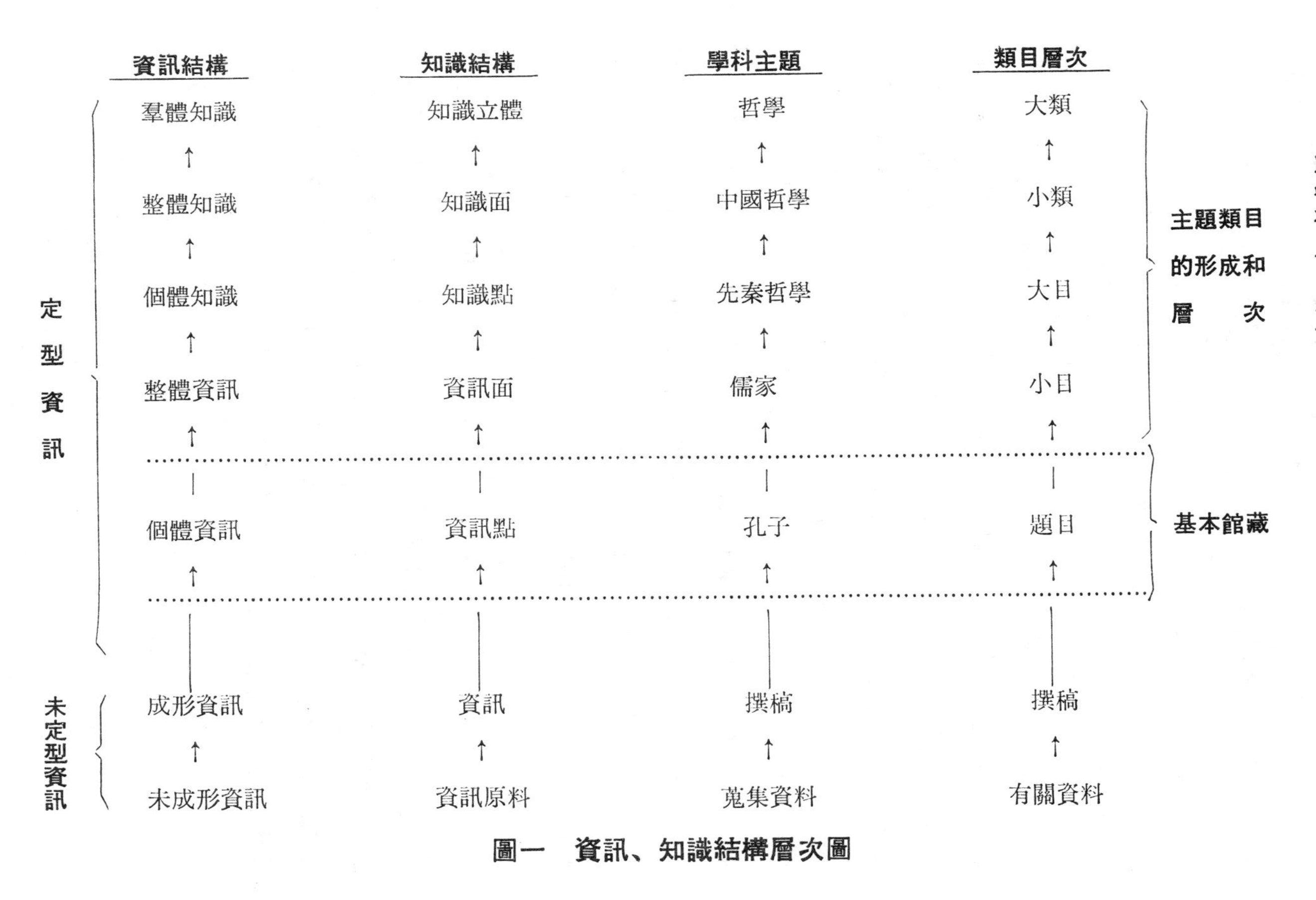

圖一 資訊、知識結構層次圖

第二節　「個體知識」與「整體知識」

一、「個體知識」:

討論「知識」(Knowledge)，尤其是討論主題知識 (Subject Knowledge)，我們必須從資訊層面往上昇高一層達到屬於知識的層面（見下圖）。利用「個體資訊」和「整體資訊」的相關原理，我們可以延伸資訊和知識之間的關係。每一個單位的「知識點」（個體知識）是由 r 個單位的「資訊面」（整體資訊）組成。這種關係可以下圖顯示:

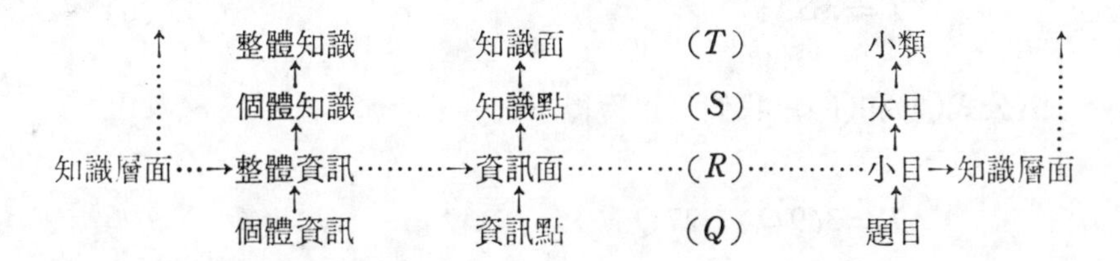

在第一節中，我們獲得「資訊點」與「資訊面」之間的關係爲 $R=3Q$。「資訊面」爲一獨立小目級主題的開始。在類目組織中，它只能算是最下層的一個「小目」。因此，「資訊面」在整個知識的結構中，只是一個「點」——「知識點」。假如我們用數學的方式來表示，「資訊面」和「資訊點」的關係爲:

$$S=3R \qquad (4)$$

由公式(2)　$R=3Q$

所以我們可以獲得:　$S=3(3Q)=9Q \qquad (5)$

公式(5)説明一個單位的「知識點」（個體知識），最少要有 9

個單位的圖訊資料(Library Materials)。這也就是說，假如一所圖書館沒有 9 種以上的圖訊資料，它的館藏就不可能有「大目級主題」。同時也就不會有什麼大目級的主題知識。同樣的道理，一位研究工作者，若不參閱 9 個單位以上同屬性的圖訊資料，他也不可能了解任何大目級主題。當然，也就更談不上擁有什麼大目級的主題知識了。

二、「整體知識」❹:

根據同樣「三點成面」的道理，我們可以假定「整體知識」（知識面）是由三個單位以上的「知識點」（個體知識）所組成。所以，「整體知識」T和「個體知識」S間的關係為:

$$T=3S \tag{6}$$

由公式(5)和(6)，我們可以獲得下式:

$$T=3(9Q)=27Q \tag{7}$$

公式(7) 說明圖書館若欲建立一個小類級主題知識（知識面），它就必須至少蒐集27個單位的不同圖訊資料。假如該館意欲建立多項主題的館藏，那麼圖訊資料的單位數量又該如何計算呢?

從公式(2)、(5)、(7)，我們可以分別獲得:

$$R=3Q \tag{2}$$

---

❹ 賽也 (W. C. Berwick Sayers)曾說過這樣一句話:「假定一本書是知識的一部分，那麼將所有的書貯放在一起，就成了完整的知識。」可是，他卻沒有說明為什麼圖訊資料貯放在一起，就成為完整知識的道理。請參看 Sayers, W. C. B., *An Introduction to Library Classification, Theoretical, Historical and Practical*, 4th ed. (Re-written), London, Grafton, 1935, p. 40.

$$S=9Q \qquad (8)$$

$$T=27Q \qquad (9)$$

R＝小目級主題的單位數量

S＝大目級主題的單位數量

T＝小類級主題的單位數量

Q＝「個體資訊」或圖訊資料的「書名計量」單位

根據公式 (2),(8),(9), 我們可以很容易的計算出每一級主題的基本圖訊資料需要量。例如表一。

表一　基本圖訊資料需要量換算表

主題等級／主題種類數目	小目級 (R)	大目級 (S)	小類級 (T)
2	6	18	54
3	9	27	81
10	30	90	270

現在, 再讓我們用一個實例來說明資訊、知識、和主題在結構上的關係。假如一所圖書館所採用或製定的分類表中, 列舉各類目如下圖。那麼我們根據這個分類表發展館藏, 便可獲得下列各點結論:

1. 若只欲建立儒家（小目級） 1 種哲學, 則最少需蒐集有關孔、孟、荀等哲學家的作品 3 種。

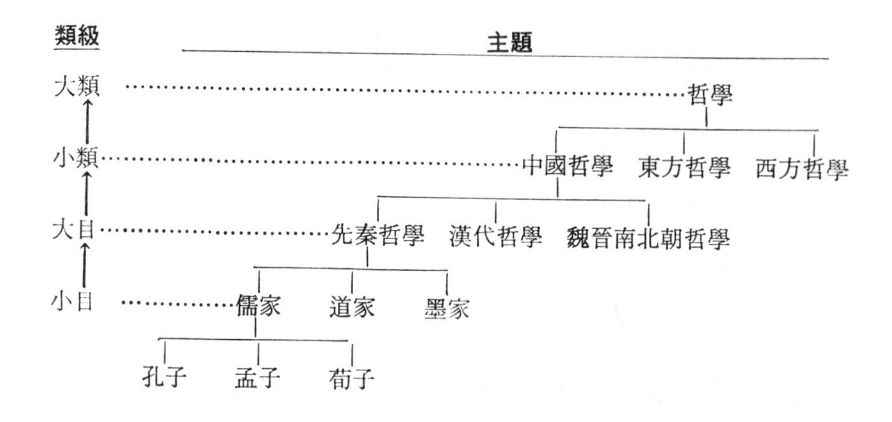

2. 若欲建立儒家、道家 2 種哲學，就必須蒐集至少 6 種有關孔子及莊子等作品各 3 種。
3. 若欲建立大目級先秦哲學，就必須蒐集以儒、道、墨三家爲主的作品至少9種，每家至少3種。
4. 若欲建立小類級的中國哲學，就必須蒐集至少27種有關先秦哲學、漢代哲學、及魏晉南北朝哲學的作品，而且上述 3 種哲學每種哲學至少要有 9 種作品。
5. 若欲建立大類級的「哲學」，則必須蒐集至少81種有關中國哲學、東方哲學、和西方哲學的作品。而中國哲學、東方哲學、和西方哲學每種至少要有27種作品。

假如我們以杜威十進分類法爲例，那麼建立小目級的儒家哲學就至少需要30種作品，大目級的先秦哲學就至少需要90種作品，小類級的中國哲學就需要 270 種作品，大類級的哲學，則至少需要 810 種有關作品。

三、主題館藏指數:

往往基於必要，圖書館需要評鑑並衡量該館館藏的品質，最直接

簡單的方法，便是以該館某主題館藏的「書名計量」與一個標準主題館藏為基數的「書名計量」相比較。利用的公式如下:

$$I = \frac{K}{B} \qquad 0 \leq I \leq 1 \tag{10}$$

I ＝主題館藏指數

K ＝館藏中某主題圖訊資料「書名計量」

B ＝標準主題圖訊資料「書名計量」

凡 I 值越大者，則表示主題館藏的品質越佳。但 I 值不能大於 1。因為我們假定有關某主題的全部「書名計量」為一已知常數。簡單的說，假如全部有關用英文撰著的中國哲學的圖書資訊共計 5000 種，那麼在世界上就不會有任何一所圖書館能說它有5001種。為了實際上的需要，除了用語言設限以外，還可利用時期、地區國別、體裁等設限。使館藏的比較容易控制。

第三節　「羣體知識」

一部人類的文化發展史，靠經驗紀錄的公開流傳。知識的進步，依賴這些經驗紀錄的積累和去蕪存精。圖書館是貯藏這些紀錄的寶庫，也是提供使用者這些紀錄的泉源。無論是從圖書館經營者或知識紀錄的使用者來看，「知識」絕不是一本書或一本雜誌，它的組成實在異常的複雜。在前幾節中，根據圖書館學和資訊學的觀點，曾對知識的形成沿革有過敍述，現在我們需要更上一層樓的探討「羣體知識」，這是屬於大類級的主題知識。筆者稱這一層的知識為「知識主體」。它是由三個單位以上的「知識面」所組成的(請參見圖一，頁28)。這也就是說，「知識主體」是由三個以上的小類級主題組合而成。因此，在基本圖訊資料的需要量上就遠比其他各級爲多。也許從下面這一個假想的參考服務的例子，我們可以獲得一個較爲清晰的概念。

一位愛好文學的讀者，偶然讀到一篇唐代詩人李賀的「馬」詩，他感到非常的有興趣。於是他來到一所知名的圖書館，想找一找「文學中還有那些有關馬的詩話」。

僅以「文學」論，我們知道除了「中國文學」外，還有「東方各國文學」和「西洋各國文學」二類。每一類中，都可能有「馬」的詩話。而「中國文學」類中，除唐詩以外，還有唐朝以前和唐朝以後各朝代的詩話。同時在「民間文學」，甚至「兒童文學」中，也可能有有關「馬」的詩話。換句話說，這位讀者想找的圖書資料是以「馬」爲中心、詩歌爲體裁的「羣體知識」。

唐代詩人李賀的「馬詩」，共有23首。唐朝以前描寫「馬」的詩歌在《藝文類聚》卷九十 三獸部馬類中， 可找出漢代 至南北朝間馬詩近20首。在《淵鑒類函》卷433至434獸部馬類，也可找出從漢代至明代描寫馬的詩歌。在清康熙年間編輯的《古今圖書集成》中，也可找到不少有關「馬」的詩歌❺。

除了「中國文學」中散見的「馬」詩以外，西方人尤其愛馬，有關馬的詩歌一定更不少。

爲了要使這位讀者獲得滿意答覆，在理論上我們需要查遍全部有關「文學類」的中外各國以及各時代的圖訊資料。當然我們不用一頁一頁、一本一本的去翻查。只需利用各種索引以及各種主題目錄，甚

---

❺ 潘樹廣，《書海求知》，上海：知識出版社，1984，頁63-64。

至各種電腦資料庫，就可以找到全部有關「馬」的詩歌。不過，假如我們眞需要去一本一本的去翻查，可知道它的數量有多少?

根據公式 (2), (8), (9)， 我們可以爲「羣體知識」求得下列公式:

$$Q=81Z \qquad (11)$$

Z＝大類級主題的單位數量

Q＝圖訊資料的單位「書名計數」量

依照公式 (11)， 再引用杜威十進分類的十分法， 我們可以獲得有關大類級「文學」的全部圖書資料約 810 種（$Q=81\times 10$）。這個數目，實在太小。誰都知道世界上有關文學的書絕不止 810 種。問題的癥結不在公式，而是在基數的採用不甚適當。爲了解釋方便，筆者在前幾節， 以 3 爲基數。 並用三分制， 每一主題層面分成三個不同主題，每個主題只包括 3 種不同圖訊資料。其實，基數和主題數量的取用，並不是如此簡單。

假如我們將前述 (2), (8), (9), (11) 等公式改寫成 1 種通用公式 (12)，那麼它的意義雖仍與前述 4 種公式完全相同，可是結果卻有很大的差別。

$$q=\alpha^{p}\beta \qquad p=1, 2, 3, 4 \qquad (12)$$

α＝每種主題包含的已知或估計的圖訊資料基本數量

β＝主題數量

q＝圖訊資料需要量

p＝知識層次，共 4 層

p 代表知識演進層次，共分「整體資訊」（資訊面）（$p=1$）、

「個體知識」（知識點）（$p=2$）、「整體知識」（知識面）（$p=3$）、「羣體知識」（知識主體）（$p=4$）四層。「整體資訊」爲小目級主題（$p=1$）的形成；「羣體知識」則爲大類級主題（$p=4$）的形成。α 爲每種主題包括的已知或估計的圖書資料基本數量。在前幾節中，$\alpha=3$。β 爲主題種類的數量。譬如杜威十進分類法，$1\leq\beta\leq10$。假如我們取 $\beta=10$（十種主題或學科），$\alpha=15$，那麼要翻查的世界上全部有關「文學」的圖訊資料將會達到 $q=15^4\times10=506,250$ 種！

圖書館館藏的品質高，不靠龐大的「卷册計量」，而靠「書名計量」的單位數量和包含主題種類的眾多以及涵蓋的週全。任何一所圖書館不能不建立主題知識，更不能沒有主題知識。

知識是一個極爲抽象的名詞，它代表人已知和未知的人類文明，依靠知識透過各種紀錄的傳遞，因而獲得新的生命和不斷向前發展的生機。

知識的構成，並非零碎片斷的資訊所造成，而是它們在不同知識層面中匯集溶合在一起的結果。這種現象就是知識發展的沿革：

資訊原料→資訊→個體資訊→整體資訊→個體知識→整體知識→羣體知識

圖書館的基本館藏爲「個體資訊」（資訊點）。根據分類表的規格，將相同屬性的圖訊資料匯集一起而成「整體知識」（資訊面）。「資訊面」是小目級主題發展的開始，也是個體資訊劃分最精細的一環。每上一層，知識含面漸廣，而類目的分割細膩度也就相對減少。

組織圖書資訊的中心目的，在增加「個體資訊」被充分利用的機會，使這些「片斷零碎」的資訊，經過適當的組織和整理能被讀者發現。在圖書館學中，我們很難將資訊(Information)和知識（Knowledge）混淆在一起。無論在它們的結構上或使用的意義上，都不相同。這一本《圖書資訊組織原理》，就建立在這個深信不移的觀念上。

第四節　知識的演進模式

知識（Knowledge）的形成，就像太陽的東昇西沉，永遠地遵循著一定的歷程。這種執固的現象，若說出之於人爲的規劃，倒不如說它是人們重視知識、忠於知識的一種自然結果。根據前二章對資訊和知識所作的解釋，筆者編製成下面的一幅「知識演進模式圖」，作爲對本章的一個總結。

「知識演進模式圖」共分五層，每層代表資訊發展中的一個特殊階段。在同一層內，每一段落，都可視爲起點，順著反時針的方向，週而復始的在那裏「運行」。

「知識」是一種對主題（Subject）愼重嚴謹的理解和認識。它不是我們所謂的「普通常識」，而是一種專門學問。學問的培養必須要有主題作基礎。這種基礎，便是從「整體資訊」開始。然後節節上昇，從「個體知識」一直進展到「羣體知識」。「羣體知識」是組合全部相同和相關的「整體知識」而成。它的涵蓋面最廣。

當資訊使用者從各個不同的知識層面中，吸取到「前人」的經驗和智慧以後，便自然地促發一種「知識增值」❻的連鎖反應，使資訊

❻ 「知識增值」（Value-Added Knowledge）這個術語爲筆者自創。筆者認爲知識的進步靠知識水平的不斷提昇。假定原有的知識水平爲 k。當由 k 產生的資訊原料，經過組織、整理、傳佈、使用等程序，再回到知識這一階段的時候，知識已不再是 k，而成了k'，且 $k'>k$。這就是知識增值。假如$k'=k$，表示知識的停滯。而 $k'<k$，則表示知識不進反退。站在圖書館的立場，唯有不斷的增添新圖訊資料，才能使由圖書館所組織成的「新」知識（R', S', T'）大於「舊」知識（R, S, T）。只有在這種條件下，我們才能說圖書館是一個「有生命的」有機體。

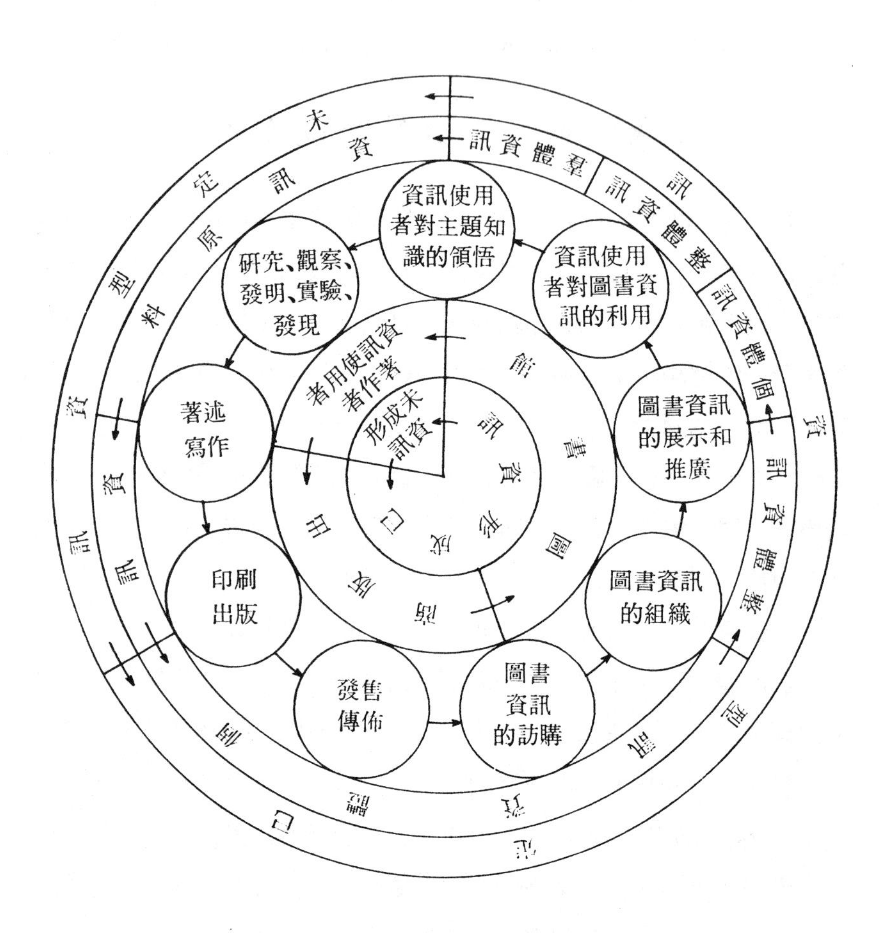

圖二　知識演進模式圖

使用者循著知識演進的方向，從「資訊原料」的產生一直進展到創作——「個體資訊」——的公開出現為止。

「知識增值」是知識的命脈。它就像載負著氧氣的紅血球，使得知識能夠永遠保持活潑新鮮。我們說圖書館是一個生生不息的有機體❼，道理就在這裏。它的生氣蓬勃，就靠著不斷地添進「新」的著述和創作。否則，它便會枯竭而亡。

人類知識的演進，到目前爲止，仍然依賴著者、出版商和圖書館三者間的密切合作。讀者和資訊（知識）的接觸，多仰賴圖書館的從中撮合。不過，近年來，由於電腦和通訊科技的飛躍發展，圖書資訊與讀者之間的距離已逐漸縮短。將來或有那麼一天，讀者借助高超的電子設備，直接與資訊（知識）溝通 (Communicate)，毋需再透過圖書館，甚至出版商等中間人。但是，若從「羣體知識」的觀點上看，圖書館的中介地位仍不可少，因爲只有圖書館才力足供應讀者「羣體知識」——一種以主體爲中心的完整知識。

---

❼ 筆者對「圖書館是一個有機體」的解釋，與藍根納遜的「圖書館五律」中的第五條 "A Library is a growing organism" 解釋不同。筆者從「知識增值」的觀點出發。他是從數量上的增加，尤其是從排架的觀念上著眼。請參見 Ranganathan, S. R., *Prolegomena to Library Classification*, 3rd ed., NY: Asia Publishing House, 1967, p. 121. 沈寶環教授也有解釋。請參看沈寶環，《圖書館學與圖書館事業》，臺北：學生書局，民77年，頁45。

第四章　圖書資訊與媒體

組織知識的目的是企圖探求萬物之秘。它是一種非常抽象的理想和觀念。然而，組織圖書資訊卻是一個腳踏實地，以實用爲主的作業。它的目的有二:

1. 識別類屬，建立主題知識。

2. 使各類圖訊資料，雜而不越，排列有序，便利使用。

知識的本身是一種看不見的主題觀念。一般人所謂的「學問」、「學識」、和「學術」，都可說是知識的別稱。因此，組織知識，也就是組織一種看不見的「學問」、「學識」、或「學術」。在資訊、知識二章，我們曾強調「有主題才有知識」的觀點，極力的設法將知識和資訊分開來。「資訊不是知識」這個事實必須予以重視和瞭解。

「圖書」這二個字是各種資訊儲存媒體的族類術語 (Generic Term)。「資訊」則爲由使用者所熟習的符號、數字、和文字編著而成的一種紀錄。因此，「圖書資訊」實際上代表著二種不同的實體 (Entity): 圖書媒體和資訊。

「圖書」和「資訊」一旦「有形的」結合，如書本中的白紙黑字，它就成了一種無法分割或改變的個體。但是，若「圖書」和「資訊」的結合爲一種「無形」的組合，如各種電腦資料庫，它們之間是可以隨意分割和改變的。嚴格的說起來，像這種不見「個體」的圖書資訊，都不能算是一種「可信」的定型資訊。原本都不在本書的討論範圍內。不過，由於它們在圖書館學中的地位日益重要。我們也不得不重視的爲它另闢專章討論。在這裏，我們就暫時不提那些「看不見」的圖書資訊。

第一節　「治學」的道理

「組織」也就是「治理」。我們說組織知識和組織圖書資訊，就等於是說「治學」和「治書」。無論是「治學」或「治書」，它們的終極目標都是在追求一種特定的「秩序」(Order)。哲學家和思想家們爲了探求宇宙知識的奧秘而爲知識定秩序；圖書館學家爲了尋求便利讀者利用圖書資訊的方法和環境，也爲「圖書資訊」定秩序。

從組織的觀點上看，「治學」的對象只有「知識」一種；而「治書」，卻有「圖書」和「資訊」二種。這也就是說，「治書」不但要爲「媒體」定秩序，同時，還要爲「資訊」——知識的基本組成元素——定秩序。我們爲「資訊」定秩序，目的在鑑定各「個體資訊」(內容）之間有無同屬的關係。也就是去辨別它們是「同」類還是「不同」類。假如同類，那麼它們相同的程度又如何？而我們爲「圖書」（看作媒體）決定秩序，卻是想供給讀者最適當的環境和最便捷的方法利用資訊。

我們都知道圖書資訊中的「資訊」，只能算是一個「個體資訊」，還不够成爲一個「知識點」。整個說起來，「個體資訊」只不過是「知識面」中的極小一部份。同時，我們也知道知識是「活」的❶，而

---

❶ 藍根納遜說知識是一個活動的連續，永遠不停的滋長，見 Ranganathan, S. R., *Prolegomena to Library Classification*, 3rd ed., NY: Asia Publishing House, 1967, p. 363.

已經儲存在媒體中的那一部份知識卻是「死」的❷。因此，我們根本就不必奢望圖書資訊中的那一點「死」知識，能夠和那些尚未定型的「活」知識並肩齊步。可是，站在圖書資訊服務的立場，我們又希望它們能够一致。這又是甚麼道理呢？ 根據美國圖書館學家 Jesse H. Shera的回答：「那是爲了使儲存在媒體中的知識在社會中起作用。」❸他又說：「若要使儲存在媒體中的知識❹在社會中起作用，首要條件，便需對儲存在媒體中的資訊，作正確、適當的敍述。這種敍述必須儘量吻合著作者的思想模式。」他認爲唯有在這種條件下，著作者的思想和文獻本身之間的關係，才能確切的建立❺。Shera這段話，正說明了爲甚麼圖書資訊的主題類屬應該跟著知識的主題類屬走的道理。

圖書資訊的安排，多以主題類屬的親疏關係爲主要標準。主題的形成，源於「個體資訊」。主題是「整體資訊」的產品，而「資訊」又是「知識」的增值結果。它們這種承先啟後，互爲因果的密切關係，使它們的排列秩序自然的相輔相成。這也就是說，圖書資訊的排列次序，實在也應該同樣顯示出知識類屬間的親疏關係。

第二節　「治書」的道理

學者專家將知識透過各種儲存媒體，傳遞給讀者。因此，讀者若欲獲得那份知識，他就必須設法先取得儲存該知識的媒體。由於這種

---

❷ 筆者拙見。

❸ Shera, Jesse H., "Putting Knowledge to Work," a speech to the 1965 Annual Conference of the Special Libraries Association.

❹ 這裏所指的知識是由個體資訊組成的知識點。

❺ Shera, Jesse H., *Libraries and the Organization of Knowledge*, Hamden, CT: Archon Books, 1965, pp. 56-57.

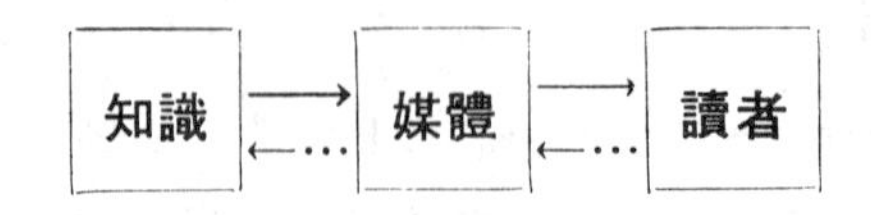

關係，媒體的如何安排和安排的方式是否便利檢索，便成了讀者是否能夠獲得知識的一個重要關鍵。

「人手一卷」描繪盡人們閱讀圖書和雜誌那種愜意輕鬆的神情。可是，一旦我們離開了書本和雜誌，接觸到非書資料以後，我們就會立刻碰到各式各樣的閱讀機。譬如：閱讀縮影資料需要縮影資料閱讀機；聽音樂，需要一整套音響設備；看幻燈片，需要幻燈放映機；檢索InfoTrac，我們不僅需要相容的微電腦和軟體，而且還需要懂得一套比翻書困難十幾倍的檢索方法。在這些非書資料的後面，使人感到更驚心動魄的，倒不是那一大堆特別設計的閱讀設備，而是那些設備的「時效」出奇的短暫。每年幾乎都有新一代的產品出現。除此之外，產品的完全改頭換面，也是常見的事。以唱片為例，它的改變可說相當的快迅而徹底。先由78轉的速度改進到33$\frac{1}{2}$轉的速度，現在又由溝紋改進到利用磁帶和光碟，由唱針改到了用激光 (Laser)。至於通訊方式和電腦硬軟體的日新又新，自然就更不在話下了。

不像普通的書本或雜誌，每種非書資料都有它獨特的使用方法和貯存方式。因此，當我們安排非書資料的時候，我們必須考慮到它們個別的使用特性和方法，絕對不可將它們和普通的圖書資料相提並論。有一派圖書館學者，認為只有將全數圖書資料，不分圖書類或非書類，統統按著索書標記排列在一起方能眞正達到「便利使用」的目的❻。這種方式若使用在規模小、館藏少的圖書館，如中小學校圖書

❻ Weihs, Jean, *Accessible Storage of Nonbook Materials*, Phoenix, AZ: Oryx Press, 1984.

館，也許可能達到便利讀者使用的原則。在一般較大的圖書館，這種統一式的安排方法，實大大不智。紐約市公共圖書館系統中的Donnell分館，在1950年底，就曾試用過這種統一安排方法，可是不到一年，他們就變了心❼。

早先，我們說過「治書」的目的，是設法使各種圖書資料便捷容易的被讀者使用。尤其在如今多元媒體的資訊社會裏，「治書」的決定就越發重要了。這一點，後面會有討論，在此不提。現在不妨讓我們借這個機會，略略瞭解一下甚麼是「資訊媒體」。

第三節　資訊媒體

資訊的定型，全靠媒體適當的將紀錄保存下來。儲存媒體是資訊定型的必要條件。

甚麼是「媒體」呢？簡單的說，凡能促使達成某特定目標的中介物，都是媒體。它包括一切達到目的的方法和工具。電線是傳電的媒體。交通工具是運人載貨的媒體。教師是傳播知識的媒體。而圖書館是圖書資訊和讀者相結合的場所，因此，它也是媒體。

在文字發明以前，人類用手勢、表情和聲音來傳達思想和經驗。文字發明以後，人類便利用語言和書寫，將他們的思想和經驗傳輸給後人。除書寫以外，其他幾種方法——手勢、表情、和聲音，都無需依靠有形的中介物❽。可是沒有「有形的」中介物的結果，每每使得

---

❼ Daily, Jay E., *Organizing Nonprint Materials*, 2nd ed., NY: Marcel Dekker, 1988, p. 12.

❽ 手勢和表情靠光波傳達；聲音靠聲波傳遞。光波、聲波都是肉眼不能見的媒體，都是無形的媒體。

思想的積累和經驗的流傳，短暫而又殘缺。書寫文字依賴有形的媒體。根據中外史書記載，這些媒體包括石塊、樹皮、洞壁、獸皮、獸骨、甲殼、泥片、帛、竹木等等。直到我國漢朝和帝元興元年（公元 105年），蔡倫發明了纖維紙❾，前述各種儲存文字的媒體，才逐漸被淘汰。

紙的利用和它的流傳，已近一千九百年。它不僅是傳佈知識和文化的最大功臣，也是儲存資訊最重要的媒體。紙張價廉輕便，用它來印製的圖書和期刊，一向都是圖書館蒐集的對象。但是，在推廣知識及普及教育的功能上，圖書和雜誌，並不是最具成效的中介物❿。從傳佈知識來說，紙不能算是媒體，文字才算是媒體，文字才是傳播思想的媒體。而紙只不過是文字的一種附身物。我們說，圖書和雜誌不是最具成效的中介物，並不是指它們的內容有甚麼差錯，而是指「紙」在意思的表達上，不够「逼眞」和「傳神」。紙的「先天缺陷」，使它奏不出悅耳動聽的歌曲；散發不出美麗的光彩；描繪不出動人的胴體；紙上的兔子，旣不能跳，也不能跑。總之，在引人入勝、寓教於娛的功用上，白紙黑字，完全起不了作用。

近年來，科學技術突飛猛進，結果不僅增加了資訊的質和量，同時也增加了資訊和知識傳佈的工具和方法（表二）。自從蔡倫造紙以後近一千九百年，紙是文字的唯一附身物，如今，它只不過是眾多附身物中之一種。

我國旅美著名資訊學家陳劉欽智教授編製的一套題名爲《秦始皇

---

❾ 一說漢武帝時（公元前140年）就有了紙——「赫蹏」
❿ 同❼，頁3。

表二　資訊傳佈方法

聲　音	文　字	靜止畫面	活動畫面
交談	信件	圖畫	電視
演講	手稿	平面和立體圖片	電影
錄音	印刷	工藝品	錄影片
電話、耳語	打字	雕塑	光碟
廣播	複印	模型	
唱片	縮影資料	幻燈片	
錄音帶	電腦印製	幻燈捲片	
音碟	電報	透明圖片	
	無線電傳眞	地球儀	
	密集碟	地圖	
	磁碟		
	磁帶		
	數據資料		

帝》的光碟集⓫，眞可說是集現代傳播媒體科技之大成，充分顯露了媒體科技配合電腦以後，對資訊檢索所能引起的強大衝擊。在銀幕上，它所呈現的那種聲、色之美，以及圖片檢索的那樣精確和迅速，都是白紙黑字無法做得到的。

⓫ 「秦始皇帝」光碟集的正確名稱應爲 "Project Emperor-I: China's Treasure Revealed via Videodisc Technology." 該計劃從1984 年 10 月開始， 1985 年 12 月結束。詳細介紹請參看下列二篇介紹：(1) Chen, Ching-chih, "Interactive Videodisc Technology & Hypermedia Information Delivery: The Case of Project Emperor-I," In: *Proceedings of IVACOM' 88 Conference on La Video Interactive et ses Applications* held in Besancon, France, October 25-27, 1988. (2) Goldie, John, "Project Emperor-I: Exploring Artifacts via Videodisc, Optical Insights," 2:1 (winter, 1988), pp. 7-9.

表三 資訊媒體一覽

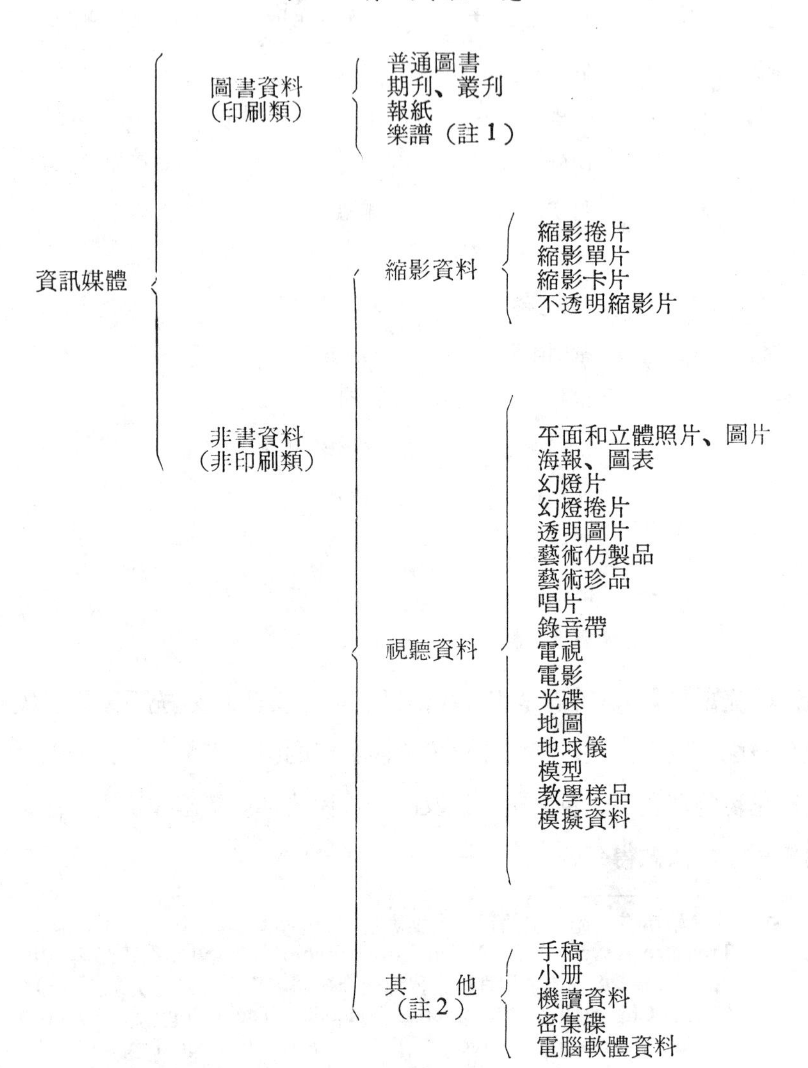

註1:根據美國研究圖書館協會的新解釋

註2:手稿、小册的處理方式與普通印刷類不相同,故歸入非書資料

通常，我們稱圖書、雜誌、和樂譜為「圖書」或「印刷類」資料(Book/Print Materials)⑫，其他如縮影資料、光碟、磁帶、錄音/影帶等等，都稱為「非書」或「非印刷類」資料。再確切一點說，凡需要利用特殊方式貯藏和特殊設備使用的圖書資料，都稱為「非書」或「非印刷類」圖書資料。否則，就稱為「圖書」或「印刷類」圖書資料。（表三）

⑫ 地圖雖然也為印刷品，由於它的貯藏和檢視方式與普通圖書不同，所以被納入非書資料。樂譜從1988 年度開始，ARL （美國研究圖書館協會）也將它視為非書資料。

第五章　圖書資訊組織之意義

當人類有了文字紀錄的媒體以後，人類對它們的安排，就開始發生了濃厚的興趣。這是人的天性。

在日常生活中，若我們細心的觀察，定會發現任何事物，似乎都有它特殊的安排方式。譬如，商場中的時裝、電器、日用品等等，它們都有各自的部門。在菜市場裏、蔬菜、肉類和魚蝦等，也都有它們各自的攤位。商人蓄意地作這種「硬性」的安排，一方面固然在方便消費者，另一面，也爲了便利管理。

那些是時裝？那些是電器？那些又是日用品？那些是蔬菜？那些是肉？那些又是魚和蝦？作爲一位消費者，最基本的條件，就是要能辨別這些物品或食物的個別特徵和它們之間不同的地方。這種分辨的技能，仰賴經驗和知識。因此，當一位正常人購買牛肉的時候，他絕不會去蔬菜攤上找，更不會去時裝店裏叫買牛肉。

時裝部裏的各式成衣，根據不同的尺寸、款式、質料和價格，排列得整整齊齊。這種安排的方法，不僅使男裝、女裝、和童裝有別，同時也使得時裝、日用品、和食物等無法混雜在一起。不同的事物，不同的環境，這個生活上的實例，使我們清楚的知道一件事，那就是若欲使事物安排有序，必須先要鑑明它們的類別，將相同的集在一起，將不相同的撇開。

在時裝部裏，除了那些零碎的各式成衣以外，還常見穿戴在模型人身上的成套時裝。這些時裝總是搭配得那樣的典雅美麗、高貴大方。當我們進入餐館，道道佳肴，爽心適口。一桌酒席，更是色、香、味俱全。

從時裝到酒席，我們會發現另一個現象，那就是成套時裝和一桌酒席，其實都是單件的各式成衣和不同菜肴的分別「組合」而成。在結構上，成套時裝和酒席遠較單件成衣和一道道的菜要複雜。對消費者來說，這是一種新的體驗。更重要的是，它們給予消費者一種新的選擇。從新的體驗和選擇中，使他們領悟到衣、食的享受和它們的藝術價值。這種事實，早在公元前八世紀左右，鄭桓公時史伯就說過了❶：

> ……以五和五味以調口，剛四支以衛體，和六律以聰耳，正七體以役心，平八索以成人，建九紀以立純德，合十卷以訓百體，出千品，具萬方，計億事……

我們將尺寸、質料、和式樣相同的成衣，放在一起；將同樣的烹飪佐料放在一起，這都是歸類 (Grouping) 的行爲。反之，將同樣尺寸和同樣質料的成衣，再根據它們的款式或價格細分，這種行爲就是「分類」(Classifying)。而將不同的成衣配成一套美麗的時裝；將不同的菜肴，調配成一桌精美的酒席，這是一種系統性的組織行爲。

衣服、菜肴是「物」(Thing)。資訊、圖書資訊也是「物」，不過是一種抽象而沒有形象的「物」。但是，一旦它附身在媒體中，就變成了有形的「物」。「圖書資訊」就是從無形（資訊）轉變成有形的「物」。

人之所以異於禽獸的大道理，並不止於他們能分辨「物」，他們

---

❶ 《國語・鄭語》卷16，頁516。

還能够組織「物」。

我們說過，辨識「物」，靠經驗和知識。組織「物」，也靠經驗和知識，不過，還得再加上智慧和技巧。在圖書館經營中，我們講辨識「物」——不同種類的資訊媒體，也講組織「物」——圖書資訊。雖然，在效果上，辨識資訊媒體和組織圖書資訊，與辨識時裝和食物以及「組合」成時裝和酒席，不十分相同，可是在意義上，實沒有二樣。它們都是爲了方便使用者，促進使用。同時，也爲了在管理上能够獲得相對的成本績效。換句話說，我們組織圖書資訊也是朝著「方便讀者」和「利於管理」這個方向走。印度圖書館學家藍根納遜的「圖書館學五律」(Five Laws of Library Science) 中的前四律，都是在強調「方便讀者」❷:

1. 書貴乎用(Books are for use)
2. 讀者有書 (Every reader has book)
3. 書有讀者 (Every book its reader)
4. 節省時間 (Save the time of the reader/save the time of staff)

但是，要怎麼組織才能方便讀者，又要怎麼樣的組織才能利於管理呢？「方便讀者」和「利於管理」究竟是相剋還是相輔呢？這都是應該解答的問題。現在就讓我們先從「方便讀者」及「利於管理」談起。

第一節　方便讀者與利於管理

❷ Ranganathan, S. R., *Prolegomena to Library Classification*, NY: Asia Publishing House, 1967, pp. 115-121.

僅從字面上解釋，我們就不難瞭解「方便讀者」是指圖書館應該儘可能的給予讀者使用圖書資訊的方便，也就是說促進讀者與圖書資訊「接觸」的機會。根據傳統的說法，圖書館的任務是將適當的圖書資訊，在適當的時間和地點，傳遞給適當的讀者。在資訊社會中，讀者的知識水平都已相當高。圖書館的任務，已不再是傳遞 (Deliver) 而是透過適當的管道，儘快的使圖書資訊與讀者溝通(Communicate)，讓讀者自己去作適當的選擇和使用。這裏所謂的管道 (Channels of Communication)，包括一切傳統的方式，如口傳、書寫、印刷、現代的通訊系統 (Telecommunication System)，和電腦網路等等。無論是傳統的也好，現代化的也好，圖書館中對圖書資訊的「安排」(Arrangement)，一定要做到「方便讀者」。若要使圖書資訊的「安排」，達到「方便讀者」的目的，圖書館學界必須要先充分瞭解下列二點:

1. 讀者檢索的意向和方法
2. 讀者的需要傾向

由於各圖書館的服務方式和讀者對象不同，所以從這二個問題所獲得的答案，也會不相同。卽使同樣是綜合性大學，因爲各校在教學目的和研究範圍上的不同，圖書館的館藏和服務方式也會相異。同樣的，公共圖書館，由於各館的館址和服務轄區的不同，在館藏發展和服務的重心上，也會有不同。不過，在圖書館資訊的「安排」上，各圖書館都差不多，多數都是按照分類標準典藏。除了安排靠分類標記以外，下列幾種安排方式，也很有參考的價值:

(1) **主題**: 在杜威十進分類法問世以前，圖書資訊的安排，大都以著者姓名爲序。這種方法顯然有助於讀者尋求「個體資訊」。可是一般的研究都指出，主題的安排方法，最能方便讀者。因爲若將相同主題的圖書資料，排列在一起，可以供給讀者一個「知識面」。在開架式的圖書館，這種安排方法的優點，更是顯而易見。

(2) **語言**: 在一所重要的科技圖書館中，英語的著述已不再是唯一的館藏。在一所以中文圖書資訊爲主的圖書館裏，英文和其他德、法、日、俄的圖訊資料，也日漸增多。在這種語文雜陳的情況下，若能在同一主題中，再以語言爲安排的順序標準，讀者一定會感到格外的方便。何況，這種安排的方法，對典藏也有幫助。

(3) **書名**: 任何一種圖訊資料，除了外表裝潢，另外一種引人注目的便是印在書背上的書名。因此，圖書資訊的安排，若能以書名爲序，也會方便讀者。

(4) **出版年代**: 當書名的次序決定以後，若能再按照圖書資訊的出版年代，順序排列，讀者也定會稱便。

(5) **著者**: 對讀者來說，若能將同一著者撰寫的同一主題的作品排在一起，只要不是新罎舊酒，一定會贏得讀者的讚美。

假如本書讀者心細，當會發現，除去「語言」一項外，其他各項都已成了「索書標記」的一部份。筆者認爲若能在分類標記之下，再加入一種「語言標記」，那麼這個「索書標記」就會更完美。

讀者是圖書館的命脈。說句不雅的話，圖書館是爲讀者而活。沒有讀者，也就不會有圖書館。雖然，讀者是如此的重要，可是，站在圖書館經營的立場， 很多政策上的決定， 也不一定完全以「方便讀者」爲標準。讀者固然絕頂重要，圖書館的經營原則也很重要。

在管理上，圖書館和其他營利性機構一樣，講求成本效益(Cost-benefit)、成本效力 (Cost-effectiveness)， 以及工作效率 (Efficiency) 等等。無論館藏的發展，或是服務項目的增減，都是以這三

種方式來衡量 它該不該做？ 能不能做？ 和要做多少才能獲得最大效果。實際上，圖書館是一個非營利性機構。它沒有經常的收入，只靠來自直屬機構的固定預算。假如圖書館不能得到足夠的財力支持，工作無法展開，讀者便會蒙受到很多的「不方便」。在這一點上，讀者和圖書館可就都是「一條道上的朋友」。

若我們拋開財源不談，任何能夠「方便讀者」的措施，多半也都「利於管理」。最明確的一個例子，就是圖書資訊在圖書館中，總是排列得那樣的井然有序，易識易取。這種結果完全歸功於圖書資訊的完善組織。它不僅方便了讀者，其實也便利了管理。

「方便讀者」和「便利管理」這二個目的，在一般情況下，相輔相成。不過，有時也會發生互相排斥的利害衝突。

組織圖書資訊的中心觀念，在保持館藏的完整，使主題知識能從「知識面」進展到「知識立體」。可是，這種構想，極易遭受破壞。假如圖書館不秉承經營原則，一味的迎合讀者所好，將館藏四分五裂的分置各處。結果使整個館藏支離破碎。這種結果，不僅增加典藏的困難，讀者也會疲於奔波，怨氣衝天。

在圖書館經營中，另一常見的管理方式便是「請少動手」。說明白一點，它就是閉架式圖書館的典藏特色。這種設置代表圖書館的傳統功能：「在適當時間和地點，將適當的圖書資訊，傳遞給適當的讀者。」閉架式的圖書館在管理上有下列四種主要優點：

1. 圖訊資料不易散失。
2. 節省館員排架的時間。
3. 可以不作圖書資訊分類，節省人力。
4. 可以節省館藏空間。

但是，對讀者來說，它卻有四大缺點:

1. 不能自由瀏覽書架上的圖書資訊。
2. 不易獲得主題知識面。
3. 索取圖書資訊，必須經過使用目錄和透過館員的尋取，非常費時不便。
4. 目錄中的「單元紀錄」，不能提供讀者對該圖書資訊內容的正確瞭解，往往發生「所得非所求」的現象。

二者相權之下，閉架式典藏，雖然在圖書館管理上有它的優點。然而，對讀者來說，卻一無是處。閉架式的設置可說完全違反了資訊社會中圖書館的主要功能: 「在適當時間和地點，促進適當的圖書資訊與適當的讀者溝通。」只有在開架式的設置下，圖書館才能達到「促進圖書資訊和讀者溝通」的目的。這個例子也說明，圖書館不能以「便利管理」爲藉口，而忽略它對社會的責任。在資訊社會裏，圖書館的責任已跳越了「傳遞」，進入了「溝通」的境界。在這個新社會裏，圖書館已成了「僕人」，讀者才是眞正的「主人」。

第二節　圖書資訊組織之基本元素

人們的一句口頭禪: 「組織就是力量。」這裏所謂的力量，當然不是一般人想像中的那種一拳打倒人的衝擊力，而是指由「組織」帶來的最終秩序 (Order)、效率 (Efficiency) 和成本效力(Cost-Effectiveness)。這些結果，可說都是任何形式的組織夢寐以求的目的和願望。

「組織」這二個字所涉及的領域非常廣。就以「人」爲例，「人」不僅有思想，有五官，同時也有維持生活和生命、促長生機的各種機能。我們稱有關思想的組織爲「發展的組織」(Developmental

Organization)或「演進的組織」(Evolutional Organization)，有關組成人體各器官的組織，則稱爲「結構的組織」(Structural Organization)，有關那些維持生命的呼吸、循環、神經等系統的組織，則稱爲「功能的組織」(Functional Organization)❸。

「人」的組織不能說不完善。因此，任何「物」的組織，凡能包容發展、結構和功能這三種基本元素，都稱得上爲完善的組織，缺一則不可。

根據 Shera 的說法，若欲使紀錄的知識對社會起作用，圖書資訊的組織必須包括三個不同的層面：(一)敍述著錄，(二)分類，(三)編製目錄和索引❹。現在我們就來分析一下這種組織是否够得上完美，是否具備發展、結構和功能這三種組織上的基本元素❺。

一、敍述著錄 (Descriptive Cataloging)：

一所小型圖書館，它可以不爲館藏中的圖書資訊分門別類，卻不能不爲那些資料編製書目紀錄 (Bibliographic Record)。這種組織圖訊資料的觀念和方法，早在公元前 250 年左右亞歷山大圖書館的卡里馬朱 (Callimachus) 就已經開始。迄今已襲用了二千多年。雖然現在的書目紀錄在結構上與卡里馬朱時代的紀錄相差不多❻，可是，由於電腦的普遍發達，通訊技術的不斷改進革新，以及資訊網的建立，在編目的方法上，卻有了天大的變化。

敍述著錄是圖書編目 (Cataloging) 的二種作業之一。它的目的

---

❸ 布利斯也曾提及這三種組織。請見 Bliss, Henry E., *The Organization of Knowledge and System of the Sciences*, NY: Henry Holt, 1929, pp. 74-76

❹ Shera, Jesse H., "Putting Knowledge to Work," a speech to the 1965 Annual Conference of the Special Libraries Association.

❺ 在本章中討論的圖書資訊，仍爲傳統的有形的圖書資訊。

❻ 參看〈圖書資訊分類發展之歷史背景〉一章。

有三:

1. 鑑定圖訊資料本身的特徵，建立單位紀錄。
2. 擬定款目，作爲編製各種目錄的標準。
3. 決定檢索項，作爲線上目錄檢索系統的根據。

圖書資訊是零碎資訊的合成體。它的功用是使資訊(個體資訊)，或知識（整體資訊）和讀者溝通。讀者如何才能容易的和所需要的資訊建立起溝通的管道，確實是一個頗費猜疑的問題。根據耶魯大學圖書館所作的有關讀者檢索模式的一項調查研究❼，發現:

1.	以著者姓名爲準	62.0%
2.	以書名爲準	28.5%
3.	以主題爲準	4.5%
4.	以編輯者爲準	4.0%
5.	其他	1.0%

但是，一般主題專家學者的檢索模式與前述又有不同❽:

1.	以主題爲準	51.6%
2.	以著者姓名爲準	21.5%
3.	以書名爲準	18.8%
4.	其他	8.1%

而我國一般讀者的檢索習慣，則總以書名爲準❾。姑不論讀者的

---

❼ Lipetz, Ben-Ami, "Catalog Use in a Lange Research Library," *Library Quarterly*, 42:1 (January, 1972), pp. 129-130.

❽ Larson, Ray R. and Vicki Graham. "Monitoring and Evaluating MELVYL," *Information Technology and Libraries*, 2:1(March, 1983,)pp. 93-104.

❾ 倪寶坤，《圖書館編目學》，臺北：中華書局，民74年，頁107。

檢索模式如何，在敍述一份資料的時候，至少應包含幾項基本組成元素，如著者、書名、版本、出版年、出版者等。不過，僅靠書名或著者姓名爲準，讀者並不一定能窺測得出這份資料的眞正內容宗旨[10]。爲了免除讀者這種不必要的猜疑，在標準的編目規則裏，又加上主題標目、提要項、稽核項、副款目等。這些項目除了著者、書名等多半在書名頁 (Title Page) 中隨手可得外，其他都得費點功夫從資料中「抓」出來。尤其主題標目，爲讀者編製主題書目(Subject Bibliography) 的主要工具，更是缺少不得。

簡單的說，敍述著錄是從資訊本身的基本結構着手，將它一一的剖解開來。因此，這種圖書資訊的組織方式，實具有結構上的組織特性。

二、圖書資訊分類：

爲圖書資訊分類，目的在「治書」。一方面爲了組織藏在媒體中的內容 (Content)，將相同內容的圖訊資料歸併在一起，使讀者能够接觸到一個比較完整的「知識面」。另一方面是爲了組織媒體本身，使它們能針對讀者的需要和使用上的方便，能够有一個合理和有效的安排。當然，整個分類的最終目的，還是在便利讀者使用圖書資料。期使他們能以最小的努力和最短的時間，找尋到他們所索求的圖訊資料。

一套優良的分類系統，不但要能正確的、適時的反映知識的新穎，而且還要能根據主題門類的資料數量和品質，分析並診斷出館藏的良莠、均衡、或偏差。

館藏是圖書館的靈魂。它的數量多寡並不十分重要，重要的是埋藏在那千百萬種媒體裏面的思想和知識都代表些甚麼？分類的手續，

---

[10] Adler, Mortimer J., *How to Read a Book*, NY: Simon & Schuster, 1964, p. 140.

能使我們獲得答案，能使我們清晰的認識館藏的主題重點在那裏，它的發展進度和方向又如何。

因此，我們說圖書資訊的分類，具有「發展」的組織特性。

三、編製目錄和索引:

早先我們說過，敍述著錄是組織圖書資訊的第一道手續。而編製目錄和索引，則爲組織圖書資訊的最後一道手續。編目，使我們瞭解每種圖書資訊的特徵；分類，使我們根據圖書資訊的特徵，決定它們的類屬。在這個階段中，所謂類屬，只不過是對圖書資訊的內容作了個別的認知和鑑定。在圖書資訊之間，還沒有建立起任何關係。眞正關係，特別是指主題上的親疏關係的確定，是根據它們在書架上和編入目錄中以後所佔據的位置。「排架」是對圖書資訊個體的一種直線式 (Linear) 的直接安排，而「目錄」則是一種綜合式的間接安排。除非館藏量特小，否則直線式的安排方法絕無法顯示出圖書資訊之間的親疏關係。只有綜合性的間接安排方式的「目錄」才能做到。主題的親疏關係是一種跨越層次和空間的關係。直線式的排列最多只能滿足「縱」的近親關係，而無法滿足「横」的遠親關係。因此，讀者若欲接觸主題知識的全貌，他便必須借助目錄的指引和幫助。從目錄中，讀者不僅可以找到個別的圖書資訊，還可找到與主題直接或間接有關的全部圖書資訊。

若我們從資訊和知識的觀點看，圖書館中的每一份資料，都只是「資訊面」中的一點。換句話說，一個「資訊面」是由許多相同內容和不同形式的個體資訊編組而成。一個資訊面，只能算是「知識點」的一部份，若我們將每一個「近似相同」和「相同」主題的知識點，全部聯在一起，那就成了一個「知識面」。不同的目錄，具不同的資

訊效果:

1.	著者目錄	資訊點、資訊面
2.	書名目錄	資訊點
3.	主題目錄	資訊面至知識立體
4.	分類目錄	資訊面至知識立體

任何一種圖書資訊目錄，都無法求得以一所館藏爲最大極限的知識面。原因何在? 也許從下面簡化的表列中，讀者可以揣測出一個答案:

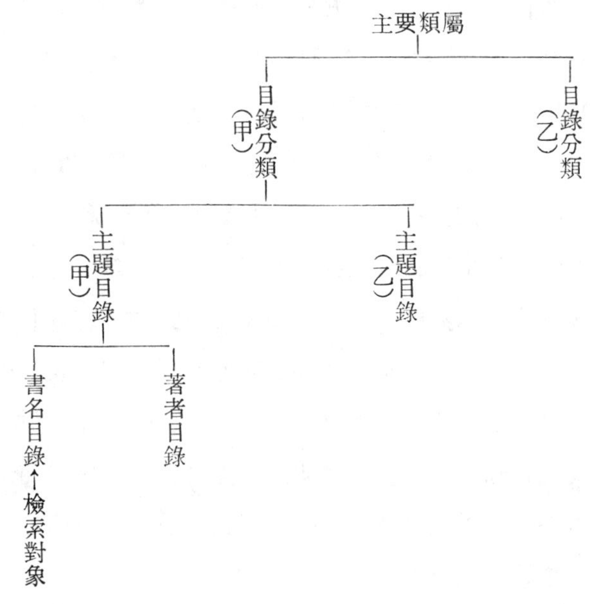

在層次的關係上，書名目錄和著者目錄平行。在主題目錄中，每一主題都涵蓋著一羣著者和他們的作品，而每一門類，又涵蓋著一羣相同和相近的主題。準此類推，每上一層，則必定包容一羣下層的圖書資料。雖然每種目錄都有它獨特的目的，但是所謂「目錄」，實意謂一種「列舉」方式。通常不外下列二種:

（一）中文：以筆劃多少爲準

（二）英文：以字母順序爲準

譬如以胡適著的《中國中古思想史長編》和《中國古代哲學史》二本書爲例，在「著者目錄」中，這二本書會先後的列舉在一起。但是，在「書名目錄」中，這二本書就會被分開來。因爲在「中國中……」和「中國古……」之間，還可能有「中國中心……」、「中國中央……」等書籍。

再說，在「主題目錄」中，雖然中國思想史和中國哲學史都歸哲學主題內，但是中國思想史和中國哲學史各自成「目」，所以思想史歸入思想史羣中，而哲學史則歸入哲學史羣中。

在「分類目錄」中，列載情況和「主題目錄」相同。不過有一點值得特別一提，那就是多數的分類表中的類目和「主題標目總錄」(Subject Headings List)中的主題標目，並不一定有絕對的相關性。這實爲「主題標目」被人詬病的主要原因。在所有的分類和主題標目系統中，也許只有 MESH 和 NLM 的分類系統，顯示這種直接的相關關係。

像這種主題標目與分類不相關聯的弊病 一般都用參照法 (Cross-Reference)，以見 (See) 和參見 (See Also) 等，來指引讀者尋找相同和相關的資料[11]。因此，若欲眞正建立起「知識面」和「知識立體」，則非依賴另外一種方法不可。這個方法便是索引 (Index)。它的功能便是將全部相同或相關的類目、主題標目、甚至同義字（詞）以列舉、參照的方法，通通串聯起來，製成表格，供讀者查閱參考。

---

[11] Jay E. Daily 對「見」和「參見」的功能甚表懷疑。請參見 Daily, Jay E., "Classification and Categorization," In: *Subject and Information Analysis*, ed. by Eleanor D. Dym, NY: Marcel Dekker, 1985, pp. 327-349.

近年來，由於電腦技術的飛躍進步，使「知識面」或「知識立體」的查詢，方便不少。讀者如今所面對的問題，已不再是「過了時效」的主題標目，而是不同資料庫所提供的不同而又常常訂正修改的索引典 (Thesaurus)。讀者若對它們沒有百分之一百的熟習和瞭解，那麼所作的線上檢索，不但「命中率」(Hit Ratio)會很低，還會滲入一大堆不相關的「垃圾」。

總言之，目錄及索引的編製，都是爲了使館藏資料，能和讀者的搜求願望適恰而完全的吻合。因此，我們可以說，組織圖書資訊的第三種方法——編製目錄及索引，具有「功能」的組織特性。

綜前所述，我們發現圖書資訊的編目、分類，和目錄、索引的編製，完全符合結構、發展和功能的三種基本組織原則。所以我們說圖書資訊的編目、分類 和編製目錄及索引，的確是一套完善的組織。這也就是說，若要圖書資訊獲得一種有效而又完善的組織，那它們就必須要經過編目、分類和編製目錄及索引這三道手續。

本書研討圖書資訊的組織原理，也就根據這三種基本組織元素循序漸進。

第六章　圖書資訊編目

早在公元前350年左右，我國思想家荀子就曾經說過❶：

> 制名以指實，上以明貴賤，下以辨同異。貴賤明，同異別，如是則志無不喻之患，事無困廢之禍。此所爲有名也。

荀子這段話，清楚的說明萬物都應該有一個適當的「名」。我們用「名」來辨別「物」的異同。每種「物」都有它的「名」。最好普天之下，每種「物」都有它專有的「名」。除非二「物」完全相同，否則，不應該有同樣的「名」。

「名」，實際上，是一物或一組物的代用或專用符號。譬如男人、女人、大人、小孩。當我們提到「男人」這二個字，在我們的腦中，立刻就會浮現出一羣與「女人」不相同的人的形象。當我們提到「大人」，在我們的腦中，又會立刻顯現出一羣與「小孩」顯然有別的一羣人的形象。這就是「制名」的主要功用。可是這個「名」，並沒有告訴我們這位男士，究竟是「大男人」或是「小男孩」？換句話說，從這個「名」中所顯現出的人影，並不是一個近距離的「特寫」，而是一個遠鏡頭中模糊籠統的身形。爲了要爲這位「男人」建立起確實的身份，我們就必須發掘出一組足以辨別和鑑定「男人」、「女人」「大人」、「小孩」之間不同的基本特徵。這些特徵包括出生年月、

---

❶　《荀子》卷第十六〈正名篇〉。

性別、身高和體重等等。

又假如我們需要徵聘一批有經驗的圖書館專業人員，那麼我們在應徵者中要找尋的特徵有出生年月、學歷、和經歷三種。

從上面這二個簡單的例子，我們可以發現二件事實：

1. 每人都有特徵，而且還不只一種或數種特徵。普通人至少包括下列十五種鑑定性的特徵和方法：姓名、籍貫、出生年月日、性別、身高、體重、膚色、髮色、眼色、學歷、經歷、父母姓名、指紋、身分證、駕駛執照等。
2. 「特徵」，是資訊檢索的憑據和標準。資訊目的不同，「特徵」的取捨也不同。

假如我們仔細觀察和分析，天下萬物，無不都有它專有的特徵或特質。而這些特徵和特質就是構成物與物之間不相同的根本因素。從理論上講，若一物能够析解出來的特徵越多，那麼對該物的辨識就會越明顯。其實不然，「多多益善」的道理，在「辨同異」的情況下，並不一定合乎經濟實惠的原則。在統計學中，我們將這些特徵視爲「變數」(Variable)；在資料庫檔案結構 (File Structure)裏，我們將這些特徵放在「資訊原料欄」(Data Field)；而在圖書館學中，我們將這些特徵定作檢索項 (Access Point)。

識別個別的圖書資訊，我們可以只用著者、書名、出版敍述、主題四種檢索項作爲鑑定標準，也可以不厭其詳的包括全部檢索項(表四、表五、表六)，甚至全篇圖書資訊。後者便是我們現在所週知的「全文儲存和檢索」(Full Text Storage and Search)，前者則爲流傳了二千多年的傳統圖書資訊著錄方法。

電腦的發達，寵壞了我們這羣圖書資訊工作者。往往一心一意的

表四　美國機讀格式和 OCLC 機讀格式定長欄元素表

Machine-readable Data File Format

USMARC & OCLC MARC

FIXED-FIELD ELEMENTS IN DISPLAY

	USMARC		**OCLC MARC**
Rec status:	Record status	Rec stat:	Record status
Legend:			
Encoding:	Encoding level	Enc lvl:	Encoding level
Descript:	Descriptive cataloging	Desc:	Descriptive cataloging form
Link:			
File Date:	Date entered on file	Entrd:	Date record added to database
DType:	Type of Publication date	Dat tp:	Type of date
Date 1:	Publication date	Date 1	Monographs, if serial, Dates are the beginning-endingdate
Date 2:	Not used	Date 2	
Country:	Country of publication	Ctry:	Country of publication
Illus:	Illustrtion Code	Illus:	Illustration code
Intell:	Intellectual level code	Int lvl:	Intellectual level
Repro:	Reproduction code	Repr:	Reproduction
Contents:	Nature of contents code	Cont:	Nature of contents
Govt:	Government publication	Govt pub:	Government publication
Confer:	Conference publication	Conf pub:	Conference publication
*Fest:	Festchrift indicator	*Festschr:	Festschrift
Index:	Index indicator	Indx:	Index

*ME/BODY:	Main entry in body of entry indicator
*Fiction:	Fiction indicator
*Biography:	Biographical code
Language:	Language code
Mod:	Modified record code
Cat Src:	Cataloging source code
**PubStat:	Publication status
**Frequency:	Frequency code
**Regular:	Regularity code
**ISDS:	ISDS center code
**Ser Type:	Type of serial code
**Medium:	Physical medium code
**Nature:	Nature of entire work code
**Titlepg:	Title page availability
**Alpha:	Original alphabet of title
**Suc/Lat:	Successive/Latest entry

*for books

**for serials

No mark: for both books and serials

*M/F/B:	Main entry in body of entry/Fiction/Biography
Lang:	Language code
Mod rec:	Modified record code
Source:	Cataloging source code
**Frequn:	Frequency
**Regulr:	Regularity
**ISDSl:	ISDS center code
**Ser tp:	Type of serial designator
**Phys med:	Physical medium
**Titl pag:	Title page availability
**Alphabt:	Original alphabet of title
**S/L ent:	Successive/latest entry
**Pub st:	Publication status
OCLC:	OCLC control number
Used:	Date of last use of record
Type:	Type of record
Bib lvl:	Bibliographic level

表五　美國機讀格式變長欄位數表

TAG GROUP	
0xx	Bibliographic control numbers and codes (including call numbers and classification numbers)
1xx	Main entry headings
2xx	Title, title paragraph
3xx	Physical description
4xx	Series statements
5xx	Notes
6xx	Subject added entries
7xx	Added entries and linking entries
8xx	Series added entries (traced differently) and variant forms of entry
9xx	Local-use fields

只求檢索項多，而使我們忽視了精簡確實的重要道理。現在一般圖書館，在計畫設立線上目錄 (Online Catalog) 的時候，大多數都朝著全文檢索系統的觀念上走。事實上，根據研究，在一般情形下，書名和讀者姓名二個檢索項，就可以圓滿解決絕大部份圖書資訊的識別和檢索問題❷。

組織圖書資訊和組織其他事物一樣，第一道手續，便是設法確定

❷ Daily, Jay E., "Descriptive Cataloging," In: *Subject and Information Analysis*, Ed. by Eleanor D. Dym, NY: Marcel Dekker, p. 40.

表六 圖書資訊基本著錄項目表

一、標目

(一) 著/編者或合著/編或團體著/編

(二) 書名，假如無著/編者

二、款目項

(一) 書名敍述

1. 正書名（包括副書名）
2. 資料類型標式
3. 並列書名
4. 次要書名敍述

(二) 版本敍述

1. 版本敍述（記名、記數、或綜合二數）
2. 有關版本責任之敍述

(三) 圖書資訊類型細節敍述

1. 地圖資料之比例和投影敍述
2. 音樂資料之類型敍述
3. 叢書之卷册數或日期敍述

(四) 出版、經售等敍述

1. 出版和經售地
2. 出版和經售者
3. 出版和經售者之功能
4. 出版和經售日期，包括專利註册
5. 印製地、印製者、印製日期

三、稽核項

(一) 數量（如頁、册、碟、影像面等）

(二) 其他稽核細節（如挿圖、放映速度等）

(三) 尺寸（如高、直徑等）

(四) 附件（如教師用教學指南等）

四、叢書敍述

(一) 主叢書名，併列叢書名或其他叢書資料

(二) 有關叢書之敍述

(三) ISSN

（四）叢書號

（五）副叢書

五、附註敍述

六、標準號碼和使用條件敍述

（一）標準號碼（如 ISBN、ISSN）

（二）叢刊之主叢書名

（三）使用條件（如價格，或使用權屬）

七、追尋敍述

（一）主題標目

（二）著/編者附加款目

（三）書名附加款目

（四）叢書附加款目

八、索書號

（一）分類號

（二）著者號

（三）書名號

個別圖書資訊的各項特徵，然後再將這些特徵一一登錄進一個「標準格式」裏。這個「標準格式」就是辨識個別圖書資訊的「單元紀錄」(Unit Record)。這個紀錄可說是對圖書資訊的一種簡明扼要的描述，供讀者在檢視圖訊資料前的一種參考。在圖書館學中，稱這一道建立單元紀錄的手續或程序爲敍述著錄(Descriptive Cataloging)。

第一節　敍述著錄之歷史背景

西方各國中，第一位爲圖書資訊編目的人是出生於希臘的學者詩人卡里馬朱 (Callimachus)❸。他是繼亞里斯多德接任亞歷山大圖書

❸ Richardson, Ernest C., *Classification, Theoretical and Practical,* 3rd ed. Hamden, CT: Shoe String Press, 1964, p. 89.

館的第二任館長。他在公元前 260 年左右上任，二十年後病逝任所。卡里馬朱對圖書資訊編目所作的最大貢獻，便是爲亞歷山大圖書館中所貯存的古書編製目錄，名爲 Pinakes。在這個目錄中，每一個「單元紀錄」(Unit Record)都包括有著者姓名、書名或其簡寫、全文行數、日期、和出版地點❹。

卡里馬朱的編目方式及各檢索項的排列次序大致如下:

1. 主題: 以著者行業爲歸類標準
2. 敍述著錄:
   (1) 著者姓名
   (2) 書名（或書名簡寫）
   (3) 全文行數
   (4) 出書日期
   (5) 出書地點

我國漢成帝時（公元前32年左右），劉向劉歆父子，也爲當時貯存的中國古書編目著錄，並編製目錄《七略》。劉氏父子的著錄方式和卡里馬朱相彷，都是先以主題歸類，再以著者姓名、書名、年代等基本項目一一著錄。不過，劉氏父子的《七略》是以圖書的內容爲主題歸類的標準，而卡里馬朱則以著者的職業爲歸類標準。比較之下，劉向父子要高明得多。

人的像貌和生活習慣都與猩猩不同。所以人不是猩猩。可是，進化論者達爾文說幾億萬年前，人和猩猩是「一家人」，這話也不無道理。就以圖書資訊來說，二千多年前，埃及亞歷山大圖書館所收藏的那些泥片 (Clay Tablet) 和紙草紙 (Papyrus)，看起來和其他更早期

---

❹ 同❸，頁90。

發現的泥片和紙草紙並無二樣，只是前者藏有代表人類智慧的符號和文字，而後者，則一片空白。

在前面說過，亞歷山大圖書館館長卡里馬朱爲那些藏有人類智慧的泥片和紙草紙，編製成 Pinakes，並爲每一片泥片、每一卷紙草紙建立「單元紀錄」。他的目的只是爲了方便圖書資訊的識別和管理。而間接的也便利了讀者的找尋❺。

萬物類聚，必有它們易於辨識的相同特徵。這也就是說，凡相同屬性的圖書資訊，它們的基本結構也必定相同。根據卡里馬朱的觀察和分析，他發現泥片和紙草紙中記載的文章、詩歌、和人生哲理，都出自於一些歷史學家、詩人和哲學家之手。而歷史學家撰寫的史實片斷和詩人寫的詩歌，以及哲學家們的倫理思想，在體裁上都有顯著的不同。這些不同，就是這些「圖書資訊」的個別特徵。於是他將相同特徵的泥片和紙草紙卷歸併成下列六類:

1. 詩人
2. 立法者
3. 哲學家
4. 歷史學家
5. 修詞學家
6. 其他

然後，他再將每類中的每一片泥片和紙草紙卷，根據它們的著者姓名、書名、文長、出書日期和地點，逐一登錄下來。於是著者姓名等五項紀錄就成了他的登錄模式。這個模式，以現在的術語來說，就是卡里馬朱爲每一種圖書資訊建立的「單元紀錄」。我國劉氏父子爲每

---

❺ 當時的圖書館還沒有積極傳佈知識的觀念。

一種經、傳、諸子、詩賦製定的「單元紀錄」，只取錄了著者姓名和書名二項。

「單元紀錄」不僅是每一份圖書資訊著錄時的標準格式，同時，也是幫助鑑定圖書資訊，以及用作分類和編製目錄時的憑據。正如卡里馬朱和劉氏父子，「單元紀錄」中所載項目的名稱和數量，各人見仁見智，一直都有不同。不過，這種各自為政的現象，在美國國會圖書館於1901年公開發售統一格式的目錄卡片（Catalog Card）以後已逐漸式微。尤其是在線上編目興起，和1981年 AACR2 編目規則正式實施以後，各圖書館的編目方式便已日漸步上標準統一化。即使中文圖書的編目，也受到了影響❻。

前面說過，編目著錄始於卡里馬朱。他的那一套著錄法和著錄項目的選定及排列的次序，除了文長行數被移到現在所謂的稽核項部位以外，其他各部份都一直被沿用到今天。為甚麼卡里馬朱他會採用那種以著者、書名、文長，出版敍述和日期為次序的著錄方式？以及為甚麼二千多年來，也沒有人想去修改或更換它？這確實是一個謎。不過，若我們瞭解了荀子的說法，我們便會發現那不是謎，只是一種「定名」過程中的必然結果。荀子不是說過嗎：

> 名無固宜，約之以命。約定俗成謂之宜，異於約則謂之不宜❼。

卡里馬朱的著錄方式，既然已經相襲流傳了二千多年，也就「約定俗成」的自然變成了一種「標準」的著錄格式了。

為圖書資訊著錄時，應以整部圖書資訊為對象。「單元紀錄」所

---

❻ 黃淵泉，《中文圖書分類編目學》，臺北：學生書局，民75年，頁53-55。
❼ 王先謙撰，《荀子集解》，臺北：藝文印書館，民66，頁682。

需各項，也應自該圖書資訊中摘取。當然，一種圖書資訊並不一定含有標準單元紀錄中應該具有的全套項目（參見表四至表六）。不過，我們仍舊應該盡可能的按照一定規格和次序，一一著錄。無論編目著錄是採用傳統的卡片方式或新潮式的電腦製作。它們之間，除了在程序上稍有不同外（圖三），在組成項目上，實無太大的差異。

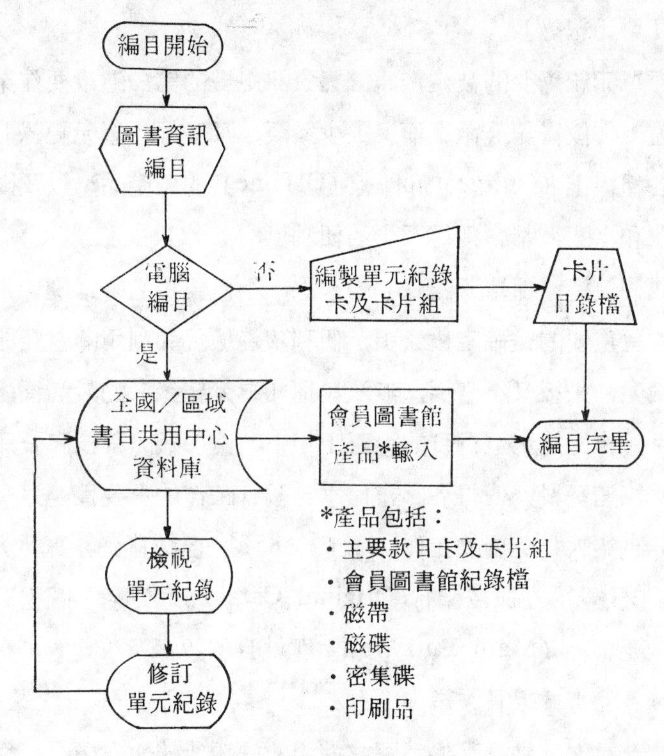

圖三　圖書資訊編目方式流程圖

第二節　線上編目中之敘述著錄

線上編目和人工卡片式編目之間的最大不同處，是前者的「單元紀錄」不像卡片式那樣整齊有序。前者存在電腦中的單元紀錄是一組不定型的「資訊原料」(Data)。它的結構只有電腦程式能够解釋。不過，當它顯現到螢光幕上的時候，就成了所謂「作業表格」(Work Form)（圖四）。編目專業人員便根據手邊的資料，在「作業表格」上增添或修改，使這個表格中所載各項，完全吻合這份圖書資訊的特質和特徵。修訂完畢以後的「作業表格」就眞正的變成了這份圖書資訊的「單元紀錄」。

「單元紀錄」的製定，爲圖書資訊組織的第一道重要作業。假如這一道工作做得認眞徹底而又很少錯誤，那麼由「單元紀錄」衍生出來的各種線上 (Online) 和離線 (Offline) 的副產品，以及圖書資訊的典藏和借閱，都會獲得不少的便利。

我們說過，「單元紀錄」的建立，不僅要用它來鑑別個別的圖書資訊，更重要的是確定檢索項，便利讀者檢視和利用圖書資訊。卡片式的檢索，呆板又不靈活，無法發揮「單元紀錄」的最高潛能，只有線上目錄才能達到這個目的。三十年來，由於資訊科技和資訊網合作編目的快速發展，使得各圖書館本身編目工作的重要性，逐漸減低。昔日非專業人員莫屬的工作，如今 85% 已轉移到非專業人員的手中❽。不過，在原始編目(Original Cataloging)時，圖書資訊的分類、主要款目 (Main Entry)和主題標目的選擇及決定等，仍需依賴學有專長的專業人員來掌理。

綜合言之，敍述著錄爲圖書館中的一項傳統性作業。但從電腦儲存和檢索的觀點上看，這種工作是否仍有必要繼續下去，實値研究。誠然，若以關鍵字 (Key Word)及布耳邏輯 (Booleau Logic) 來查詢圖書資訊，敍述著錄實無多大用處。不過，假如我們還需要辨識個別

---

❽ 同❷，頁42。

圖書資訊，和求得較爲完整的主題知識的話，除去全文儲存，全文檢索的方法以外，「代表性」的敍述著錄則實不可免。因爲敍述著錄中的主題標目、分類標記、分析款目和參照款目等，都是幫助讀者建立主題知識不可缺少的檢索要點，而這些項目，根據現在的科技水

(一)

```
OCLC: NEW          Rec stat: n Entrd: 860128         Used: 860128
Type: a Bib lvl: m Govt pub:    Lang:       Source:    Illus:
Repr:    Enc lvl:   Conf pub: 0 Ctry:   xx  Dat tp:    M/F/B: 10
Indx: 0 Mod rec:    Festschr: 0 Cont:
Desc:    Int lvl:    Dates:
  1 010
  2 040        c OZZ
  3 020
  4 041       h   b
  5 050       b
  6 090       b
  7 049      OZZZ
  8 1          d
  9 245        b   c
 10 250
 11 260        b   c
 12 300        b   c
 13 4          v
 14 5
 15 590
 16 6
 17 7          d
 18 8
```

(二)

```
Screen 1 of 2
NO HOLDINGS IN OZZ - FOR HOLDINGS ENTER dh DEPRESS DISPLAY RECD SEND
OCLC: 190771        Rec stat: c Entrd: 720104         Used: 860123
Type: a Bib lvl: m Govt pub:    Lang:   eng Source:    Illus: cfh
Repr:    Enc lvl: I Conf pub: 0 Ctry:   nyu Dat tp: s M/F/B: 00a
Indx: 0 Mod rec: m Festschr: 0 Cont:
Desc:    Int lvl:    Dates: 1933,
  1 010        33-22918
  2 040        DLC  c OUN  d m.c.  d OCL  d SER   d OCL  d YNG
  3 019        192866
  4 050 0      PS3537.T323  b Z5 1933
  5 082        928.1
  6 090         b
  7 049        OZZZ
  8 100 10     Stein, Gertrude,  d 1874-1946.  w ln
  9 245 14     The autobiography of Alice B. Toklas ...
 10 260 0      New York,  b Harcourt, Brace and Company  c [c1933]
 11 300        vii, 310 p.  b front., plates, ports., facsim.  c 23 cm.
 12 500        The life of Gertrude Stein written by herself as though it were
the autobiography of her secretary, Alice B. Toklas.
 13 500        "First edition."
 14 600 10     Toklas, Alice B.  w cn

Screen 2 of 2
 15 651  0  Paris  x Intellectual life.
```

㈢

```
OCLC: NEW            Rec stat: n Entrd: 860128        Used: 860128
Type: a Bib lvl: m Govt pub:    Lang:      Source:   Illus:
Repr:    Enc lvl:   Conf pub: 0 Ctry:   xx  Dat tp:   M/F/B: 10
Indx: 0 Mod rec:    Festschr: 0 Cont:
Desc:   Int lvl:    Dates:     ,
  1 010
  2 040        c OZZ
  3 090        b
  4 049      OZZZ
  5 100 10   Stein, Gertrude,   d 1874-1946.   w ln
  6 245 14   The autobiography of Alice B. Toklas ...
  7 260 0    New York,   b Harcourt, Brace and Company   c [c1933]
  8 300      vii, 310 p.   b front., plates, ports., facsim.   c 23 cm.
  9 500      The life of Gertrude Stein written by herself as though it were
the autobiography of her secretary, Alice B. Toklas.
 10 500      "First edition."
 11 600 10   Toklas, Alice B.   w cn
 12 651  0   Paris   x Intellectual life.
```

圖四 OCLC 單元紀錄編製程序範例

平，仍非靠學有專長的圖書館專業人員從個別的圖書資訊中擷取出來不可。

第七章　知識組織之意義

組織知識，爲知識分類，都是爲了「治學」。「治學」實爲「治書」的前奏。「學」與「書」是根本不能分家的。

知識是思想和觀念的結晶，也是人類以科學方法演繹和求證出來的「眞」事實（Facts）。花就是花，是植物；鳥就是鳥，是動物。它們之間的分別和類屬，絲毫沒有人爲的矯作。所以我們說知識的類別是一種自然形成的組合。假如我們以同樣的尺度來衡量圖書資訊的分類系統，我們便會立刻發現那些門類完全是一種人爲的決定，不是自然的組合。無論它是那一種分類系統，都只能算是一種「未定形」的觀念。「未定形」的觀念是可以隨時改變的。這就難怪美國圖書館學和分類學家布利斯（Henry Bliss, 1870-1955）認爲杜威十進分類法和美國國會圖書館分類法，都不够科學❶。其實，除了自然萬物本身的類別外，其他任何分類方法和製定的分類表，都只能算是一種人爲的手段。它們所代表的是一種藝術（Art），而不是眞正的「事實」(Facts)。

也許有人會說，知識也並不一定就是事實。縱然如此，知識和事實之間卻有極密切的關係。知識的眞實性是剝蕉式的，漸進的。當實驗室或事實證明了「知識」中的錯誤，而將它們一一剝除盡淨以後，知

---

❶ Bliss, Henry E., *The Organization of Knowledge and The System of the Sciences*, NY: Henry Holt, 1929, p. 111.

識和事實也就二合爲一❷。

為圖書資訊分類，是組織圖書資訊的第二道手續。也是我們採用主題方式建立知識面的必經途徑。爲個體資訊確定主題歸屬、編製分類表或遴選分類標記，都會牽涉到一連串的邏輯問題，絕不像敍述著錄那樣「就地取材」的便利。尤其是主題的擬定，更有它來龍去脈的大道理，我們不可不從頭說起。

在「定型資訊」與「圖書資訊」一節中，筆者曾爲圖書資訊作過界說。圖書資訊爲圖書（媒體）和資訊的結合體。它代表一種定型的資訊。「知識」(Knowledge)，根據筆者的解釋，是由很多（至少三種以上）「個體資訊」組成。而知識的本身又分四種不同的層面（請參看圖一，頁28）：資訊面（小目級主題）、知識點（大目級主題）、知識面（小類級主題）和知識整體（大類級主題）。它們之間的等級(Rank)是「由簡易變作繁賾」❸。這就是說，知識整體最簡單（籠統），資訊面最複雜（精細）。知識的進步永遠是從上到下，從簡單到複雜。

知識是一個永生不息恆動的有機體。它和資訊之間，並沒有「雞與蛋」誰先誰後的爭執。知識就像整個宇宙，而資訊則爲宇宙中的每一種能見和不能見的「物」(Thing)。沒有「物」不能成宇宙，沒有宇宙，「物」也流於虛無。我們所熟知的宇宙，只是另一個較大宇宙中的一物。宇宙無止境，物也無限量。換句話說，知識無止境，資訊也無限量。資訊、知識互爲因果。因此，當我們討論圖書資訊的分類，最好先瞭解一下知識的分類。假如歷史的記載沒有錯，「知識的分類

❷ 同❶，頁129。

❸ 套用孔子的易、象、辭的三種哲學觀念。「萬物的變動不窮，都是由簡易變作繁賾。」見胡適，《中國古代哲學史》，臺北：商務印書館，民75年臺六版，頁86。

從人類有了思想就已經開始」❹。

第一節　西方知識組織之歷史背景

有史以來，不知多少中外先聖先賢，試著爲宇宙萬物尋出一種永恆的秩序 (Order)。他們相信，一個非常詳盡確實的知識分類學 (Taxonomy)❺，可以幫助人類瞭解宇宙中生生不息的玄機。

從荒山廢墟中，發掘出不少古物遺跡，使現代的人類對過去的祖先有了較爲清晰的認識。從實驗室裏和純粹的幻想中，使人們對舊的事物和現象，有了新的詮義。學術的領域，不斷的擴張。新的主題，不斷的出現。舊有的主題不是繼續在成長演變，便是淪於消失。在知識分類的發展過程中，某些觀念，就像一個不倒翁，永遠的矗立在那裏。有的雖曾風噪過一時，如今反倒煙消散雲，不見了踪跡。也有的，在思想界中，幾沉幾浮。數千年來，雖然新的知識不斷的發現。但是，想要打開宇宙之謎，仍遙遙無期。

宇宙中，在斗換星移的恆動環境裏，每一代的思想家、哲學家，不斷地提出新的學識分類。而分類的原則，也迭經修訂。唯一沒有改變的恐怕只有那流傳了幾千年《世說新語》中所謂的「方以類聚」的道理。然而，宇宙萬物，在何種條件下，才可以視爲「同類」而「相聚」？又在何種情況下，才視爲「異類」而「相斥」呢？說起來，箇中實大有道理。

---

❹ Sayers, W. C. B., *An Introduction to Library Classification, Theoretical, Historical and Practical,* 4th ed. (Re-written), London: Grafton, 1935, p. 74.

❺ 爲自然萬物分類並定次序等級的方法。

根據普林斯頓大學（Princeton University）圖書館館長李查遜(Ernest Cushing Richardson)的研究，西方的知識分類系統，從柏拉圖開始，直到1910年止，共計有 162 種❻。在他之前，洛白・佛林(Robert Flint)，一位 Scottish 哲學家，也曾列舉出 97 種不同的知識分類系統❼。在這許多種分類系統中，讓我們選擇其中比較重要而又具影響的幾種略作介紹。

一、柏拉圖和亞里斯多德（Plato and Aristotle）:

西方的知識分類始於柏拉圖（427-347BC）。他將宇宙知識分成「能見」（Visible）和「領悟」（Intelligible）二類。前者包括看得見的「物」，後者則包括觀念和思想，如算數、幾何、天文、邏輯等等。柏拉圖的學生亞里斯多德(384-322BC)，則將知識分為「理論」和「實用」二種❽：

1. 實用或倫理知識
   經濟學
   政治學
   法律
   權術
   生產和創作藝術
2. 理論知識:

❻ Richardson, E. C., *Classification, Theoretical and Practical*, 3rd ed. Hamden, CT: Shoe String Press, 1964, pp. 89-148.

❼ Flint, Robert, *Philosophy as Scientia Scientiarum and a History of Classifications of the Sciences*, NY: Scribner's, 1904.

❽ 也有將亞里斯多德的學術分類分成三類(1)理論哲學，(2)實用哲學(3) 生產哲學，請參看王省吾，《圖書分類法導論》，臺北：中國文化大學出版部，民71年，頁8。

數學

物理

神學（或形而上學）

二、樸爾斐利「知識之樹」(Porphyry's Tree of Knowledge):

在知識分類系統中，最負盛名的，可能要推樸爾斐利(Porphyry, 232-302AD)的「樹」。「樹」中的知識分類，可以簡示如下:

本體 (Substance)
- 無形體的 (Spiritual)
- 有形體的 (Corporal)
  - 宇宙的 (Celestial)
  - 地球的 (Terrestrial)
    - 基本的 (Elementary)
    - 混合的 (Mixed)
      - 無生命的 (Lifeless)
      - 有生命的 (Living)
        - 植物的 (Vegetable)
        - 動物的 (Animal)
          - 無理性的 (Irrational)
          - 有理性的 (Rational)
            - 人類 (Man)

樸爾斐利將宇宙萬象視爲「本體」，然後再將「本體」分成「有形」和「無形」二種。後者包括宗教信仰和一切看不見的「本體」。前者則包括一切能够目見的「本體」。再次一等，他又將「本體」分成「宇宙」的「本體」和「地球」的「本體」二種，如此推演下去，直到「本體」就是「人」爲止。從「本體」至「人」之間的每一層面都代表一種資格的「定限」(Qualifier)。譬如說，我們若要鑑定一個「本體」是「人」，那麼，這個「本體」必須是有形體的、地球的、混合的、有生命的、動物的和有理性的。這是樸爾斐利對知識分類的解釋。實際上，這種分類方式是「二分法」(Dichotomy)，也是最容易瞭解的一種知識分類方法。

三、羅傑・貝康的「知識之樹」(Roger Bacon's Tree of Knowledge):

到了公元1266年，羅傑・貝康 (Roger Bacon, 1214-1294)，英國的僧侶科學家，根據樸爾斐利的「樹」，重新作了如下的解釋❾:

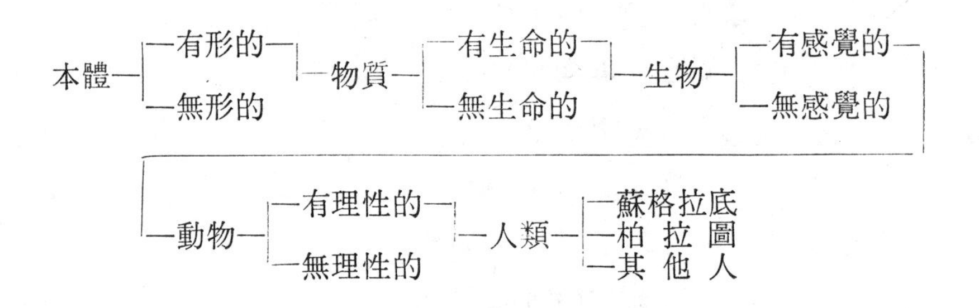

這種「正」「負」和「有」「無」的二分法，可說是任何分類方法的藍本。任何在「正」或「有」以外的「本體」，都可歸入「負」或「無」之內。雖然在實際分類作業上，頗有簡化之嫌，但在理論上，立足甚穩。羅傑・貝康的新解釋，將樸爾斐利的二分法，擴展了不少。以貝康解釋的「人類」(Man) 爲例，我們可以繼續的往下

❾ 同❹，頁29。

分，直到在邏輯上，不能再複分爲止❿。譬如，我們根據羅傑・貝康的分類方式爲孔子徵別類屬，獲得下面的結果：

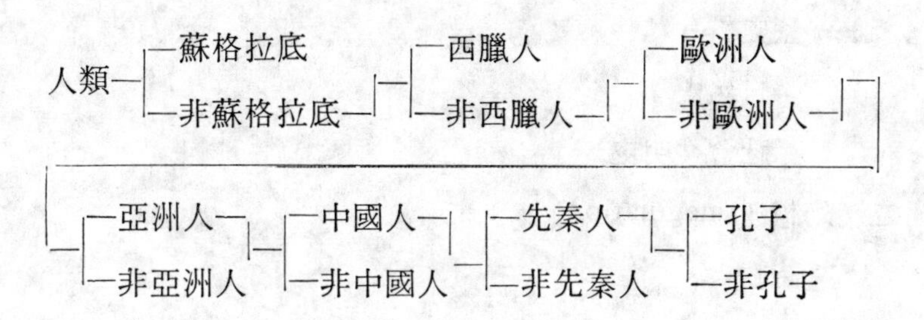

從這種分類系統，我們很容易的爲「本體」歸類。這就像我們所熟習的「不是朋友，便是敵人」的分類方法。其實，這種看似簡單的分類方法，其中的毛病卻很多。主要的毛病在（一）層次不分明，（二）「本體」的特徵或特質不够精細。以孔子的劃分爲例，「先秦」在我國歷史上屬上古史，包括公元前2697年（黃帝軒轅氏）至公元前 246 年，這一段約二千五百年的時間。孔子生於公元前 551 年，卒於公元前 479 年。因此，若將「孔子」歸入先秦與其他「非孔子」相對，似乎太過簡單，而且也不够均衡 (Balance)。這種情況，在眞正的科學知識分類中是不容許的。

四、佛蘭斯・貝康(Francis Bacon)：

在羅傑・貝康之後，公元1605年，又有一位佛蘭斯・貝康(Francis Bacon, 1561-1626) 的分類系統出現。他是英國的文學家和哲學家。

---

❿ 其實，邏輯上，二分法是永無止境的。就像將一物分裂成二，再分裂成二，再分裂成二……如此繼續下去永遠分不完。假如用二分法，分到了極限，只能表示人類的知識在那一個時刻趨於極限，到達「頂點」這是知識進步中的一種筆者所謂的「知識暫留」的現象。將來時機成熟，由於新的發明或發現，知識又繼續的往前進行，於是又可以再繼續的一分二的分下去。

佛蘭斯・貝康將宇宙知識分成三大類:

一、記憶（Memory）
- 歷史
  - 自然史
  - 社會文明史

二、幻想（Imagination）
- 詩歌

三、理性（Reason）
- 哲學
  - 神學
  - 自然哲學
    - 純理論的
      - 物理
      - 形而上學
    - 實用的
      - 力學
      - 幻術
  - 人類哲學（人類學）
  - 人文哲學
    - 生理學
    - 心理學
      - 論理學
      - 倫理學
  - 社會哲學
    - 社會（社會關係）

商務（經濟）

政府（政治術）

宗教

佛蘭斯・貝康的分類法，漏洞很多。譬如他將歷史納入記憶類，在觀念上是不完全正確的。歷史實可分成二種：一種是「眞」歷史，另外一種是「寫」歷史⓫。前者是有憑有據，後者爲杜撰。因此，貝康所謂的歷史，最多只能算是「野史」或「稗史」之流，只算得上《三國演義》，而算不得《三國誌》。因爲「眞」的歷史，不能靠記憶（Memory），要靠檔案資料（Document）和事實（Facts）。

不過，佛蘭斯・貝康的知識分類，對二十世紀的圖書資訊組織卻有極重大的影響。根據賽也（W. C. Berwick Sayers）的研究，杜威的十進分類法的思想體系，實源於佛蘭斯・貝康的知識分類⓬。

在佛蘭斯・貝康以前的一些哲學家，他們對知識的分類，可說是想像多於實際。他們對後世知識及資訊的發展，並無甚麼重大的貢獻。不過，在他們的探討、摸索中，人們知道宇宙萬物都有互爲因果，依序漸進的持續關係。

五、康特(Auguste Comte)：

從西方圖書資訊的分類著眼，康特（Auguste Comte, 1798-1857）的貢獻不算小。於 1830 年，他將科學知識分成下列各類⓭：

⓫ 馮友蘭，《中國哲學史》，九龍：太平洋圖書公司，1968年，頁18-21。

⓬ 同❹，頁124-125。

⓭ Machlup, Fritz, *Knowledge: Its Creation, Distribution, and Economic Significance,* Princeton, NJ: Princeton University Press, 1982, pp. 65-69.

數學

天文學

物理學

化學

生理學

社會物理學（卽社會學）

康氏認爲這種排列次序，很合自然法則。他將數學排在其他學科之前，是認爲數學爲其他學科之基礎。但是，他將天文學排在物理學之前，似又有本末倒置之嫌。因爲天文學是物理學的一個分枝，講論羣星運行軌道和相關位置。

於1851年，他將前述類別修訂爲:

1. 自然哲學
   (1) 宇宙學
       數學
       天文學
       物理學
       化學
   (2) 生物學
2. 社會哲學（社會學）

這種分類的主要特點，是將自然萬物中無生機的抽象學理和有生機的實體分開。然而，天文學仍排在物理學之前，甚爲失策。

六、史本賽(Herbert Spencer):

1864年，史本塞(Herbert Spencer, 1820-1903)在科學分類中，他將科學知識分成下列各類:

1. 抽象科學

 論理學

 數學

2. 抽象——具體科學

 力學

 物理學

3. 具體科學

 天文學

 地質學

 心理學

 社會學

史本塞分類的敗筆是他將物理學和力學歸納入所謂「抽象——具體科學」之中。其實，物理學應屬於抽象科學，而力學似不够獨樹一幟的資格。它實是物理學的一部份。

七、阿拉伯的法拉比和西納 (Muhammade-Farabi and Ibn Sînâ):

除西方各國外，阿拉伯也有幾位思想家，早在十世紀左右，就作了知識的分類。譬如法拉比(Muhammade-Farabi)，將科學分成八類⓮:

1. 語言科學
2. 邏輯學
3. 數學
4. 物理學
5. 形而上學

⓮ 同⓭， v. 2, 頁30。

6. 政治學
7. 純理學
8. 神學

他這種分類法，比起佛蘭斯・貝康的分類法的排列次序，較爲合理。除法拉比以外，另外還有一位名叫西納（Ibn Sînâ, 980-1037）的阿拉伯哲學家，根據法拉比的分類法，將科學分成：（一）純理論科學（Speculative Sciences），和（二）實用科學（Practical Sciences）二類。西納的純理論科學的類別，多取自亞里斯多德。但是，他另外加添了七種新的類別：（一）智慧（Wit），（二）醫學（Medicine），（三）占星學（Astrology），（四）相面學（Physiognomy），（五）圓夢學（Dream Interpretation），（六）符咒術（Talismans），和（七）煉丹術（Alchemy）。在形而上學方面，他也加了預言學和末世學（Eschatology）二類。

在西納之後，還有卡耳登（Ibn Khaldun）。不過，他的分類領域，多以《可蘭經》的教義爲中心。

第二節　中國知識組織之歷史背景

討論知識分類，西方人只知道柏拉圖、亞里斯多德、樸爾斐利、貝康、康特等人。其實，我國在這方面的成就，絕不亞於他們。

中國是一個文明古國。相傳黃帝時期（2698BC），史官倉頡就發明了文字。比起古埃及的文字，雖然晚了大約一千年⑮，可是我國在文學、政治、軍事、工程以及思想方面的造詣，實非當時的埃及和

---

⑮ McMurtrie, Douglas C., *The Book, the Story of Printing & Bookmaking*, London: Oxford University Press, 1943, p. 9.

其他西方各國可以匹敵。

人類的思想受時代和環境的限制。而時代與環境的條件，複雜而迭有變動。爲了要解決每個時代所面臨的根本問題，當時的人都需要有一套發現問題和解決問題的方法。中國在先秦以及殷商文化時代，人們所面臨的貧困和列國爭霸的政治問題，可說與同時期的西方各國的局面，完全不同。因此，我國的思想主流與西方各國早就走在二條不同的路上，眞說得上是殊途而又不同歸。

從公元前六世紀到公元前三世紀，中國正値干戈擾攘，民不聊生的時代，也正是中國思想界百家爭鳴，自由創造風氣鼎盛的時期。在這三百年中，中國的思想界都敢於創造，勇於立異，建立了許多獨立學派，使中國古代思想成爲世界思想史的一個重要紀元⑯。

至聖先師孔子的中心教育思想在「有教無類」，是「君子的教養」。他將當時的知識分成下列四類⑰:

1. 德行 (Ethics)
2. 言語 (Rhetorics)
3. 政事 (Political Science)
4. 文學 (Literature)

在追求知識的方法和手段上，孔子強調「抄筆記式」的「傳遞」而不十分重視自由發揮的「溝通」。《論語》中說：「學而不思則罔，思而不學則殆。」孔子雖然說「學」與「思」同等的重要和它們的不可分割性。可是他所謂的「學」是「多聞、多見」的學⑱，而不是「多

⑯ 胡適，《中國中古思想史長篇》（手稿本），上海：商務印書館（影印本），1986，頁79。

⑰ 《論語》，〈先進篇〉，參見錢穆，《論語新解》，臺北：東大圖書股份有限公司，民77年，頁375。

⑱ 胡適，《中國古代哲學史》，臺北：商務印書館，民75年，頁105。

問」的學。多聞、多見雖然也是求知的方法之一，但究竟不如愼思明辨、「學」而有「問」的求知方式來得落實。

儒、墨二家爲先秦二大學派。墨家對知識方法的解釋與儒家顯然不同。墨家將獲得知識的方法分成三種:

1. 經驗
2. 推論
3. 傳受

孔子主張的「學」，只是墨家三種方法中之一種——傳受。墨家的其他二種，都帶有「爲什麼？」的濃厚實驗主義的色彩⑲。

先秦各學派的學說，都自成一家。我們可以簡略的歸納如表七:

表七 中國先秦各學派的學術思想體系

學術主題	學派	中心思想	主要代表人物
教育、倫理	儒家	德行、言語、政事、文學	孔子、孟子
論理	儒家	正名篇	荀子
政治	道家	「無爲而治」	老子、關尹、莊周、田駢
宗教	墨家	「尊王事鬼」	墨翟
言語	名家	知識論、論辯、正名	惠施、鄧析、公孫龍
法學	法家	重勢、重術、重法	愼列、申不害、商鞅
星相	陰陽家	五行、四時、王權	董仲舒

有中國古代第一奇書之稱的《墨辯》⑳，在論「知」論「辯」中，有很多論點和我們所討論的知識分類很有關係。墨子大約生於公元前500年至490年之間，卒於公元前425年至416年。推算時間，他比西方的柏拉圖還要長一輩。在《墨辯》的記載裏，墨子至少提到七種不

⑲ 同⑱，頁106。
⑳ 同⑯，頁77。

同的主題知識㉑：

1. 算術
2. 幾何學
3. 物理學（光學和力學）
4. 心理學
5. 哲學
6. 政治學
7. 經濟學

由戰國至漢初，孔、墨二家齊名。可惜，漢朝董仲舒崇儒的「賢良對策」，被漢武帝採納以後，墨家的思想便受到了冷落。墨家的那一套科學的思想，也就隨著被冷藏了起來。於是，自墨家以後，中國的思想界中，就再也找不到科學思想的痕跡。中國科學思想的不進步，董仲舒應負相當大的責任。

宋朝程伊川（1033-1108AD），也曾爲知識分過類㉒：

1. 文學——文學
2. 訓詁——歷史
3. 儒者之學——哲學

程氏的知識分類與佛蘭斯・貝康的知識分類非常相似。貝康的記憶、幻想和理性三大類，也就代表歷史、文學和哲學三種學術主題（應該是大類級的主題）。貝康（1561-1626AD）比程伊川晚生五百多年，不知貝康的分類是否受到了程氏的影響？假如貝康的分類「眞正來自」程伊川，那麼一套西方的圖書分類史，就必須改寫。因

㉑ 同⑯，頁78。
㉒ 王省吾，《圖書分類法導論》，臺北：中國文化大學出版部，民71年，頁11。

爲，我們都知道杜威十進分類法的思想體系間接來自貝康。萬一貝康的分類源自程伊川，那程氏豈不是成了世界分類史上的大功臣!

第三節 綜 論

中國歷史上，並不欠缺以學術爲本位的思想體系，所欠缺的只是對思想系統的組織。中國的哲學家多以個人爲本位，重實用（Application），少重觀念(Idea)。這與西方哲學家恰恰相反。西方哲學家，以「物」爲思想中心，重觀念，不斤斤計較這些觀念是否實用。他們在理論或觀念的探討過程中，多遵守「假設」和「求證」的方式，因而養成了他們有組織以及求實、求精、求新的精神。唯一例外，可能是神學（Theology）這一門學科。它充滿了「假設」，卻無法求得證明。不過，求證的另一方法就是間接的反證。換句話說，假如無人能證明一種理論或觀念的不存在，那麼這個理論或觀念就存在。神學能够成爲一種學科，而巫術、魔術等卻不能，原因恐怕就在這裏。

我們從圖書館學的觀點討論思想和思想體系，並不是研究它們的本身，而是探索它們所導致的結果。思想是一種觀念，也就是對事物現象的一種假定。有了假定，就去證明它是否正確。這種思想的興起和對它求證的過程，也就是資訊和知識起源的過程（請參見「知識演進模式圖」）。過程的終結，便是著述、出版和發佈。圖書館所蒐集的各類圖訊資料，都是「思想形體化」的成果。所以，當我們研究圖書資訊分類的時候，不能够忽略思想（未成形的資訊）、資訊（未定型的資訊）、和知識（定型資訊的組織）三者間的密切關係。八百多年前，我國分類學家鄭樵（1104-1162AD）說過的「人守其學、學守其書、書守其類」那三句簡短的話，似乎已道盡了圖書資訊分類的精髓。可惜，西方圖書館學界對這些史實，知道太少。

知識的分類，只是「治書」的一部份。它們之間有絕對的相關性。因此，當我們爲圖書資訊分類的時候，立刻就產生了一個最基本的問題：圖書資訊的分類是否應該完全吻合知識的分類？著名的分類學家李查遜 (Ernest C. Richardson) 認爲「科學（知識）的次序，就是萬物的次序」㉓。所以他主張圖書資訊的分類應該和知識的分類一致。可是，另外一位分類學家胡爾梅（E. Wyndham Hulme）卻認爲圖書資訊的分類，應採用科學（知識）分類的理論精神，而斟酌圖書資訊本身的結構予以調整㉔。筆者則認爲圖書資訊分類和知識分類之間，的確有它們不可分割的相關關係。不過，在「知識」是「活」的，圖書資訊中的資訊是「死」的條件下，二者間亦步亦趨的可能性、可行性，甚至必要性都深值懷疑。這可說是圖書資訊分類理論中一個天大的矛盾。唯一能疏解這個大矛盾、大問題的辦法，便是將「死」的圖書資訊變「活」。在這個科技進步一日千里的資訊社會裏，我們似乎已能感覺到現代的圖書館學家正會同著無數的資訊科學家們，朝著這個「起死回生」的方向努力前進。

㉓ 同❻，頁9。
㉔ Hulme, E. Wyndham, *Principles of Book Classification*, London, The Library Association, 1950, p. 1.

第八章　圖書資訊分類的思想體系

清朝詩人袁枚偶作五絕句:「兒童不知春,問草何故綠。」這二句話的意思是說:「孩子們不知道春天已到來,盡在那裏問草爲什麼變綠了。」假如袁枚不是詩人,在那裏只談意境想像,而是一位老師,那麼他對黃草變綠的解釋,並不十分恰當。固然,草到了春天,都會變成綠色。但是爲什麼草要到春天才會變綠呢?顯然「春天到了」,不是黃草變綠的眞正理由。眞正的理由是「春天」這個時節帶給野草一種比較有利的生存環境,包括足量的雨水、適當的土壤溫度和光和作用等。假如人們都像袁枚一樣,將自然萬象詩情畫意一番,而不去追究現象發生的原因,那麼當一粒蘋菓掉在牛頓 (Isaac Newton, 1642-1727 AD)頭上的時候,他會當作「風兒弄人」,根本就不會去深究蘋菓爲什麼往下落,而不向上飛的道理了。假如他不去研究,也就不會有所謂萬有引力定律 (Law of Gravity) 的發現。

萬物萬象,必定都有它們的因果淵源。若要探求萬象之理,我們就必須要有一套追索研究的系統和方法。簡單的說,就是要有一套可以印證的理論。胡適先生說:「大膽假設,小心求證」這二句話,實爲「理論」(Theory) 這二個字,作了最明確的界說❶。

柏拉圖、亞里斯多德,以及我國的孔子、墨子等,他們對知識的認

---

❶ Theory: A hypothesis assumed for the sake of argument or investigation.

識和試作的各種分類，追究起來，實在都像袁枚的「兒童不知春」那樣，「只知其然，不知其所以然」的推想。這些「推想」，並沒有什麼可資印證的理論作後盾。

自從人們開始爲圖訊資料歸類組織以來，圖書館❷一直都偏重「治書」的實用面，研究如何去排列和如何去展示那些圖書資訊。很少注意去作理論性的探討，探討「爲什麼」要那樣排列和「爲什麼」要那樣展示？那種方式的排列和展示是否最恰當？是否最經濟實惠？又是否人人稱便？

放眼中外一部分類史，在思想上最有建樹的當推我國歷史上的一位大思想家——荀子。在實用的圖書資訊分類史上，比較傑出而深具影響的，應該是以李查遜爲首的幾位西方學者。現在就讓我們分別對他們的貢獻，作簡略的介紹。

第一節　荀子的分類思想體系

在圖書資訊分類史上，曾見這二句話：「人類有了思想，就有了分類」，「分類的行爲，使猩猩變成了人」。這些話都是二十世紀的學者說的。其實，同樣意義的話早在二千二百多年前就有人說過了，而且說得更好。這個人就是人類歷史中，最能夠掌握分類思想精髓的我國思想家荀子。他說❸：

人之所以爲人者，何已也？曰，以其有辨也。饑而欲食，寒而欲煖，勞而欲息，好利而惡害，是人之所生

❷ 我國歷史並無「圖書館」之名，卻有經營藏書之實。名稱包括觀、殿、院、閣樓等。正式使用「圖書館」之名，大約在清光緒二十八年（1902年）。

❸ 王先謙撰，《荀子集解》，臺北：藝文印書館，民66年，頁209。

而有也，是無待而然者也。

爲宇宙萬物辨識類別，在前面已說過，原是人類的天賦本能，也是使人類從窩居岩洞，昇華到遨遊太空的基本條件。

算年齡，荀子(298-238BC) 比西臘哲學家亞里斯多德約小四旬。可是當樸爾斐利(232-302AD)的「樹」還沒有落「種」以前，荀子早在四百多年以前就對辨識萬物，爲萬物歸類這些問題，有了非常淸楚的交待。荀子的〈正名篇〉，實兼有儒、墨二家精神，介於儒家的倫理 (Ethics) 和墨家的論理 (Logic) 之間。從現代圖書館暨資訊學的觀點來看，荀子的〈正名篇〉中隱含墨家科學的觀念的那一部份，則正是我們組織圖書資訊所需要的分類根據。

荀子的「正名」❹，可說爲圖書資訊分類打開了思想上的窗子。現在就讓我們來看看荀子對辨別異同，爲萬物❺分門別類，類目的層次結構，和類目的定名等問題上，說過些什麼。

一、辨別異同，爲「物」歸類:

荀子將辨識萬物，彙集相同特徵的物的人類天賦生存本能，歸功於「天官」。所謂「天官」是指眼、耳、口、鼻、心❻和體❼。他說:

> 形體色理，以目異。聲音淸濁，調竽奇聲，以耳異。
> 甘苦鹹淡，辛酸奇味，以口異。香臭芬鬱，腥臊洒酸
> 奇臭，以鼻異。疾養滄熱，滑鈹輕重，以形體異。說

---

❹ 僅指科學及理論的一面。也就是墨家的一面。我們暫時不提儒家的那一面。
❺ 包括有形及無形之「物」。
❻ 近似感覺。
❼ 近似觸覺。

故喜怒哀樂愛惡欲，以心異❽。

人類識別萬物的結果，使萬物有了異同，使人對「物」有了「徵知」。有了「徵知」的結果，人類便自然的將相同的「物」歸併在一起。荀子說:

> 心有徵知，徵知則緣耳而知聲可也。緣目而知形可也。然而徵知必將待天官之當簿其類，然後可也。五官簿之而不知，心徵之而無說，則人莫不謂之不知。此所緣而以同異也❾。

這段話中有二組字值得推敲:「徵知」和「當簿」。有關這段話的解釋很多很雜❿。筆者試以圖書館學的觀點來解釋它們。將「徵知」二個字解成「眞知」，「徵」同「眞」。「徵」也有辨識，辨正的意思。「當簿」是記錄下來的意思。於是，上面那段話可以解釋成:

> 假如我們在感覺上對「物」有了眞正的辨識，那麼我們只需用耳朶聽它的聲音就可以了。或者用眼睛看到它的形象就可以了。可是，這種眞正的辨識依賴我們的五官將它分門別類的記錄下來才能算數。假如五官沒有將它記錄下來，而感覺到的又不說出來。那麼就沒有一個人不說他不知道了。這就是根據紀錄而爲萬物辨別同異的道理。

二、類目層次結構的建立:

---

❽ 同❸，頁677-679。

❾ 同❸，頁679-680。

❿ 請參看胡適，《中國古代哲學史》，頁51。馮友蘭，《中國哲學史》，頁373-374。王先謙，《荀子集解》，頁679-680。

樸爾斐利 (232-302AD) 的「知識的樹」是表達類目層次的典型方式。他的這棵「樹」和羅傑・貝康的「樹」所表達的層次意義，眞像極了荀子的一段話:

> 故萬物雖衆，有時而欲徧擧之，故謂之物。物也者，大共名也，推而共之，共則有共，至於無共，然後止。有時而欲徧擧之，故謂之鳥獸。鳥獸也者，大別名也，推而別之，別則有別，至於無別，然後止⓫。

荀子所說的「大共名」就是那棵「樹」裏的「本體」(Substance)，其上「至於無共」。「人類」爲最小的「別名」，其下「至於無別」。像荀子和樸爾斐利之間這種「思想上」的巧合，在歷史上，殊不多見。不過，智者的想法往往會「不期而同」。

三、類目的定名:

萬物有了類別，下一個步驟，便需要有一個適當的名稱來代表它。西方哲學家以理論爲主爲「物」正名，始於亞里斯多德。我國則始於荀子⓬。荀子說:

> 制名以指實，上以明貴賤，下以辨同異。貴賤明，同異別，如是則志無不喻之患，事無困廢之禍，此所爲有名也⓭。

他又說:

> 使異實者，莫不異名也，不可亂也。猶使同實者，莫不同名也。

⓫ 同❸，頁681-682。
⓬ 馮友蘭。《中國哲學史》，九龍: 太平洋圖書公司，1968，頁373。
⓭ 同❸，頁677。

根據荀子的說法，爲物定名的主要目的，實爲了辨別萬物之異同。但是，又都是誰爲這些不同之物，定出不同的名稱呢？荀子也有解釋⓮：

> 名無固宜，約之以命。約定俗成謂之宜，異於約則謂之不宜。名無固實，約之以命實。約定俗成，謂之實名。名有固善，徑易而不拂，謂之善名。

從前面荀子〈正名篇〉的記載，使我們發現中國古代的哲學思想是多麼的深厚落實。同時也說明荀子在世界分類史上有多麼崇高的地位。

第二節　西方資訊學家之分類思想體系

從埃及卡里馬朱時代到二十世紀的今天，圖書資訊分類系統，少說也有一百多種。可是有關分類的理論，卻少之又少。這種情形，直到二十世紀初期，才稍有改變，圖書館學家才開始注意到理論並不是「空談」，而是一套相當有用，貫通思想，和發現新方法的工具。這套專門適用於圖書資訊分類的理論工具，就是所謂的「規範性原理」(Normative Principles)⓯。這種原理不僅證明有它的實用性，而且也提供圖書資訊分類一種科學基礎。一般說起來，利用「規範性原理」可以達到下面幾點目的：

1. 可以用來作爲編製分類表的基礎
2. 可以用來作爲評鑑現有分類表的優劣

⓮ 同❸，頁682–683。

⓯ 規範性（Normative）和實驗性（Empirical）原理，在意義上完全相同，只是在表達方法上不相同。譬如我們說「物以類聚」是規範性的分類原理，那麼「假如物與物之間的特徵相同，那麼這二物就屬同類」，這就是實驗性的分類原理。

3. 可以用來作爲比較不同分類表的優劣
4. 可以用來解釋分類表的各項規則或條例
5. 可以用來作爲分類員作業指南
6. 可以用來發展新的分類理論，並且可以用來作爲新理論的科學根據

在西方圖書資訊分類史上，下面六位應該算是貢獻卓越的分類專家。他們的分類理論大同小異，只是在分類表的編製、結構、和方法上各有不同。譬如一組崇尚傳統式的層次分類法，如賽也、李查遜、胡爾梅；一組則偏向反傳統式的分合分類方式，如布利斯、藍根納遜、布朗。在分類的思想基礎上，一組認爲知識的分類應作爲圖書資訊分類的標準，如李查遜、布朗、布利斯、賽也、藍根納遜。而胡爾梅，則認爲知識分類與圖書資訊分類之間，並無什麼直接的關係。

一、李查遜（Ernest C. Richardson）:

李氏可能是最早的一位圖書館專業人員有系統的發展出一套分類理論。他的代表作《分類，理論與實務》(*Classification, Theoretical and Practical*)，在1901年出版。一共發行了三版。H. W. Wilson 公司在1964年，將第三版重新再版發行。

他爲分類定下三律（Law）[16]:

1. 相同律（Law of Likeness）
2. 歷史律(Historical Law)
3. 進化律（Law of Evolution）

[16] Richardson, E. C., *Classification, Theoretical and Practical*, 3rd ed., Hamden, CT: Shoe String Press, 1964, pp. 6-7.

[17] 同[16]。

在「相同律」中，他強調下列幾點觀念⑰:

1. 非人爲的「物以類聚」爲自然
2. 人爲的「物以類聚」爲藝術
3. 觀念的類聚爲知識
4. 眞確的類屬決定秩序

第二律（歷史律）可說是第三律（進化律）的副律。二者都是指空間時間上的改變。

李查遜爲圖書資訊分類擬定的原理，簡單的說起來，有下列幾項:

1. 分類應盡量以物的自然順序爲標準
2. 分類應細膩詳實
3. 分類應有標記，並允許無限複分
4. 分類應包含詳實的索引
5. 分類系統的利用價值與分類表的含蓋性成正比

從第一項原理，可以看出李查遜是一位主張以知識分類原理爲中心的圖書資訊分類學者。他的第二項原理，顯然就是荀子所謂的「其上至於無共，其下至於無別」的道理。第三項原理，可能是受到杜威十進分類法的影響。說明標記應具備延伸的彈性。這項原理明顯的是爲了未來的新知識鋪路。最後一項原理是指分類表的廣泛包容性。凡內容越普遍，含蓋主題越廣的分類表，也會是最有用和最受歡迎的分類表。

二、布朗 (James Duff Brown, 1864-1914):

布氏被譽爲蘇格蘭的杜威和卡特⑱。在1890年間，他曾二度試編

⑱ Taylor, Arlene G., *Introduction to Cataloging and Classification*, 7th ed., Littleton, CO: Libraries Unlimited, 1985, p. 439.

分類表，可惜都未成功。世人多知道他的第三種分類表《主題分類表》(*Subject Classification*)。該分類表在 1906 年出版，再版和三版分別於1914年1939年問世。

布朗的分類理論建立在「一題一位」(One Place per Topic)的原理上。他的步驟是先選擇基本的主題觀念，然後再以這個觀念爲中心編製分類。譬如花、鳥、人體都被視爲一個基本觀念。若主題是「花園」，那麼這個「花園」就包含在「花」的基本觀念裏。假定主題是討論有關人體的各種結構，那麼這個主題就排在「人體」的基本觀念裏。簡單的說，布朗的「一題一位」原理，就像是一塊磁鐵，將磁力所及的鐵質物品，全部吸聚在一起。在這種方式下，往往會將同字不同意的主題，也混置在一起。譬如造船(Ship-building)和水運(Ship-transport) 都歸入船舶 (Ships) 的類目中，就似乎沒有什麼道理。

根據布氏的「一題一位」的原理，發現他似有意忽略學術中的多元性和融通性。譬如「水」這個題目，就不可能固定在一個位置(Location)。水利工程、跳水表演、水上花園以及宗教上的「領洗」，都用到「水」。假如將這些統統歸入「水」一類中，那就未免有些不倫不類了。

三、胡爾梅 (E. Wyndham Hulme):

胡氏爲英國專利局 (Patent Office) 圖書館館長。他並沒有編製出什麼分類表。不過在1950年，他出版了一本很有名的小册子《圖書分類原理》(*Principles of Book Classification*)。一共只有二十五頁。該書的重心在研究文獻的特性。胡氏深感當時比較通用的少數幾種分類方法，都過份強調抽象的知識分類，而忽略實際的圖書分類。胡氏認爲分類表的編製應以已經出版的圖書資訊爲標準。這種觀念與李查遜的以學術知識爲標準的分類，格格不入。

胡爾梅的「作品保證原理」(Principle of Literary Warrant) 指「唯有圖書資訊確實的存在以後，才能保證有一類目標題 (Class heading)」⑲換句話說，分類表類目的擬定，局限於已出版的圖書資訊範圍內。

其實，李、胡二人的立論，都有可取可議之處。雖然二人都同意圖書資訊分類應有學術知識爲後盾。但是，李查遜的「知識觀」包括抽象的哲理和觀念，涵蓋一切暫時性和沒完沒了的學術主題⑳。而胡爾梅的知識卻只限於印在白紙上的黑字所代表的知識，也就是筆者所稱的「定型資訊」。

從圖書資訊分類的觀點上看，筆者認爲胡爾梅的「作品保證原理」是消極而又保守的。而以學術知識爲主的分類系統則比較積極而進取。胡氏那種寧願見「有書無類」，而不願見「有類無書」的立場，使根據他的原理編製出來的分類表和分類方法，會永遠的跟隨在眞正學術知識發展的後面。這種結果，會對館藏發展 (Collection Development) 引起嚴重的不利影響。因爲從胡氏原理的分類法中，將無法發現館藏的弱點和正確的發展方向。

四、賽也 (W. C. Berwick Sayers):

被譽爲圖書資訊分類「文法大師」的賽也和胡爾梅一樣，沒有編製過任何分類表。不過，他提出的9條分類法則，卻非常的有參考價

---

⑲ Hulme, E. W., *Principles of Classification*, London, Association of Assistant Librarians, 1950, p. 9.

⑳ 同⑲。

值㉑。

1. 圖書資訊的分類應以主題爲先，體裁爲次。以體裁爲主的圖書，如小說、詩歌等例外
2. 根據圖書資訊的明顯目的和著者的寫作意願來決定圖書資訊的主題
3. 若圖書資訊的主題跨越二種主題，摘取其重要者置之
4. 若圖書資訊可分二處，摘取其一
5. 當「有書無類」發生時，選擇最接近的一種類目
6. 將圖書資訊置於最恰當的標題中
7. 避免將圖書資訊分入爭議的類目中
8. 索引類目應包括全數未列入分類表中之有關類目
9. 將圖書資訊分入最有用的類目中

賽也的圖書資訊分類法則，似乎將分類的決定權完全交在分類員的手裏。這種觀點與藍根納遜的拘謹僵化，完全不同。在分類原則上，賽也僅簡略的提出下列幾項㉒：

1. 同類相聚，異類相斥
2. 「相同性」主宰分類
3. 分類必須實用
4. 決定同屬性的標準必須持恆不變
5. 類目之擬定必須涵蓋相關知識的全部或一部份
6. 複分必須詳盡

㉑ Sayers, W. C. B., *Manual of Classification for Librarians and Bibliographers*, 3rd rev. ed., London: Andre Deutech, 1959, pp. 79-82.

㉒ 同㉑，頁3-17。

五、布利斯 (Henry Evelyn Bliss):

布利斯的《知識的組織與科學的系統》(*Organization of Knowledge and the System of the Sciences*), 被譽爲圖書資訊分類中的第一流(Classic) 作品。在那本書中, 作者說明書目分類的科學、哲學以及論理基礎。經過他個人長期的研究, 認爲圖書資訊分類應該與科學和教育的觀念相同。他的第二本有關知識組織的書*Organization of Knowledge in Libraries and the Subject Approach to Books*, 講解他的分類理論。在該書附錄中, 並附有他的分類大綱。

布氏在圖書資訊分類上的觀念和李查遜相同。不過, 他以他個人的研究成果爲佐證, 申論起來, 遠比李氏有力量。可惜, 他費了太多的時間在理論的探討上, 而未能眼見他的理論安全灌輸進他「理想」的分類表中。

布利斯的分類觀, 可從他的「基本原理」中看出來:

> ……分類主要依靠涵蓋性主題或大類項目下有確實的隸屬類目。同時, 任何最高效能的獲得, 端視如何合符目的而又便利的將相同的隸屬類目匯集在一起。這種相關的最高效能, 必須輔以多種適合不同興趣或觀點的選擇性位置的參考。
>
> 這五項原理, 隸屬、匯集、最高效能、類目的相關性, 和選擇性位置, 是分類哲學的基礎, 也是「書目分類」(Bibliographic Classification)的基礎㉓。

㉓ Bliss, Henry E., *A Bibliographic Classification*, 2nd ed., NY: H.W. Wilson, 1952, p. 2.

六、藍根納遜 (S. R. Ranganathan):

藍根納遜於1924年開始發展他的分類理論。在他所著的《圖書分類緒論》(*Prolegomena to Library Classification*)中，提供了不少非傳統(Non-traditinal)的分類原理，包括他的「多元分類」(Faceted Classification) 方法。雖然，「多元分類」的觀念或始於杜威的十進分類法[24]，他卻是發揚光大的功臣。像李查遜等人，對圖書資訊分類理論，雖然都有過重大貢獻，可是唯有藍根納遜成功的將他個人的理論實際的參入他的「冒點分類法」(Colon Classification, 1933)中。並且他還不厭其煩的列舉出一系列的法則 (Canons) 和發展出一套與眾不同的專門術語來。

前述幾位圖書資訊分類學者，他們對分類的理論都有卓越不羣的見解。不過仔細分析起來，我們仍能發現這些理論或原則，都有缺乏目的和完整定義的漏洞。很多所謂的原則，都只不過是「意見」和「看法」。因此，不能夠算是眞正的分類原則。在理論上，也往往發現他們對理論的解釋，前後不一致。雖然，這些都是明顯的缺點。然而我們從這些不同的分類原理中，可以瞭解圖書資訊分類的特質和對分類實務的重要性。

藍根納遜的分類原理，建立在所謂「規範性原則」(Normative Principles) 之下。他列舉了七律 (Law) [25]:

1. 圖書館學五律 (Laws of Library Science)
2. 解釋律 (Laws of Interpretation)
3. 公平律 (Law of Impartiality)

---

[24] 觀念取自杜威十進位分類法中的複分表。

[25] Ranganathan, S. R., *Prolegomena to Library Classification*, NY: Asia Publishing House, 1967, pp. 113-139.

4. 調和律(Law of Symmetry)
5. 簡節律 (Law of Parsimony)
6. 局部變更律 (Law of Local Variation)
7. 混合律 (Law of Osmosis)

每律之下，又各有不同的定義和法則。組織非常嚴謹僵化。

藍根納遜雖然是一位由數學家轉變成的圖書館學家，可是他在圖書資訊分類的理論上，卻採取法律條文的方式和精神，逐條細列，叫人遵守。當然，我們應該瞭解，他的分類「法規」是針對印度的環境而設計的。除非事實上有那種嚴謹的必要，否則並不十分合符理論適應變換的原則。

第九章　圖書資訊分類發展之歷史背景

第一節　西方圖書資訊分類之演進及發展

在公元以前，西方各國對圖訊資料組織的方法，只有卡里馬朱製定的一種。直到公元 812 年，教會修道院圖書館才開始另創新的組織系統。此後，又隔了將近五百年，才又有 St. Emmeram 修道院圖書館分類系統的出現❶。假如我們以時間爲界線，我們可以將西方圖書資訊分類系統的發展分成啟蒙、多眠、發展、茁壯、和成熟五個時期（如下表）：

發展期	年代	分類系統數量
啟蒙時期	公元前三世紀	1
冬眠時間	公元1-15世紀	5
發展時期	公元16-18世紀	43
茁壯時期	公元19世紀	122
成熟時期	公元20世紀	5
	共計:	176

十九世紀以前的各種組織系統，只有圖書的歸類 (Grouping) 和字母順序排列二種。根本談不上分類。而且圖書在書架上的位置也多

❶ Richardson, E. C. , *Classification, Theoretical and Practical*, 3rd ed. Hamden, CT: Shoe String Press, 1964, pp. 88-148.

屬固定。這種情形，一直到十九世紀末期，杜威十進位分類法問世以後才開始完全改變。

十九世紀末期，有二種重要的分類系統出現，一爲1876年的杜威十進位分類系統，一爲1879年的卡特擴展分類系統。二十世紀初葉，又出現了另外幾種重要系統：1904年美國國會圖書館分類系統，1906年布朗的主題分類系統，1910年布利斯的書目分類系統。在它們之後，還有國際十進位分類系統和冒點分類系統。現在就讓我們對這幾種代表性的分類系統，分別的作簡短介紹，看看它們之間的同異。

一、杜威十進位分類法（Dewey Decimal Classification）：

在美國歷史最久，最負盛名，而且應用又最廣的一種圖書資訊分類系統，便是杜威十進位分類法（簡稱杜威法）。從1876年至1989年，在113年之間，共增訂發行20版（表八）。杜威法第一版定名爲《圖書館圖書刊物目錄排列分類法及主題索引》(*A Classification and Subject Index for Cataloging and Arranging the Books and Pamphlets of a Library*)，共44頁。其中12頁爲概論，12頁爲分類表，另外18頁爲索引。

杜威法第二版，於1885年出版，共314頁。並改名爲《十進位分類表及相關索引》(*Decimal Classification and Related Index*)。從1885年直到1979年，又另出版了十七版增訂本和十一版簡訂本。在1958年出版的十六版，更改很多，包括「無機和有機化學」(546-547)的全節改訂。總頁數也從1952年修訂版的927頁，增加到2,439頁。第十九版於1979年出版，共計三册，3385頁。同年，出第十一版簡略版，專供學校及小型公共圖書館採用。

第二十版 *Dewey Decimal Classification and Relative Index*

表八　杜威十進位分類表出版史

版本	出版年	頁數	發行數量	編著者
1	1876	44	1,000	Melvil Dewey
2	1885	314	500	Melvil Dewey
3	1888	416	500	Melvil Dewey
4	1891	466	1,000	Evelyn May Seymour
5	1894	467	2,000	Evelyn May Seymour
6	1899	511	7,600	Evelyn May Seymour
7	1911	792	2,000	Evelyn May Seymour
8	1913	850	2,000	Evelyn May Seymour
9	1915	856	3,000	Evelyn May Seymour
10	1919	940	4,000	Evelyn May Seymour
11	1922	988	5,000	Jennie Dorkas Fellows
12	1927	1,243	9,340	Jennie Dorkas Fellows
13	1932	1,647	9,750	Jennie Dorkas Fellows
14	1942	1,927	15,632	Constantin Mazney
15	1951	716	11,200	Milton J. Ferguson
15rev	1952	927	11,045	Godfrey Dewey
16	1958	2,439	31,011	Benjamin A. Custer
17	1965	2,153	38,677	Benjamin A. Custer
18	1971	2,718	52,892	Benjamin A. Custer
19	1979	3,385	51,129	Benjamin A. Custer
20	1989	3,388		John P. Comaromi

（簡稱 *DDC* 20）於1989年出版，共分四册，總頁數只比十年前的十九版多三頁。在這一版中，變化最大的爲音樂類（780)。此外如電腦(004-006)和社會學(301-307)也改變很大。附表也多有增訂。第二十版相關索引的篇幅較第十九版爲小。原因是「除去了一些不應該有的

款目和直接參照 (See Reference)❷。

在杜威法問世前，美國多數圖書館的典藏，都以「固定位置」(Fixed Location) 的安排方法為主。也就是說，圖訊資料在書架上的位置已預先定妥，固定不變。然而，杜威法卻主張「相關位置」(Relative Location) 的方法。這種方法是以圖書資料的分類標記為準，插入適當的位置，並不按照先來後到的秩序。

杜威法的另一創見，便是對主題 (Subject) 的劃分細密。一掃當時一般圖書館任意對主題數量加以限定的毛病。杜威法是一個典型的層次分類系統。每一類都是由簡至精。它將宇宙知識分成十大類（如下表）。每一個大類 (Main Class) 又分十小類(Divisions)，每一小

000	Generalities
100	Philosophy & psychology
200	Religion
300	Social sciences
400	Language
500	Natural sciences & mathematics
600	Technology (Applied sciences)
700	The arts
800	Literature & rhetoric
900	Geography & history

類之下，又分十大目 (Sections)。因此，「杜威十進位分類」表共有十「大類」，一百個「小類」，一千個「大目」。杜威法的每一類目都含三位數字。譬如 000, 100, 200等。「大類」是以左邊第一位數字為準（如下表）：

0 0 0　總論

1 0 0　哲學和心理學

2 0 0　宗教

「小類」是第二位數字，如0 1 0（書目），1 1 0（形而上學），2 1 0（神學）等，「大目」爲第三位數字，如0 1 9（字典式目錄），0 0 1（知識），1 0 1（哲學理論），2 0 1（基督教義的哲學）。杜威法在類目之後，有小數點(Decimal Point)。小數點的右邊爲「小目」(Subdivisions)。杜威法與其他分類法一樣，在主要分類表之外，還利用不同的表格，作爲分類標記根據實際需要隨意延伸之用。這種表格共有七種:

表 1. Standard Subdivisions

表 2. Geographic Areas, Historical Periods, Persons

表 3. Subdivisions for Individual Literatures,
for Specific Literary Forms

表 3-A. Subdivisions for Works by or about
Individual Authors

表 3-B. Subdivisions for Works by or about
More than One Author

表 3-C. Notation to Be Added Where Instructed
in Table 3-B and in 808-809

表 4. Subdivisions of Individual Languages

表 5. Racial, Ethnic, National Groups

表 6. Languages

表 7. Groups of Persons

「相關索引」 (Relative Index) 的名稱由來，是因爲索引中的款目有將主題和相關學科聯繫起來的特性❸。在分類表中主題根據學科分。在相關索引中，同一學科的各個主題，是根據它們的字母順序列舉。如衛星通訊 (Satellite Communication) 之下，順序列舉通訊服務、工程等等（如下表）：

Satellite communication	384.51
communication services	384.51
engineering	621.3825
international law	341.7577
public administration	351.87451
radio	384.5456
engineering	621.384156
television	384.552
engineering	621.38853

杜威法的外語翻譯版包括西班牙文、丹麥文、土耳其文、日文、葡文、和中文。杜威法是在1904年由孫毓齊正式介紹入中國，立刻便受到歡迎。

二、卡特擴展式分類法 (Expansive Classification):

---

❷ DDC 20, p. xxiii.

❸ 同❷，頁 xliv。

擴展式分類法(簡稱擴展法)是一位比杜威還年長 15 歲的圖書館界前輩的構想。他的全名爲查理・安米・卡特(Charles Ammi Cutter, 1837-1903)。他和杜威在編製分類表的時候，都正在圖書館中工作。杜威在 Amherst College Library，而卡特則在 Harvard College Library。卡特的擴展法是他在波士頓圖書館工作時完成。當時，他們二個人都埋頭鑽研如何組織二校圖書館中的圖訊資料❹。雖然如此，他們在分類表結構上，卻獲得不同的結論。杜威完全採用數字，而卡特則利用26個英文字母。

卡特認爲杜威法「十大類」的設計，太過狹窄，不適用於較大的館藏。而他認爲擴展法能屈能伸。既可用在小至圖書室，也可用在擁有數百萬册的大圖書館❺。在強調以科學方法組織圖書資訊的圖書館學家中，除布利斯以外，卡特是另外的一位代表性人物。

卡特的第一版擴展分類表，只用了下列七個字母：

A　參考書和一些主題無法決定的圖訊資料
B　哲學和宗教
C　傳記
F　歷史、地理、旅遊
H　社會科學
L　自然科學和藝術
Y　語言和文學
YF　小說

擴展法第二版，增加了數目字，使原來的純字母分類更顯得有彈

❹ Cutter, Charles A., *Expansive Classification*, Part I, The first six classifications, Boston: Cutter, 1891-1893.
❺ 同❹。

性。他並且將歷史和地理分開。歷史仍用F，而地理則改用G。他以數目字來限定地區。譬如30代表歐洲。那麼歐洲的歷史，爲F 30；歐洲的地理，則爲G 30。

卡特在生前，雖未能將他的擴展法發展完竣，但是美國國會圖書館卻採用了卡特的設計精神，繼續予以充實。而終使他的擴展法成爲各大圖書館組織圖書資訊的重要工具。下列爲擴展法中的全部類別:

A	一般性著作	J	社會學	T	製造和手工業
B	哲學	K	法律	U	國防和防護
BR	非猶太、基督教	L	自然科學	V	體育和娛樂
C	猶太	M	自然歷史	W	藝術
D	教會之歷史	N	植物學	X	語言
E	傳記	O	動物學	Y	文學
F	歷史	Q	醫學	YF	小說
G	地理和基督教	R	工技	Z	圖書
H	社會科學	S	工程		

三、布朗主題分類法 (Subject Classification):

傑姆士・布朗(James Brown)是蘇格蘭人。他沒有受過正式大學教育，而且不是一位專業圖書館館員。可是他卻對英國的公共圖書館的發展非常熱心。在1894年，他和約翰・昆恩 (John Henry Quinn) 聯合出版了一本定名爲 *Classification of Books for Libraries in Which Readers are Allowed Access to Shelves* 的分類表。於1898年，布朗出版了他自己的調整分類法 (*Adjustable Classification*)。顧名思義，這套分類法可以隨時加添新的類目或主題。實際上，它卻

沒有這種彈性。於1906年，他的主題分類法正式問世。這套分類法包含下列四種重要觀念和十一類:

觀念	類別	
Matter & Force（物質與力）	A	總論
	BCD	物理科學
Life（生命、生活）	EF	生物科學
	GH	人種學和醫學
	I	經濟生物和家政
Mind（思想）	JK	哲學和宗教
	L	社會學和政治學
Record（紀錄）	M	語言和文學
	N	文學體裁
	O-W	歷史、地理
	X	傳記

在每一類目字母後面，緊跟着三位數目字。不是數字的長短，而是數目的大小代表類目的層次。這一點和 DDC 20 的分類標記層次系統相同。譬如:

D600 Metallurgy
D601 Smelting
D602 Blast Furnaces
D603 Open Hearth Furnaces
D604 Ores

這種以數目大小爲類目層次的劃分方法，便是布朗所謂的調整性

(Adjustable)。這種調整性的最大弊病，便是允許各圖書館自由增加類目，結果使分類系統，至少在類目名稱上，很難獲得一致。在做聯合目錄時，這將是最大的阻礙。當然，在布朗的時代，還沒有人有「聯合」的觀念。否則他們也就不會各自埋頭在那裏編製不同的分類表了。

採用布朗主題分類法的圖書館極少。可是，它和卡特的擴展法一樣，都是圖書資訊分類系統發展途中的重要里程碑。

四、布利斯書目分類法 (Bibliographic Classification):

亨利・布利斯 (Henry E. Bliss) 是美國紐約市立大學圖書館館長。在任內，他積30年的時間，發展並試練他組織圖書資訊的分類方法。布利斯是主張「科學方法組織」最力的人。他批評杜威法和卡特的擴展法都不夠科學化❻。同時，歐洲各圖書館，雖然曾採用科學的分類層次來編製目錄，但卻沒有將這種觀念運用到圖書資訊的組織上❼。他認爲圖書的組織應該和知識的組織同一步調。因此，他的分類表，所採用的類目名稱都是各種學科名稱，而且分劃得非常詳細。根據布利斯的解釋，他所採用的各學科都是知識的基層組成元素。他認爲在爲一件圖訊資料分類的時候，首先應審查的是這份資料屬於那一學科，而不是看該資料的題目 (Topic) 是什麼。

布利斯雖然盡畢生之力，發展一種以知識爲基礎的分類系統，但是這個分類系統卻遠不如他的二種著作廣受歡迎：(1) *The Organization of Knowledge and the System of the Sciences*, NY:

---

❻ Bliss, Henry E., *The Organization of Knowledge and the System of the Sciences*, NY: Henry Holt, 1929, pp. 103-108.

❼ 同❻，頁106。

Holt, 1929; (2) *The Organization of Knowledge in Libraries*, 2rd ed., NY: H. W. Wilson, 1939. 這二本書可說是研究圖書資訊分類原理必讀的重要參考書。

布利斯的書目分類法於1940年出版。主要類目分列如下❽:

A	哲學和一般性科學	L	歷史
AM	數學	M	歐洲
AY	科技	N	美洲
B	物理	O	澳洲、亞洲、非洲、西印度羣島
C	化學	P	宗教
D	天文學、地理學和自然史	Q	運用社會科學和倫理學
DG	太空科學	R	政治學
DH	地球	S	司法與法律
E	生物學	T	經濟學
F	植物學	U	工藝
G	動物學	V	純藝術
H	人類學和醫學	W	語言學
I	心理學	X	印度、歐洲語言學
J	教育	Y	英語與文獻
K	社會科學	Z	目錄學與圖書館學

布利斯分類表在英國甚受重視。其他各國圖書館採用該分類法者極少。這部分類法未能被廣泛採用的原因，約有下列六點:

❽ Bliss, Henry E., *A Bilbiographic Classification*, NY: H. W. Wilson, 1952, Table III, Main Classes.

1. 書目分類法，無論在結構上或運用上，都遠較杜威法和美國國會圖書館分類法曲折複雜。
2. 由英文字母組合的複分類目，欠缺易懂、易記的分類標記的特點。
3. 書目分類法過份理想化，因而失去了圖書館管理力求精簡確實的原則。
4. 書目分類法未能配合知識的實際發展，常發生「有書無類」的現象❾。
5. 書目分類法沒有發展和推廣的中心機構。使用布利斯法的圖書館數量逐漸減少。因而相對的減少了分類標準化的可能性，也間接的增加了分類作業的成本。
6. 杜威法和國會圖書館分類，已廣被採用，書目分類法在時間上，早就失去了先機。

布利斯的分類法雖然在學術上和理論上，都有相當正確的觀念。可是它的未能廣被採用，對這位擇善固執，秉誠敬業的分類學家來說，實有想像不到的遺憾。

五、美國國會圖書館分類法(Library of Congress Classification):

美國國會圖書館 (Library of Congress) 成立之初 (1800年)，它所使用的排架方法是以圖書的體積大小爲準。然後在同樣尺寸的一堆圖書中，再以它們的登錄號，依序排列。在國會圖書館第一版目錄中，有這樣的紀錄：對開本212種，四開本164種，八開本 581 種，十

---

❾ Ukoh, R. A., "Library Classification and Change: The example of Bliss," *LIBRI*, 25: 3 (September 1975), pp. 168-173.

二開本 7 種，和地圖九張❿。從1802年到1899年，美國國會圖書館曾採用下列二種分類方法：(1)費城圖書館的主題分類法(1812-1815)，(2)傑佛遜分類法(1815-1899)。可是，到了1890年，國會圖書館的館藏數量，從七千多册，增加到近一百萬册後，發現傑佛遜分類法已不够靈活運用。於是，當時的館長約翰·揚 (John Russell Young) 便指令他的二位編目分類專家韓生 (James C. M. Hanson) 和馬特 (Charles Martel)研究國會圖書館採用新分類法的可行性。在當時，他們所研究的分類法共三種：(1)德國奧托·哈特威 (Otto Hartwig) 的 Halle Schema，(2) 杜威十進位分類法，(3) 卡特的擴展分類法。研究結果，他們決定採用卡特的擴展分類法作爲發展國會圖書館分類法的藍本⓫。同時，他們並作了以下三點重要決定⓬：

1. 利用一個至二個字母代表「類」(Class)。
2. 利用整數代表「目」(Subdivision)。
3. 利用卡特號作爲書號。

在韓生的第一版分類大綱 (1899年) 中開始，混合字母和數目字的分類標記，便成了國會圖書館分類法的一種特色。此後，LC 分類表雖應需要，時加更改，但是它獨具一格的形象已經樹立起來。LC 分類表中，還有很多空類，如 I、O、W、X 和 Y，可留待將來擴展利用。它的主要類，大致如下：

---

❿ Chan, Lois Mai, et al., *Theory of Subject Analysis, A Sourcebook*, Littleton, CO: Libraries Unlimited, 1985, p. 5.

⓫ 同❿，頁20。

⓬ Hanson, J. C. M., "The Library of Congress and Its New Catalogue: Some Unwritten History," In: *Essays offered to Herbert Putnam by His Colleagues and Friends on His Thirtieth Anniversary as Librarian of Congress*, 5 April 1929, New Haven: Yale University Press, 1929, pp. 186-187.

A	一般性圖訊資料	M	音樂
B	哲學、宗教	N	藝術
C	歷史	P	語言和文學
D	歷史（非美洲史）	Q	科學
E, F	美國史	R	醫學
G	地理、人類學	S	農業
H	社會科學	T	工技
J	政治科學	U	軍事科學
K	法律	V	海事科學
L	教育	Z	目錄學和圖書館學

LC 分類法自始就是一種「自掃門前雪」的分類法。它根本就沒有準備給別的圖書館採用。它的對象只是國會圖書館中現在和將來的館藏。這一點，它頗合符胡爾梅的「作品保證原理」。LC 分類表的設計沒有任何哲學或中心思想爲根本。它也不像杜威分類表那樣組織得四平八穩。在 LC 分類系統中，有的類目特別詳細，如歷史和社會科學，有的又十分簡單，如科學、醫學、農業和工技等。

國會圖書館的服務對象爲美國國會議員，美國的國會(Congress)是立法機構。因此，LC 分類表的涵蓋，雖然屬於國際性，然而它的組織和結構卻接近於一種專門性圖書館的分類法⑬。

在美國和加拿大二國，較大的大學或研究圖書館，大都改用美國國會圖書館分類法。從分類理論上講，研究圖書館的館藏代表知識的彙集。而 LC 分類表卻明顯的是一種蔑視知識的分類系統。這二種互

---

⑬ LaMontagne, Leo E., *American Library Classification with Special Reference to the Library of Congress*, Hamden, CT: Shoe String Press, 1961, p. 253.

不相容的個體，居然能夠結合在一起，這並不是奇蹟，實是一種難以理喻的矛盾。

六、國際十進位分類法 (Universal Decimal Classification):

國際十進位分類法（簡稱國際分類法）是由二位比利時的律師，奧特勒 (Paul Otlet) 和方滕 (Henri La Fontaine)，以第五版杜威分類表爲藍本，在 1895 年擴展而成。編製的目的，是想設計出一種能夠通用世界，並以組織各國文獻爲主的分類表。國際分類法，無論是在實質或精神上，都與杜威法相似。前者仍舊保留杜威法的十大類 (Main Class) 和主要小類 (Class)。唯一不同處，便是將 4 號「語言」大類，併入 8 號的「文學」大類之中。而 4 號大類卻成爲空類。因此，實際上國際分類法只有九大類:

0　總類
1　哲學、形而上學、心理學、邏輯學、倫理學、道德學
2　宗教和教義
3　社會科學、經濟、法律、政府、教育
5　數學和自然科學
6　運用科學、醫學、工技
7　藝術、娛樂、運動等
8　文學、辯論學、語言學
9　地理、傳記、歷史

不過，國際分類法利用「多元分析」 (Faceted Analysis) 的原理，將一些比較複雜的主題 (Subject)，利用不同符號分段的組合起來。這種分類號的組成方法，就是分合分類法 (Analytico-Synthetic

Classification)[14]的一種。國際分類法的複分方式，一如杜威法，由左向右，由簡至精。譬如[15]:

3	社會科學
30	社會學、社會記事學
301	社會學
301. 15	社會現象和變化的起源及動機
301. 151	直覺社會心理

國際分類法在歐洲、拉丁美洲，以及日本等地，都頗受歡迎。東歐及俄國更幾乎完全採用國際分類法。雖然國際分類法的原意是應用一般學科，事實上，4/5 的篇幅，都集中在科技上。因此，俄國各科技圖書館更將它視爲正 宗的分類方法。 以國際分類表 英文簡訂版爲例，不難看出它的重心何在[16]:

類 別		篇幅頁數
1	哲學	3
2	宗教	3+
3	社會科學、法律、教育	21+
5	數學和自然科學	20
6	運用科學和工技	54
7	藝術	8+
8	文學、語言	3

[14] 又作「綜合分析分類表」，參見李德竹編著，《圖書館學暨資訊科學字彙》，臺北: 漢美圖書有限公司，民74年，頁10。

[15] Kumar, Krisham, *Theory of Classification*, Delhi, India: Vikas Publishing House, 1983, p. 44.

[16] 同[15]，頁42-43。

9　地理、傳記、歷史　　2

總共114頁，自然科學和科技類就佔了74頁，或64.9%。這種偏差的造成，並不一定全都是編者的意願，很可能爲「情勢」所逼。科技的發展，本來就比人文及社會科學快速得多。假如有關科技的主題和相關類目，不隨著更新調整，那麼這個分類表將會很快失去時效。

國際分類法中的多元結構和聯合式標題的特點，使它非常適合線上檢索[17]和電腦作業[18]。它能够運用到電腦線上檢索，實爲其他分類法所闕如。這種潛在的實力，實不容忽視。

七、藍根納遜冒點分類法（Colon Classification）：

印度圖書館學家藍根納遜（Shiyali Ramamrita Ranganathan）於1933年發展出來的冒點分類法，可說是在布利斯的書目分類法和國際十進位分類法以後，最負盛名的一種以「分合原理」（Analytico-Synthetic Principle）發展成功的一種圖書資訊組織方法。

藍氏原是一位數學教師。於1924年被任命爲 University of Madras 的圖書館館長。同年，他進入英國倫敦大學，研讀圖書館學。藍氏對當時的各種圖書資訊分類都不感滿意，很想立異創新。鑽研結果，他終於想出一種所謂的「多元分析」原理。他將主題（Subject）析解成五個基本部份[19]：(1)人格（Personality），(2)實體(Matter)，

---

[17] Rigby, Malcolm, *Automation and the UDC*, 1948-1980, 2nd ed., The Hague: International Federation for Documentation, 1981 (FID 565)。

[18] Van Helm, Joh "Use of UDC in a Mechanized System: Its Application in a KWIC Program," *Special Libraric*, 63:10 (October 1972), pp. 482-486.

[19] Ranganathan, S. R., *Prolegomena to Library Classification*, NY: Asia Publishing House, 1967, p. 399.

(3) 能力(Energy), (4)空間 (Space), (5) 時間(Time), 然後利用各種特殊符號, 再將這些觀念銜接起來, 組成一個分類標記。

「PMEST」, 爲前述五項的「頭字語」, 是冒點法編製分類標記的公式。而冒點(:)則是藍氏用來組合該分類標記的聯繫符號。因此, 藍氏便命名他的分類方法爲冒點分類法⑳。

冒點分類表前後共發行了六版。第一版在1933年出版。第六版在1960年問世。第七版還未完全完成。在已發行的六種版本中, 前三版有關分類標記的製定, 非常僵化, 毫無彈性。後三版, 在方式上已改進了不少。直到第七版, 冒點分類表才眞正算得上是一種「自由」的多面分合表㉑。

冒點法的重心, 建立在前述 P. M. E. S. T. 五種基本項目上。而冒點分類表只列舉出藍氏所稱的「分解項」 (Isolates)。若將這些個別的分解項組合起來, 便成爲每一類的「面」(元素)。這也就是說, 每一個「分解項」爲每元素中的一個焦點(Focus)。

讓我們利用下面的例子來說明冒點法分類標記的組成㉒。譬如在心理學類(S)中包含二個元素 (Facets): (1) 實體 (2) 問題。藍氏稱前者爲P (Personality) 元素, 後者爲E (Energy)元素。

在S類中P (Personality)元素包括下列各焦點:

1	Child
11	Newborn
12	Toddler

---

⑳ 同⑮, 頁53。

㉑ 同⑳。

㉒ 本例取自 Bakewell, KGB, *Classification and Indexing Practice*, London, Clive Bingley, 1978, p. 94.

13　　Infant

15　　Pre-adolescent

2　　Adolescent

21　　Boy

25　　Girl

在 E (Energy) 元素中，包括下列各焦點:

5　　Feeling, Emotion, Affection

51　　Pleasantness, Unpleasantness

52　　Emotion

521　　Laughter

523　　Joy

524　　Anger

526　　Fear

53　　Affection, Hatred

55　　Love

56　　Anxiety

因此，一本有關「喜愛和憎恨」的圖訊資料，它的分類標記會是 S: 53。一本有關「少女的煩惱」，分類標記應該是 S25: 56。而一本有關「嬰孩心理」的圖書，它的分類標記應該是 S: 13。

藍根納遜說: 「一種分類表應該只用一種或同一種數據來代表同一種觀念。無論這種觀念是屬於那一種類。」㉓不過，有一點值得注意，那就是在冒點法中，雖然同樣的觀念，運用同樣的數據，可是在

㉓ 同⑲，頁304。

術語的應用上，卻不一定要相同㉔。

冒點法多針對印度各類圖書館的需要而編製。因此，它只在印度境內流行。研究圖書資訊分類的理論，不能忽視冒點法所作的貢獻。雖然布利斯的「書目分類法」，國際分類法，甚至杜威法，都有「多元分析」的影子㉕，可是，藍氏的冒點法確屬箇中翹楚，有它獨到之處。宇宙知識，變化萬千。比較現今的各種分類表，利用分合原理爲資訊（知識）分類的冒點分類法，可能是最能够適時反映新學術、新觀念的一種分類方法。

第二節　中國圖書資訊分類之演進及發展

我國的圖書資訊分類始於孔子的六藝。不過，眞正爲貯藏的圖書編目分類的，還應該是漢朝劉向劉歆父子。劉氏父子的《七略》（公元前32年左右）稱爲「六分法」。晉武帝太康年間(公元280年)，荀勖另創四部法，我們稱其爲「四分法」。直到淸乾隆三十七年修纂《四庫全書》爲止，其間不見有任何其他分類法出現。民國初年，在西學東漸的壓迫下，我國圖書館學界的一羣先進，雖然都感到四部法之不足，但是，除了沈寶環的《三民主義化的圖書分類標準》「三分法」以外，也不見有任何創見。當時所採用的分類制度，不是改良四部法，就是仿杜威，根本都不是甚麼新創的分類法㉖。近代我國圖書館學者，研究中國圖書分類方法的，爲數不少。讀者可逕行閱讀參考。本

㉔ 同⑮，頁59。
㉕ 譬如附加的各種複分表（Auxiliary Tables)。
㉖ 王省吾，《圖書分類法導論》，臺北：中國文化大學出版部，民71年，頁87。

節僅就其發展情況作簡略介紹。

一、劉向父子六分法:

在漢成帝時，中國出現了二位了不起的圖書資訊分類學家，劉向劉歆父子。根據《漢書・藝文志》:

> 成帝時，詔劉向校經傳諸子詩賦，向條其篇目，撮其指意，錄而奏之。會向卒，向子歆總羣書，而奏其七略，故有輯略、六藝略、諸子略、詩賦略、兵書略、術數略、方技略。

雖然劉氏父子的《七略》比埃及卡里馬朱的 Pinakes 要晚二百多年，然而它卻是中國圖書資訊分類史上第一種門類分明的圖書資訊分類的紀錄。《七略》共分七大類，三十小類。假如將它們細列出來，不難發現這種分類的方法， 多少受到先秦各 家學說的影響。 這與卡里馬朱自創 Pinakes, 而不採用亞里斯多德的知識分類，差別很大。我們若將《七略》，籠統的冠以現代熟知的學科名詞，那麼二千年的《七略》，實際上爲下列各類:

1. 社會學、倫理學、歷史、教育學——六藝略: 易、書、詩、禮、樂、春秋、論語、孝經、小學
2. 哲學——諸子略: 儒、道、墨、名、法、陰陽、縱横、雜、農及小說等家
3. 文學——詩賦略: 屈賦、陸賦、荀賦、雜賦、詩歌
4. 軍事學——兵書略: 兵權謀、兵形勢、兵陰陽、兵技巧
5. 天文學、星象學——數術略: 天文、曆譜、五行、蓍龜、雜占、刑法
6. 醫學——方技略: 醫經、經方、房中、神仙

7. 總論——輯略

比較卡里馬朱的圖書分類法，劉歆的分類法，從知識分類的理論上講起來，要顯得合理週密得多。而且它與現代的分類編目系統，也沒有太大的區別。劉歆的分類法以主題（七類）爲主，著作者爲次。卡里馬朱卻適恰相反，他以著作者爲主，主題爲次。劉歆《七略》中輯略無類，所以後人稱爲「六分法」。

東漢明帝(公元58年)班固撰《漢書》，就是採用劉歆的《七略》爲模式編成〈藝文志〉㉗。《七略》的圖書分類法一直沿用到西晉初年。

二、荀朂四分法:

晉武帝太康年間（公元 280 年），荀朂將先秦古墓中發掘出土的古文竹簡，編成甲、乙、丙、丁四部。我們稱它爲「四分法」。

1. 甲部: 六藝及小學等書
2. 乙部: 諸子集、兵書、兵家、數術
3. 丙部: 史記、皇覽、雜事
4. 丁部: 詩賦、圖贊、汲冢書

晉元帝（公元 317 年）時，李充將荀朂四部中的乙、丙二部互相調換，而組成甲經、乙史、丙子、丁集。這種新的分類編目法——經、史、子、集，便成爲南北朝迄隋代編目的標準，千餘年來很少改變㉘。

唐貞觀三年(公元 629 年)，魏徵等將隋朝遺書編撰成〈經籍志〉，將它分爲經、史、子、集四部。每部之下再複分成四十類。從此以

㉗ 昌彼得，〈中國目錄學的源流〉，《圖書館學》，臺北：學生書局，民69年，頁145。

㉘ 同㉗。

後，四部分類法便成了我國圖書分類的標準㉙。

清乾隆三十七年開始修纂《四庫全書》。歷經十八年才完成。《四庫全書》共計 3,470 種，共 79,931卷，其中無卷數者二種。分成經(10)，史(15)，子(14)，集 (5) 四部，共44類。每類之下又複分爲「屬」。條理之分明，類屬之細緻，實爲我國圖書分類史中所罕見。遺憾的是清末西學東漸，這一套四分法，已無法容納新的科技和西方各國的出版品，於是只有急就章的求助於「外」。

三、鄭樵十二分法:

由唐至清，將近二千四百年，在圖書分類學上算得上新創的，當推宋代鄭樵 (1104-1162AD) 所編的〈通志藝文略〉。鄭樵沒有採用留傳下來的四部法， 也不仿劉歆的《七略》， 逕將中國的圖書分成經、禮、樂、小學、史、諸子、天文、五行、藝術、醫方、類書、文類等十二大類。每類之下，再細分成155小類，小類之下，更分爲284目。

「類」的下面，再複分成目，在我國圖書分類史上，鄭樵實爲第一人。同時他也是二千多年來，唯一打破七略、四部分類法的一位圖書館學專家。他的雄心和勇氣，比美美國的布利斯 (Henry Bliss)。尤其是他的那一篇〈校讎略〉，對圖書資訊分類編目的見解，更爲當時人所不及。他那種分類的系統（見下式），直到十九世紀末葉美國的杜威才發展出來。唯一不同的是鄭樵用的是文字，而杜威用的是三位數字。

大類→類→目

㉙ 倪寶坤編著，《圖書館編目學》，臺北：中華書局，民74年，頁17-19。

四、沈寶環三分法:

到了二十世紀，圖書資訊分類系統的發展，逐漸偏向「治書」，而忽視了「書中之學」。也就是說「便利檢索」的原則已逐漸駕臨「辨章學術」之上。唯一的一個例外，是沈寶環於1946年編製的《三民主義化的圖書分類標準》。二年後，杜定友也出版了一本《三民主義中心圖書分類法》。這二種分類方法雖然都以三民主義爲中心思想所發展出來的分類系統，可是沈寶環的分類法在理論和結構上都比較特異（參見下表）。

以三民主義思想爲中心的二種圖書分類法

分類標記	沈寶環編三民主義的圖書分類標準，1946年			杜定友編三民主義中心圖書分類法，1948年
	甲 民 族	乙 民 權	丙 民 生	
000	民族奮鬪史	民權運動史	民生進化史	總類
100	民族形成	國民	經濟	文化哲學
200	國家	政權	財政	自然科學
300	國際關係	政府	工業	人文教育
400	民族健康	治權	平均地權節制資本	政治軍事
500	國防與戰爭	憲政	食	經濟科學
600	國防科學	黨團	衣	實業技術
700	民族哲學	法律	住	社會民生
800	民族藝術文化	教育	行	文學藝術
900	民族問題	民權問題	民生問題	史傳地誌

他將圖書資訊根據三民主義的思想，分劃成民族、民權和民生三大

類。每類之下，再複分成十「綱」。每「綱」之下，再分十目，每目再分十小目。層次的複分採用十進方式，目的是「十進制度使用上較爲便利，秩序之概念亦較爲明顯，且富於伸縮性」㉚。僅以類目的數量計，沈法比杜法要多出二倍。沈法附錄有地城國別細分表、形式細分表和索引。

從杜定友和沈寶環所編的二種不同格式的分類表來看，不難發現杜定友是以三民主義的思想去牽就杜威的十進分類法，然而沈寶環卻將杜威的十進方式來牽就三民主義思想。這二種分類表的重要差別即在此。誠然沈寶環的分類表和其他中外分類表一樣，値得研討和改進之處還很多，可是我們不得不承認他的《三民主義化的圖書分類標準》是一種「別出心裁，打破傳統，在中國圖書分類史上難得一見的重要創作和嘗試」㉛。

五、仿杜威十分法:

杜威在1876年出版的十進位分類法於1904年（光緒三十年）正式介紹入中國㉜。我國圖書館學 界以它作藍本， 編製出好幾種 「中國化」的杜威十進位分類法:

1917年 沈祖榮、胡慶生《仿杜威十進分類法》

1922年 杜定友《世界圖書分類法》

1925年 查修《杜威書目十類法補編》

1928年 王雲五《中外圖書統一分類法》

㉚ 沈寶環編著，《三民主義化的圖書分類標準》，武漢：文華圖書館學專科學校三民主義青年團中央直屬分團部，民35年，頁17。

㉛ 何光國，〈荀子與沈寶環〉，《沈寶環教授七秩榮慶祝賀論文集》，臺北：學生書局，民78年，頁26。

㉝ 周文駿，《圖書館工作概要》，天津：人民出版社，1981，頁23。

1929年　劉國鈞《中國圖書分類法》

1934年　黃星輝《普通圖書編目法》

何日章、袁湧進《中國圖書十進分類法》

皮高品《中國十進分類法及索引》

裘開明《中國圖書編目法》

1964年　賴永祥《中國圖書分類法》

以上各分類法與杜威十進分類法大同小異。王雲五和何日章的分類法與杜威幾乎完全相同。有的只將類目上下調換（參見下表）。

分類標記	杜　威 (1876)	劉國鈞 (1922)	杜定友 (1929)	皮高品 (1934)	裘開明 (1934)	賴永祥 (1981)
000	總　類	總　部	總　類	總　類	經　學	總　類
100	哲　學	哲　學	哲理科學	哲　學	哲學宗教	哲　學
200	宗　教	宗　教	教育科學	宗　教	史　地	宗　教
300	社會科學	自然科學	社會科學	社會科學	語　文	自然科學
400	語　言	應用科學	藝　術	語言文學	社會科學	應用科學
500	自然科學	社會科學	自然科學	自然科學	美　術	社會科學
600	應用科學	中國史地	應用科學	實業工藝	自然科學	中國史地
700	藝　術	世界史地	語文學	美　術	農　林	世界史地
800	文　學	語　文	文　學	文　學	工　藝	語　文
900	地理歷史	美　術	史地學	歷　史	叢書目錄	美　術

前國立臺灣大學圖書館學系系主任賴永祥，於1973年以劉國鈞之《中國圖書分類法》爲藍本，重新編訂出版。書名未變，仍舊沿用《中國圖書分類法》(*New Classification Scheme for Chinese Libraries*)。

1981年增訂六版。全部改訂部份包括自然科學及應用科學類、總類、農業災害。部份改訂包括工程、太空飛行、電子工程、社會科學類、總論、東洋史地、書畫等。另增各國史地複分表㉝。

杜威十進位分類法的傳入我國，以及它的被仿製和改訂，顯示出我國圖書館學界在清末時期那種青黃不接的焦急心情。劉國鈞在《中國圖書分類法》的導言中說:

> 編者深感四庫分類法不適用於現在一切之中籍，且其原則亦多互相刺謬之處，不合於圖書館之用；而採用新舊並行制，往往因新舊標準之難定，以致牽強附會，進退失據……至於採用西人之成法，則因中西學術範圍方法不同者太多，難於一一適合，勉強模仿，近於削足適履。

當時的一羣圖書館學專家，面對這種扞格難行的尷尬窘境，只有參酌中西情形，另製新分類法，以求適合新舊中西書籍。劉國鈞的《中國圖書分類法》便想走這一條路，可是怎麼樣看起來，也甩脫不掉杜威十進分類法的影子。劉國鈞分類法的大綱接近杜威法，也分成十大類。但是將史地類提前，並佔有二大類: 中國史地及世界史地。社會科學移到500，美術移到900。劉氏並仿沈祖榮、胡慶生的〈仿杜威十進分類法〉，將語言、文學合併成一類。而有關中國部份之書目，大都仍沿用《漢書・藝文志》、《通志藝文略》、《文獻通考》、《經籍典》、《國史經籍典》、《書目答問》及《四庫總目》等書。有關新近學科部份，則參考美國國會圖書館分類法、杜威分類法、布朗

㉝ 賴永祥編，《中國圖書分類法》，增訂六版，臺北: 編訂者，民70年，頁xiii。

主題分類法等。而分類標記，則全部仿照杜威法。不過，如有不足，另加小數，則採用數序法，不用十進位法[34]。

其他如杜定友的《世界圖書分類法》，皮高品的《中國十進分類法》、裘開明的《中國圖書編目法》，在實質上，都與杜威法大同小異。因此，在圖書分類理論上，也就談不上有甚麼創見了。

---

[34] 同[26]，頁107-108。

第十章　分類之基本體系

第一節　分類之條件

一、歸類和分類：

從傳統的層次和階級觀念看，我們稱「歸類」是「聚目求類」，它是一種由下往上的行爲。我們又稱「分類」爲「即類求目」，它是一種由上往下的行爲。宇宙萬物都能透過這種「歸類」和「分類」的方式，將它們之間的關係建立起來，就像一個大家族一樣，有親疏之分。

若從另一個角度看，「歸類」和「分類」又可說是一種「被動」和「主動」行爲的分野。「歸類」的方式是由下往上。它是由「下層」的類目組合而成，所以是「被動」。這就像將相同的「物」，放置在同一個罐子裏。而「分類」，則由上往下，根據主題，向下複分，所以是「主動」。這就像將同一個罐子裏的「物」，根據它們各自的獨立特性或功能，將它們分別的 放置在不同的罐子裏。這種工作，看起來，似甚簡單。實際上卻非常困難。「簡單」和「困難」，本是見仁見智的說法。分辨一對孿生兄弟，對親生母親來說，是一件非常容易的事。可是對局外人來說，並不一定十分容易。這一對孿生兄弟，無論長得如何俏似，他們之間，在性格上或生理上，必有不同。只是，這種不同不易為「外人」知道而已。換句話說，要我們在一羣人中，鑑別出一對孿生兄弟，遠比分辨出他們之間誰是老大，誰是老二，要容易得多。這也就是說，分辨「物」的相同容易，分辨「相同物」的不同困難。這樣看起來，那我們似乎也可以說從「簡單」到「困難」是「分類」，由「困難」到「簡單」是「歸類」。

組織圖書資訊，只有二種方式：（請參看「治學」與「治書」一節）

1. 組織圖書資訊的內容：為內容分類和歸類。
2. 組織圖書資訊的媒體：為外形歸類。

假如內容相同，而媒體不同；或媒體相同，內容卻不相同，那又該當如何處理？通常，方法有四（表九）：

1. 將各種資訊媒體統一編目和分類，混合排架。
2. 將資訊媒體歸併成圖書資料與非圖書資料二大類，然後再個別編目分類，分類排架。
3. 將資訊媒體分組成圖書資料和非圖書資料，只有圖書資料予以編目分類，非圖書資料，則只編目不分類，分開排架。
4. 將資訊媒體以外涵特徵如體積、顏色、結構、造型、使用特點等為標準歸類，然後再個別予以編目，分開排架。

第一、二種方法，為一般圖書館處理圖書資料時所採用。第三種為美國一般較大圖書館所採用。目的有五：(1)節省財力、人力，(2)管理方便，(3)利用目錄和索引，彌補分類的闕如，(4)非圖書資料，多不外借，(5)非圖書資料多屬閉架式管理。

最後的一種處理方式，僅適用於極小型圖書館。

表九　圖訊資料處理法

圖書資訊／資訊形態／排架方式	資訊媒體		資訊內容		典藏方式
	個體資訊		個體資訊	整體資訊（主題）	
混合排架	不歸類	各種資訊媒體	分類	歸類	開/閉架
分類排架	歸類	圖書資料	分類	歸類	開/閉架
		非圖書資料	分類	歸類	開/閉架
分開排架	歸類	圖書資料	分類	歸類	開/閉架
		非圖書資料	不分類	不歸類	閉架
分開排架	歸類	媒體特徵如體積、顏色、結構、造型、使用特點	不分類	不歸類	閉架

二、分類行爲:

圖書資訊分類是根據自定的規格和標準，或採用一種通用的分類表，將內容相同的圖書資訊編組在一起而成類目的一種實際行爲。這種行爲，絲毫沒有抽象的意味。分類的行爲是人類生存的本能。只不過，圖書資訊分類並不是爲了人類的生存，而是爲了達到一種理想和目的的實際行爲。

在討論中西知識組織歷史背景的一節中（頁81-95），我們曾提到各種分類系統。實際上，那些系統都是「觀念」上的分類系統。雖然那些「觀念」很可能是「事實」（Facts），其中必然也有幻想和虛構。

從科學的觀點上說，凡是這種以「觀念」，不是以「事實」爲根據來分類的方法，都不是科學的分類方法。

早在前面，我們強調分類行爲是人類「與生俱來」求生自救的一種本能，絕不是誇張。否則，在幾十億年物換星移的環境裏，人類早就像史前時代的恐龍一樣，淘汰滅跡了。分類的本能，其實也並非人類專有。當母鷄看到老鷹在天空中飛翔的時候，它便會立刻招喚它的孩子們，躲在它的翅膀底下，直等到老鷹遠離，才放它們出來。可是，當母鷄看到天上飛的鴿子或其他飛禽，它都不會表現那種顧忌。顯然，我們從這裏可以證明，雞也有分辨的本能。至少它能辨別出老鷹和非老鷹。這種分辨的本能，絕不是「觀念」，而是事實。

三、分類的目的和結構:

前面那則「鷄和老鷹」的例子，說明一件重要的事情。那是「分類」和「識別不同」，有它「有用」的一面。鷄能辨別出老鷹和其他飛禽的不同，而使小鷄的生存機會大大的增加。若我們再回到早先說過的蔬菜市場中去，我們定會發現市場中菜蔬和水菓的排列，隱含著一種規律。固然，水菓、蔬菜、肉類和魚蝦，都各有各的地盤。不過，水菓攤上擺得有梨子、橘子、蘋菓、香蕉、葡萄等。葡萄又分成有子和無子葡萄二種，每種又分紅、綠二種。蘋菓也分成美國進口和日本進口二種（如圖A）。

在蔬菜攤上，擺列著甘藍菜、白花菜、芹菜、韮菜、和瓜類等。在「瓜類」一組中，又有黃瓜、苦瓜和多瓜等（如圖B）。菜市場中，將水菓和蔬菜這樣的排列，純粹是招徠顧客，給顧客一種選購上的方便。

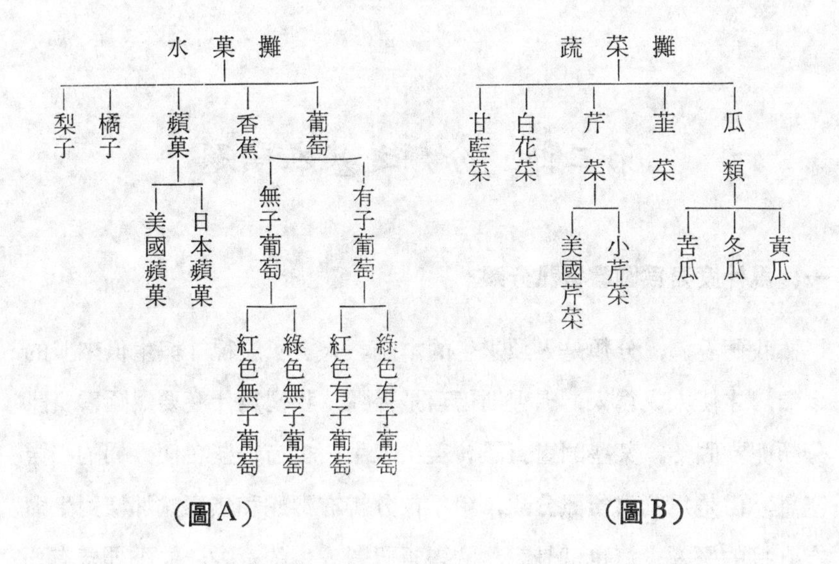

(圖A)　　(圖B)

菜市場中蔬菜和水菓的擺設，都是爲了顧客的方便。可是科學上的分類，卻和市場中的顧客完全無關。農業專家爲上面這些瓜菓蔬菜分類，完全是爲了研究學問，因此，分類起來，也就格外複雜。然而在原理上，卻沒有什麼二樣。

在植物學的分類中，花菜 (Cauliflower) 和甘藍菜 (Savoy) 同屬一類。它的類名是 Brassica oleracea。黃瓜 (Cucumis sativus)和瓜類 (Cucumis melo) 同屬於 Cucumis 一支但不同類。爲什麼會這樣呢？爲什麼科學上用的名稱和普通用的名稱不相同呢？爲什麼白花菜和甘藍菜同屬一類，而黃瓜和西瓜卻不同類？這些科學的名稱來自何處？爲什麼這些名稱都用拉丁文而不用英文呢？

這些問題，也就是我們爲圖書資訊分類，正面臨的一些問題。譬如：(1) 爲什麼要做圖書資訊分類？(2) 分類表類目是如何形成的？(3)分類表的類目名稱又如何決定？(4) 分類表上所用的名稱與資訊內容，爲什麼不盡符合？下面這一節，就讓我們來對這些問題試作解答。

第二節　分類之基本問題

一、爲什麽要爲圖書資訊分類?

我們說過，分類是人類求生的本能。人有了這種「與生俱來」的本領，才使人成爲人，猩猩則仍舊是猩猩。我們爲什麼要爲圖書資訊分類呢? 固然，某些圖書資訊會美化人生，也有一些會使人們的心靈窒息。但是爲圖書資訊分類，絕不像分辨有毒蛇和無毒蛇那樣對生命有直接的影響。這也就是說，圖書資訊對人生的威脅，並不那樣有死與生的急迫。所以說，在「分類以求生」這個原則下，圖書資訊還不够條件。然而，我們又非爲圖書資訊分類不可，那又怎麼說呢? 從下面這個例子，也許我們可以獲得一個答案。

根據植物學家的估計，世界上的植物，包括菌類，大約超過四十萬種。且不管植物王國中有多少不同的成員，任誰都能一眼的分辨出那些是花，那些是草，那些是樹，那些又是菌菇。喜歡家庭園藝的人士，對四季花卉、室內植物，以及庭園菓樹等，更會知道不少。但是，若要他們分辨出四十多萬種不同的花、草、菌和樹，恐怕是做不到的。既使是植物學家，也沒法將這四十多萬種植物的個別特徵、特性和生存環境，熟記下來。

爲了要使研究植物的學者專家，瞭解每種植物的特性和它們在經濟上和生活環境上可能擁有的價值，植物學家們就必須設計出一套鑑別系統，希望畫龍點睛的將四十多萬種的植物分門別類的組織起來。使做研究工作的學者專家，能够獲得提綱挈領，檢索查詢上的便利。

從上面的解釋，我們可以知道分類的二項最基本的條件：(1) 數量龐大，(2) 形性龐雜。

比起圖書資訊所涵蓋的內容，以及在數量上它那種有增無減的成長速度，四十多萬種的花、草、樹木實在是小巫見大巫。說起來，這也沒有什麼奇怪，「植物」僅不過是宇宙知識中的一小部份。它還有「親兄弟」動物，「表親」礦物等等呢。

世界上究竟有多少所謂的圖書資訊，很難有個定數。不過，若從美國研究圖書館協會的總藏書量二億九千多萬册圖書，近三百萬種期刊，和二億四千多萬件縮影資料❶推算起來，世界的藏量必然是一個非常驚人的大數字。面對著這麼多的圖書資訊，若無妥善的方法，將它們有效的組織起來，恐怕就沒有任何一個人能確實的獲得資訊帶給他的最高利益。

現在讓我們從另外一個角度來看，爲什麼黃種人、白種人、黑人等能够稱爲人類 (Mankind)，而白馬、黑馬、阿拉伯馬、挪威小馬等，都是畜生？最主要的原因，當然是人和馬在生理結構上，生活環境上，以及智慧等等都有根本的不同。談到圖書資訊，當然並沒有什麼智慧和生存環境的問題❷，但是卻有內容結構和外型特徵、特性、和功用上的種種問題，而且這些問題遠比植物和動物要複雜困難。幸好，我們有「相同性終止」的原理，使我們對圖書資訊分類的工作容易不少。

花、草都有它們共有的共同特性。無論是虞美人、芍藥、牡丹、玫瑰、茶花、鬱金香或美人櫻，它們都有柔美艷麗的色彩。而草卻

---

❶ 參見「概論」章。

❷ 其實，圖訊資料也應考慮「生存環境」。譬如某些非書資料或古典珍藏，在典藏和使用上，都有特殊設備、限制和環境。

是修長、碧綠。這些不同的形色，是我們分辨花、草不同最基本的標準。事實上，像這種一般性的特性，如色彩和形狀，爲我們減少了不少爲花、草個別分類的痲煩。因此，一方面，分類使我們能够有系統的組織數量龐大的「物」，另一方面，它也使主題知識簡單化。後者實爲分類最重要的功用之一。

在植物園中，我們可以看到眞正的花、草和樹；在實驗室裏，我們還可以親眼看到各種植物的標本和顯微鏡底下的斷層細胞組織。可是，在圖書資訊裏，我們旣看不到眞的花，眞的草，或眞的樹，也看不到它們的橫斷面的結構。我們所能見到的，只是有關各種花和草的資訊 (Information)，和由這些資訊組合而成的「知識面」。因此，我們爲圖書資 訊分類， 並不能算是眞正的爲 某種知識分類， 只是爲「有關」 某種知識分類。 我們利用分類的方法， 將眞正的 知識簡化 (Knowledge Simplified)。往往，一般研究者所需要的，也就是這種簡化後的知識。所以我們爲圖書資訊分類，節省了讀者的時間，達到了「方便讀者」的目的。

二、什麼是「相同性終止」原理?

爲圖書資訊分類或爲其他任何事物分類，最重要的一個原則就是「物以類聚」，將「相同」的圖書資訊歸併在一起。可是「相同」和「不相同」必須要有一個淸晰的界溝，否則就會發生「五百年前一家人」的混淆不淸的毛病。這種界溝就是我們要討論的「相同性終止」原理。

假定在桌子上有 二隻布袋。 一隻布袋中 裝著從一元 至一分的硬幣，另一隻裝著不同面值的紙幣和鑄有面值的籌碼。現在我們要將它們分別淸點。淸點的第一步工作，是要知道二隻布袋中都有些什麼?

第二步是總合它們的價值。

第一隻布袋:

硬幣

面值＼硬幣	一元	五角	二角五分	一角	五分	一分	總計
枚	15	3	5	2	1	7	33
共值	15元	1元5角	1元二角五分	2角	5分	7分	18元7分

第二隻布袋:

紙幣

面值＼紙幣	百元	十元	五元	一元	總計
數量	3	3	2	7	15
共值	300元	30元	10元	7元	347元

籌碼

面值＼籌碼	百元	五十元	二十元	十元	一元	總計
數量	2	1	3	5	7	18
共值	200元	50元	60元	50元	7元	367元

清點第一隻布袋的結果，獲硬幣 33 枚，總值18 元 7 分。第二隻布袋中，共有紙幣15張，總值347元；籌碼18枚，共367元。

這二隻布袋中，盛的雖然都是「錢」，可是意義並不相同。在第一隻布袋中，除了硬幣的面值不相同和每種面值的硬幣數量不相同以外，它們之間卻都是硬幣，並且有從小值到大值的連續性。在第二隻布袋中，紙幣和籌碼之間卻沒有連續性。眞正的錢和假的錢，不可能混在一起❸。它們在本質上，也沒有相同的地方。這就是紙幣和籌碼「相同性的終止」。

「相同性終止」這個問題，在分類理論上非常重要。我們能說，人和人之間有相同性，馬和馬之間有相同性。黃種人和白種人之間有相同性，白馬和黑馬之間也有相同性。可是人和馬之間，卻無相同性。這種道理，使我們對資訊的分類不會產生混淆不清的困惑。譬如一部中國經濟史，雖然是描述中國經濟的歷史，它卻屬於經濟，並不屬於歷史。經濟史和歷史之間並無連續性。這就像人和馬都是動物。可是人是人，馬是馬，人和馬不能歸併在一起，因爲它們之間沒有連續性。

我們都知道「非驢非馬」的騾，是馬和驢的別種。因此，它們之間有連續性。這種連續性是由騾所促成。在圖書資訊分類中，這種間接性的連續性，是類目或主題標目之間建立相關參照(See Also)的主要根據。

三、「相同性」是否持續不變?

「相同性終止」，實際上也是指「物」與「物」之間不相同的開始。由於生理結構、生活環境和辨識萬物的能力的不同，使人和猩猩之間「相同性終止」。可是這種「相同性終止」的條件是否會維持到永遠呢？換句話說，會不會有那麼一天，猩猩變成了人，人卻變

---

❸ 在這裏我們暫時不考慮在某種場合中，籌碼也等於「眞」錢幣。

成了猩猩呢?

誰也不敢說，幾十億年後的宇宙會變成一個什麼模樣。人的智慧和聰敏，使人永遠是人殆無疑問。而猩猩是否會變得更像人或變得更像猴子，那就很難預料。人與人之間的「相同性」，經過歲月，只會越發地加深，絕不會減退。不過，其他「物」的「相同性」是否也能與時日的成長成正比，則是一個未知數。宇宙萬物之中，只有人俱有理性。只有理性的人，生活在理性的環境裏，才能保持「相同性」的持久，凡沒有理性的「物」，包括猩猩在內，它們的將來都未知，幾千年後，猩猩也許會在世上滅跡，因而造成一系相傳的空隙。

對圖書資訊分類來說，「相同性」是否能持久，實在是一件非常嚴重的事。人類的智慧是資訊的創造者和操縱者，他們促進了世界的文明，也刪改翻新了人類的知識。人類登上月球，放射探測儀器上火星，這些成就不僅是石器時代的老祖宗們夢想不到，卽使五十年前的爺爺奶奶輩，也不會想得到的。

人類從農業社會，進展到工業社會，如今更進展到所謂資訊社會。這證明人類的文明進步了，人類的知識也更進步了。這也間接的說明，從1876年第一版問世到今天，爲什麼《杜威十進分類法》已增訂了共二十版，而世人總嫌它的類目跟不上時代。知識的日新月異，使主題知識保持永遠的「相同性」，可能性實在太小。筆者在本書中曾強調一種「知識暫留」的觀念，就是不相信主題知識會永遠不變，永遠不進步。否則，我們不僅抹殺了幾千年的文明歷史，同時也否定了知識是一個生生不息的有機體的基本信念。

第十一章　分類層次及其意義

在稍前幾節，我們曾說過，分類的方式決定在它的使用和目的。圖書資訊的分類完全是方便讀者，使他們能從簡化了的主題知識中，減少搜尋圖書資訊的時間。同時我們也解釋科學的學術分類和普通菜市場的菜蔬水果分類，在方法上和邏輯上的不同。在這一節中，我們對前述這些課題，再作較為詳盡的說明。

第一節　自然和人為分類法

我們都知道萬物的分類，端視「物」與「物」間專有的特性多少。我們稱這些特性為「物」的專有特徵。譬如黃種人的黑髮黑眼珠，白種人的碧髮藍眼珠，分別都是黃種人和白種人的特徵。假如黃、白二種人的區別，只有髮色和眼珠的顏色，那麼分別這二種人的特徵就只有二種。

在前節中，我們曾以二隻布袋中的錢幣為例，說明第一隻布袋中的硬幣有一元、五角、二角五分、一角、五分及一分等六種。因此，我們用來分辨這些硬幣的特徵，就有六種。在第二隻布袋中，只盛有紙幣和籌碼二種。因此，它們的分辨特徵只有一種：紙幣或非紙幣。可是，在紙幣和籌碼之下，還可以根據它們不同的面值，再往下複分。若以一付撲克牌為例，它共有52張。以顏色分，共有紅、黑二種。以花色分，有黑桃、紅桃、方塊和梅花四種。若以面值分，共有十三種。總括起來，撲克牌共有三種分類的方法：(1) 顏色，(2) 花

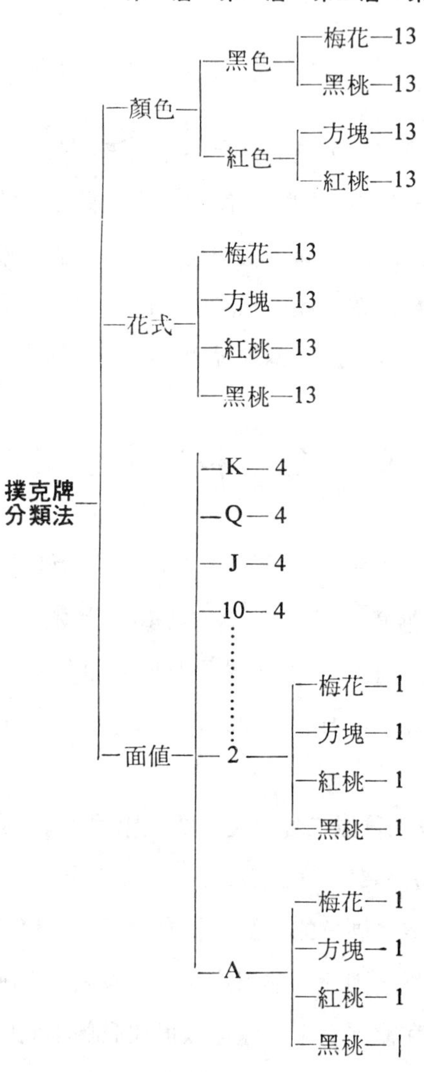

式，(3) 面值。無論採用那一種，都可以將52張牌整理出來。不過它們之間的層次多少，並不相同。假如我們用的是以顏色作標準分類，那麼第二層只有二種，不是紅，便是黑。在紅色中，又分二種，紅桃和方塊。共有13張紅桃和13張方塊。同樣的，有13 張黑桃和 13 張梅花，總共爲52張。紅桃、方塊、黑桃、和梅花在第三層。每種花式之下的13單張，位居第四層。若我們採用花式或面值來分類，都只有三層。

任何一組物，都有它各自的特徵，而每一種特徵都可用來作爲分類的標準。問題是決定那一種分類方式最適合？那一種特徵最重要？在生物中，植物和動物有它們各自的生態環境。植物生長靠土壤，動物的生命靠氧氣。除此之外，它們都需要營養、水、陽光等。若我們用B代表植物，Z代表動物。在生態環境中，以E代表土壤，W代表水，S代表陽光，H代表氧氣，N代表營養（肥料），F代表固定空間，V代表活動空間，，我們便可以利用下面二則公式代表二種不同的生態環境：一爲植物(B)，一爲動物(Z)

$$B=E+W+S+H+N+F$$

$$Z=E+W+S+H+N+V$$

從上面這二則公式，我們可以看出植物和動物之間有很多相同的生態需要，如E, W, S, H 和 N，只是需要的程度不同。如蚯蚓也需要生活在地裏。海藻則需生活在水裏。假如我們不考慮生態要素程度上的差異，也就是說，我們視植物所需要的土壤和動物所需要土壤的目的和功能都相等，水量等也都相等，那麼上面二式可簡化成下式：

$$B-Z=F-V$$

植物－動物＝固定空間－活動空間

根據這個簡化的公式，我們發現植物和動物之間的「主要差異」決定在「固定空間」和「活動空間」的差異。假如這個「物」是植物，那麼「固定空間」必定大於「活動空間」。假如這個「物」是動物，那麼「固定空間」＜「活動空間」。這種關係豈不是說明了植物是「靜止」的，動物是「活動」的嗎！因此，我們的結論是，在生物中，凡「活動」的「物」都是動物；凡「靜止」的「物」都是植物。當然，這種分類方式，太過簡單，不符合科學的方法。這個例子的用意是說明，縱使物與物之間相同的地方很多，至少會有一種以上的特性爲其他各物所無。這種「專有的特性」就是分別萬物的基本標準。若我們能抓住這一個標準，那麼動物和植物之間，就會自然的產生「相同性終止」，而使二者之間的分別非常清楚了。

分辨事物靠特徵的觀念，非常重要。當我們檢索圖書資訊的時候，就依靠這些特徵。簡單的說，這些特徵便是從圖書資訊中抽取出來的主題和列示的主題標目（Subject Headings）。如今用電腦所作的全文檢索（Full Text Search）和布耳邏輯檢索法（Boolean Logic Search）顯然就是根據這個「分辨事物靠特徵」的觀念發展出來的。

前面說過，每一事物都有它一系列的特徵。一對雙胞胎，雖然看起來「一模一樣」，可是若能將他們二人的「特徵」一一的析解出來，然後再逐項比較，我們一定會發現他們之間至少有一種以上的特徵爲「專有的特徵」。假如我們分析一件事物，考慮它全部的特徵，根據它全部的特徵作爲分類的標準，我們稱這種分類法爲「自然分類法」(Natural Classification)。假如只採用部分特徵作爲分類的標準，我們便稱它爲「人爲分類法」(Artificial Classification)❶，根據這個定義，我們可以說主題式的分類法是「人爲分類法」，全文式的檢索法則可以稱爲「自然分類法」。撲克牌分別以顏色、花式或面值作爲分類的標準，都算是「人爲分類法」。若將顏色和花式合在一起爲標準分類，則可稱爲「自然分類法」。

一、自然分類法:

前面說過，自然分類法是一種沒有偏見，不存歧視，考慮全部特徵的一種分類法。曼島貓 (Manx Cat)，除了少一條尾巴外，其他特徵，如牙齒、爪、內臟和骨骼的組織和結構，與其他的貓完全相同，所以牠確實是一隻貓。而且牠的生活習性也和山貓、老虎、豹子、獅子相同，所以沒有尾巴的曼島貓也儕身於貓族之中。這一點說明在自然分類法中，即使在眾多相同特徵中缺少一項，也不能將該「物」一腳踢出族類之外。不過，我們必須留意，曼島貓就因爲少了一條尾巴，牠雖然與獅子、老虎同族（同屬貓類），但牠只能算得上獅子、老虎的遠房親戚。這也就是「相同性終止」原理所強調的一點。

自然分類法有一個最大的優點，那就是牠有高度預估能力。前面已經說過，自然分類法的分類標準，是「物」的全部特徵。一如荀子所說:「心有徵知，徵知則緣耳而知聲可也，緣目而知形可也。」再說一個鄉下人，從來沒見過汽車，假如有人給他看一張汽車的照片，一旦他眞的進了城，他一定會認出那些是汽車，那些不是汽車。他認出的汽車，必定和照片中的汽車有很多「相同」的「特徵」。這種結果，豈不正符合教育的原理? 考古學家利用出土的器皿，推測古時人

---

❶ 解釋「自然」和「人爲」分類法的方式很多，不過都大同小異。請參看 Sayers的*Introduction to Classification*, p. 32; Richardson, E. C., *Classification, Theoretical and Practical*, 3rd ed., Hamden, CT: Shoe String Press, 1964, p. 4.

類的生活環境和習慣，豈不也是套用同樣的道理?

二、人爲分類法:

適恰與自然分類法相反，人爲分類法只利用少數幾種特徵來作分類的標準。讓我們再以曼島貓爲例，假如我們將動物分成有尾、無尾二種，那麼曼島貓就和無尾的動物成爲一類。無尾的動物包括人、猩猩、青蛙等等。

我國歷史上，有一位名叫公孫龍的名辯家。他的「白馬非馬」論，硬指「白馬」和「馬」不相同。顯然，他犯了同樣的「有尾無尾」的錯誤。公孫龍不從馬的全部特徵去看，只以顏色這一種「特徵」作爲分類的標準。假如我們接受他的觀點，那麼，同樣的我們可以說「白人不是人」、「紅人不是人」、「黑人不是人」，只有黃種人才是人!（這個結論應該不會錯，因爲公孫龍本人是黃種人。他總不可能說他自己不是人吧!）

稍前，我們也曾提到菜市場蔬菜水果攤位的擺設，目的是便利顧客，推銷食物。所以他們採用的分類標準，都僅以食物的食用方式爲準，這是一種屬於特種目的的分類方法。它不需和科學的分類走同一條路。換句話說，「人爲分類法」只求目的，不擇手段。這種分類法，在不正常的社會裏應用極廣。譬如美國傳播界，最喜歡爲政客「戴帽子」，「保守」、「自由」滿天飛。而美國政客也多持「不是朋友，便是敵人」的觀念。當然，實際上這些人並不知道他們已經用了「人爲分類法」將人分了類。

不過，話又得說回來，「人爲分類法」若運用得當，也應該算是一種極有價值和效果的分類法。在前面，我們曾利用「固定空間」和「活動空間」來分別植物和動物。這種分辨的方式，雖然十分簡陋，可是仍不失爲一種「快速」的辨識方法。以一種或極少數的特徵作爲分類的標準，並不一定是件「壞事」，只要那一種或少數的特徵眞正的具備代表性。而且這些特徵最好是全部特徵中的一部分。在圖書資訊中，這種分類方式在電腦線上檢索系統未發展出來之前，運用最廣。現在世界上幾種著名的列舉式(Enumerative) 的分類表，如杜威十進位分類表、美國國會圖書館分類表等等，都是採用人爲分類法，隨意的 (Arbitrarily) 爲每種主題 (Subject) 擬定幾種「特徵」，作爲圖書資訊分類時的參考。

「人爲分類法」不像「自然分類法」，它沒有「舉一反三」的功能。主要原因是分類時利用的標準特徵數量太少。往往就像猜謎一樣，因爲線索少，而不易讓人猜得謎底。「人爲分類法」還有另外一個特點，那就是比「自然分類法」要穩定。「人爲分類法」採用代表性（亦卽涵蓋性）的特徵。因此，涵蓋面廣，伸縮性也比較大（可是並不一定正確）。譬如，動物可以分成胎生和卵生二類。「自然分類法」就不會採取這種分類的方式。因爲「胎生」和「卵生」只是動物很多特徵中的一種。不過，「胎生」動物包括水、陸、甚至兩棲動物，它的涵蓋面自然比「細分」（自然分類法）來得大。「自然分類法」的分類標準，爲「物」的全部特徵。只要特徵中任何一種起了變化，這個「物」就會被踢出界外。

綜合前面各點，我們不難發現「自然分類法」和「人爲分類法」在分類的方法上，各有利弊。前者可說是「相同性終止」的必要條件。除非二物之間每項特徵都完全吻合，否則不能視爲相同。根據這個道理，所以曼島貓不能是老虎，猩猩不可能是人。可是，若以「大而化之」的「人爲分類法」來作分類，人和猩猩就變成了「同胞」，因爲人會走路，猩猩也會走路（相同特徵之一）；人喜歡吃香蕉，猩猩也喜歡吃香蕉（相同特徵之二）。

從圖書館學的觀點來看「自然分類法」和「人爲分類法」，在意義上和科學家們稍有不同。我們在前面說過，代表圖書資訊的主題是知識的簡化。在理論上，它已不是知識。若要使主題眞正反映知識，唯一的方法，便是增加圖書資訊的數量。也就是說，我們必須增加主題的特徵，增強它的內容，使它每增加一項特徵，就能越接近眞知識（讀者應當記得知識就是「事實」的道理吧）。假如改一個方式來說，貓族中的動物每多增加一項特徵，便多一分不像獅子，而多一分像曼島貓。當這些特徵增加到「恰恰好」的時候，它就十足的變成了一隻沒有尾巴的曼島貓。可是，若再繼續的添加特徵，那隻貓很可能就變成了有尾巴的暹羅貓了。

在圖書資訊編目一章中，我們曾討論「單元紀錄」(Unit Record)和檢索項 (Access Points)。簡單的說，「單元紀錄」就是對一份圖書資訊作最簡扼的描述。每一個「單元紀錄」都包括二大部分：圖書資訊媒體的外型結構和圖書資訊內容。對圖書資訊內容的「描述」就是我們所週知的「主題標目」(Subject Heading)。

「單元紀錄」中的每一著錄項都可以成爲檢索項。若有必要，甚至全份圖書資訊中的每一個字或符號也可成爲檢索項（關鍵字檢索法只能算是做到了一部分）。從資訊檢索的觀念上講起來，每一個檢索項其實也就代表著一種「特徵」。這些「特徵」是圖書資訊分類的標準，也是讀者鑑定它的利用價值和使用性的準繩。

稍前，我們說每多增加一份圖書資訊（個體資訊），也就等於增加主題所涵蓋的「特徵」。「特徵」越多，則越能顯示主題知識的完整。在這種原則下，我們實可以說凡以圖書資訊內容爲標準的分類都爲「自然分類」，凡以圖書資訊外涵形象爲標準的分類則爲「人爲分類」。

第二節　分類的層次

在資訊與知識一章中，我們說過知識點是由整體資訊（主題）所組成。而整體資訊則由三種以上的個體資訊組織成功的。所謂的「個體資訊」實際上也就是我們所說經過了簡化的知識。所以說，從資訊到個體資訊，從個體資訊到整體資訊，從整體資訊到知識點，從知識點到知識面，從知識面到知識立體，這一聯串的行動，就像爬山一樣，一步步，一階階的往上爬。爬得越高，所見到的天地就越遼濶。不過呢，視界越遼濶，山下的景物也就會由大變小，由小變無的蒼茫一片了。同樣的道理也可應用到分類層次上，越到下層則越精密，越到上層則越籠統。若以「自然分類法」和「人爲分類法」的觀念來說，「人爲分類法」位居上層，而「自然分類法」則居下層。原則上，是每多添一項特徵，則往下移一層（越精細）。相對的，每減少一項特徵，則往上移一層（越籠統）。若一物沒有新的「特徵」發現，那麼這個「物」（也可以是知識），就暫時的停在那一層，等到將來的新發現。若發現了新的「特徵」，這個發現可以使它往下移；若發現了舊的「特徵」不確實，也可以使它往上移。

類目的形成是根據「相同性終止」原理劃分界限，將相同屬性的事物匯集在一起。當類別組成以後，我們面對一個新的問題，那就是如何將這些不同類的事物以最簡單便利的方式，顯示出它們之間的相同或相異。科學界稱這種方式爲「分類的層次」（Taxonomic Hierarchy)。其實，這個名詞用在圖書資訊的分類上，也沒有什麼不對。譬如孔、孟、荀的哲學思想，各自成一系，他們的哲學思想統統歸入儒家。儒家又和道家、墨家等合組成先秦哲學。先秦哲學加上漢唐哲學、宋、元、明、清等朝的哲學，合集成中國哲學。像這樣一層一層的往上砌的階級關係，就是所謂的「分類層次」（表十）

表十　分類層次範例

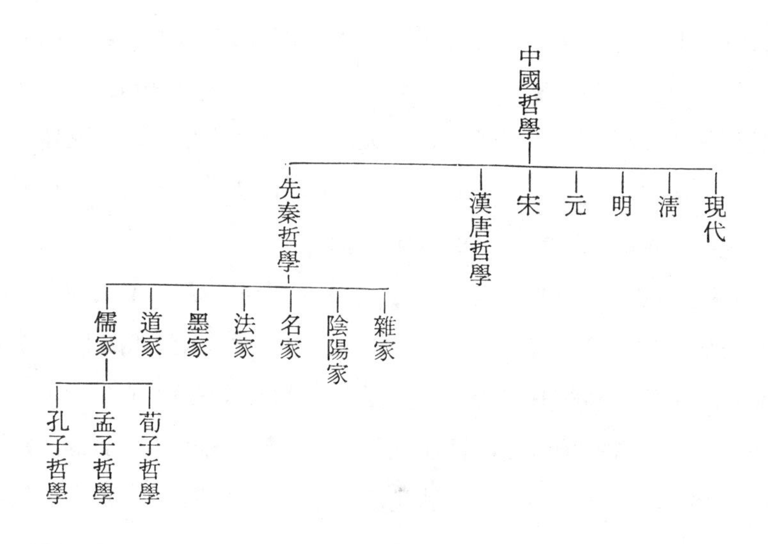

在分類的基本問題一節中，我們曾提及「歸類」(Grouping)與「分類」(Classifying)的區別。其實，仔細分析起來，，無論是「歸類」也好，「分類」也好，它們的功能都是分類。只是二者在層次關係所佔據的位置不同而已。原則上，「歸類」站在上層，分類則位居下層。假如從自然和人為分類的觀點上講起來，位於下層的分類實際上就是自然分類，在上層的歸類實際上也就是人為分類。總而言之，

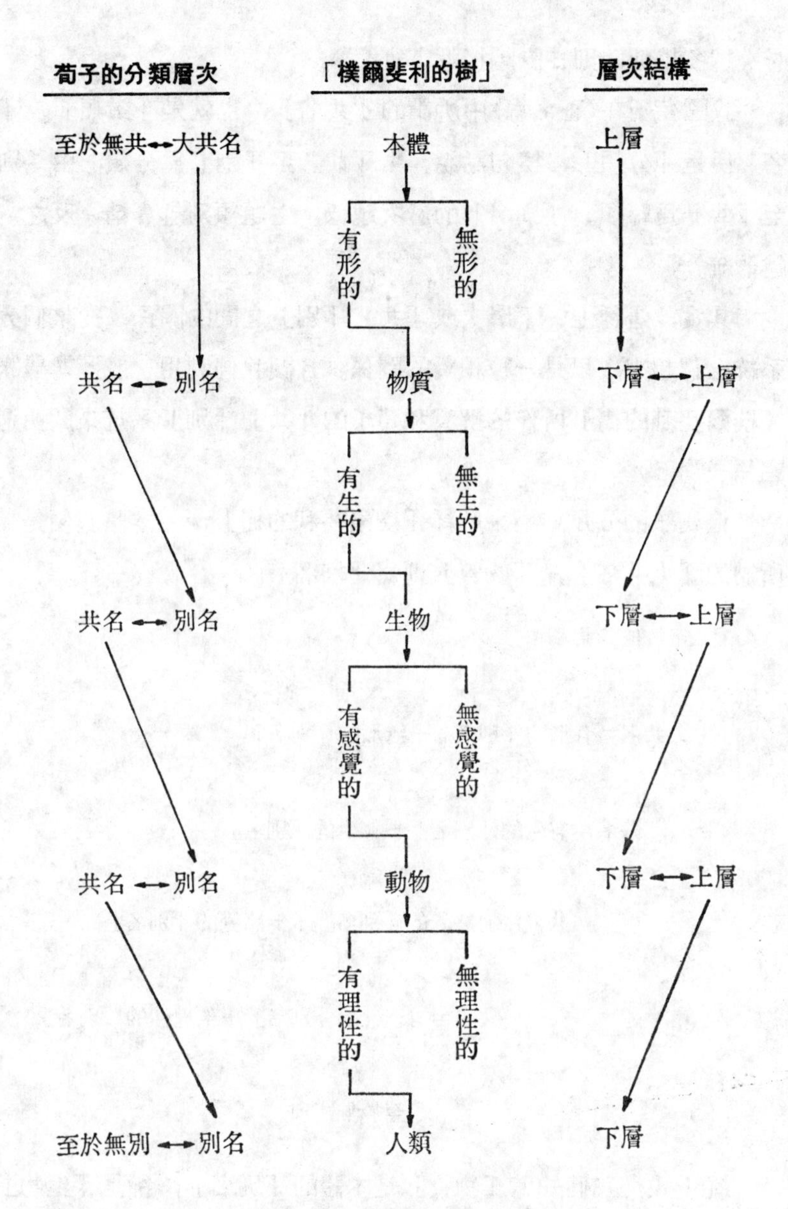

圖五　分類層次相對關係圖

層次越多越低，則知識越接近事實。

我國荀子在〈正名篇〉中所謂的「共名」，也就是「歸類」。「別名」便是「分類」，換句話說。由「共」至「別」爲分類，由「別」至「共」爲歸類。「別名」的層次越低，主題類別越專精，反之，則越籠統。

其實，這種上、下層次或「共」「別」之間的關係，從整個分類系統上講起來，只是一種相對的關係。且讓我們利用一般邏輯學家對「樸爾斐利的樹」所作的解釋和荀子的「共」「別」系統來闡明這種關係（圖五）。

以荀子的分類結構來解釋「樸爾斐利的樹」，「本體」便是荀子所謂的「大共名」，「物質」則爲「別名」。

至於無「共」

↓

大共名＝有形的「別名」＋無形的「別名」

↙

共名＝有生的「別名」＋無生的「別名」

↙

共名＝有感覺的「別名」＋無感覺的「別名」

↙

共名＝有理性的「別名」＋無理性的「別名」

↓

至於無「別」

從上式，我們知道「物質」是本體的「別名」，卻是「生物」的「共名」。相同道理，「生物」是「物質」的「別名」，卻是「動物」的「共名」。若從「歸類」和「分類」來看，「物質」爲「本體」的「分類」，「本體」為「物質」的「歸類」；「物質」為「生物」的「歸類」；「生物」雖為「物質」的「分類」，卻是「動物」的「歸類」。

若以層次的結構關係來解釋，「物質」是「本體」的「下層」，卻是「生物」的「上層」。根據前述各種解釋，因此我們可以說凡佔據上層位置類目的行為為「歸類」，位居下位的類目則被「分類」。

現在讓我們以一個實用的分類為例❷:

哲學＝總論＋思想＋中國哲學＋東方哲學＋西洋哲學
＋論理學＋形而上學＋心理學＋美學＋倫理學

共名＝別名$_1$＋別名$_2$＋別名$_3$＋別名$_4$＋別名$_5$＋別名$_6$＋別名$_7$
＋別名$_8$＋別名$_9$＋別名$_{10}$

若將上面這個公式簡化，可獲下式:

$$共名=\sum_{i=1}^{n}(別名)_i \qquad n=10$$

在分類原理中，「樹」的觀念很重要，不妨讓我再進一層的探討。

第三節　分類的「樹」

分類用「樹」來解釋，是因為樹有「根」(Root)、節(Nodes)、和枝 (Branches)。根、節、枝正好是分類層次 (Hierarchical) 必須經過的階段。層次的最高層只有一個「節」，這個「節」(莖節) 便

❷ 賴永祥，《中國圖書分類法》，臺北：編訂者，民70年，增訂六版，頁2。

是根。除根的那一個莖節以外，其他的節都只有一個位屬上層的節。原則上，每一個「節」都可以「節外生枝」，變成「樹」中之樹。而這棵新生樹的節，如果生存條件適合，它又會生出更多的新枝。下面這個圖，是用來描繪根、節、枝之間的關係。

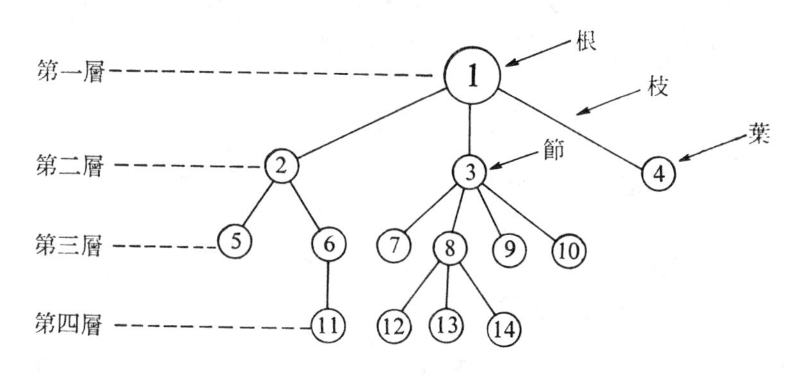

圖六　「樹」形分類及層次關係圖

根據分析，這棵「樹」的高度共有四層，十四個莖節，九片葉(4、5、7、9、10、11、12、13、14)。「葉」是一個沒有新枝的莖節終端。它代表層次關係的中斷，一個類目的終點，也就是筆者所謂的「知識暫留」。在前面我們曾數度提及「樸爾斐利的樹」。這棵樹是「二分法」。不過，從樹的結構上講，「樸爾斐利的樹」是一個不完整的樹，因爲 3、5、7、9、11 等五片葉，並不眞正代表類目的終點。

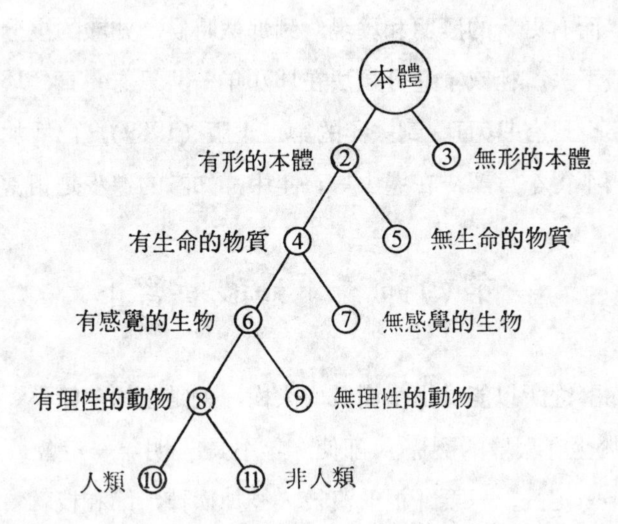

上面這種「二分法」是一種典型的「平衡樹」(Balanced Tree)。所謂「平衡樹」就是每個「莖節」生長出同等數量的「枝」。因此它可三分、四分、五分等等。杜威十進分類法，便是平衡的十枝樹。

「平衡樹」的另一面，便是「不平衡樹」(Unbalanced Tree)。顧名思義，「不平衡」就是不均衡的發展，這也就是說，由每個莖節長出的新枝，數量不一，如圖六。

「樹」形分類系統，除了能顯現上、下層次「縱」線的關係以外，還表達同層次「横」線的關係。這種「縱」「横」的關係，就像一個大家族，經過數代，子孫輩間就有了所謂隸系、旁系親屬的區別。隸系親屬代表「縱」的關係。表親、姻親就代表「横」的關係。

一棵成長中的「樹」，並不是每一個莖節(Node)都會長出新枝，這就像爲知識或圖書資訊分類一樣，基於現代人的智慧極限，使知識或圖書資訊的分類，都達到了最低的一層。這就是說，以現代人的智慧，已到了江郎才盡的地步，無法再往下複分。不過，根據一部人類的文明史，我們可以斷言「將來人」的智慧，一定會超過「現代人」

的智慧，而有更新的發明和發現，到那個時候，知識的複分又會從新開始繼續下去。杜威十進分類法在1876年一共只有44頁，1888年（第三版），也只有416頁。到去年的第二十版（1989），已增加到 3,388 頁。我們不得不承認，在過去一百年中，知識的進步是相當驚人的。

第四節 「知識暫留」

「樹」之所以能够由小樹長成大樹，就是它的莖節不斷的長出新枝。由於生存環境的關係，卽使今年不長，明年一定會長。明年不長，後年一定長。只要「根」沒被人挖掉砍掉，節和枝就會不斷長出新節，發出新枝。

知識也是一樣，除非人類完全毀滅，否則，他們的智慧將會不斷的增進和提昇。今年不能解決的難題，明年定會解決，明年解決不了的問題，後年一定會解決。這是一個動態社會的正常演變。人類知識的成長，就在這種環境下，與日俱增。

知識的複分與生物類的複分不盡相同。生物的繁殖，靠適當的生存環境。一旦生存環境有了變化或受到徹底的摧毀，它們的繁殖便會完全終止。史前時代的恐龍和最近調查發現的 250 種花卉❸，包括粉紅花瓣的山錦葵，都已先後的絕跡於這個世界。

知識的擴展和複分，雖然也會遭遇到隨時中斷的可能，可是，這種「中斷」只是一種「暫時」的現象。筆者稱這種現象爲「知識暫留」。意思就是說，某一種主題知識雖然受到環境（如當代人類的智慧和設備等）的影響，停止向前發展。這種停止，只是暫時性的停止，

---

❸ Hitts, philip J., "U. S. Face Big Loss of Plant Species," *Washington Post* Dec. 6, 1988, Sect. A3

絕不會是永久的停止。往往，等到其他相關知識進步到某一程度，這個暫時停止的知識，又會突然向前運行起來。人類知識的不斷進步，就靠著這種「提携」作用。「現代人」由於智慧水平的極限解決不了的疑難問題，「將來人」一定會迎刄而解。這正如美國加州某醫院中冰藏的遺體，希望數十年、數百年、甚至數千年後的人，會治好「他們」的病，將「他們」救活過來。這並非科幻，一部人類的科學發展史，足可保證這種預測和期望的實踐。

這種「知識暫留」的現象，也間接地說明了「人爲」的分類表爲什麼永遠會跟不上科學知識的進展。這也說明，爲什麼一套優良的分類系統，必須具備有隨時修訂的彈性。否則「人爲分類」與「自然分類」的距離，將會越拉越遠。

第五節　傳統與反傳統的層次觀

我們談分類，談層次關係，談「縱」「橫」關係，談「樹」形知識分類等等，其實都屬於一種傳統的組織觀念。追根究底，它們的眞義與孔子的「君君、臣臣、父父、子子」正名一說，相差實很有限。從另一個角度看，中國人一向講求「因果關係」。他們認爲「有因才有果」。「因由」在前，「結果」在後；「因由」在上，「結果」在下。一套傳統的分類法，無論中外，都是循著這種「因果」及上下層次的方式組織起來的。可是，中國人談因果關係，不僅強調「有因必有果」，同時也強調「有果必有因」的反傳統觀念。這種反傳統，由「果」至「因」，和由「下」至「上」的觀念，對圖書資訊分類的影響極大。

如下圖，在傳統的分類方式中，①複分成②和③，②又複分成

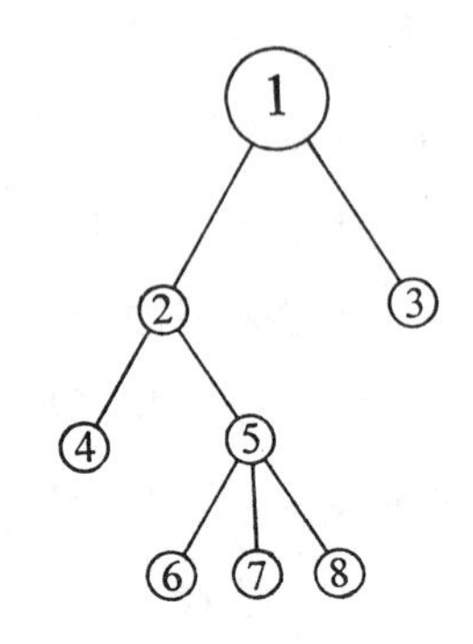

④、⑤；⑤又複分爲⑥、⑦、⑧。反傳統的分類方式卻是先有了⑥、⑦、⑧，才向上組成⑤；⑤加上④，組成②；由②、③組成①。在「知識之意義及組織」一章，筆者利用「個體資訊」、「整體資訊」、「個體知識」及「整體知識」的觀念，來說明圖書資訊和主題知識的基本結構，就是屬於這種反傳統的分類觀念。在圖書資訊分類學上，代表反傳統分類法的有二種：「冒點分類法」和「國際十進分類法」。

一般說起來，傳統性的分類法都以圖書資料中的圖書爲主。因此，先天上就有了下列幾點無可挽救的缺陷：

1. 傳統性分類表中之類目過於籠統，不適用於期刊和零散文獻。這類資料需要比較精細的類目和主題。若傳統性分類過份細膩，則又失去它簡短明確的特性和原意。
2. 傳統性分類法的對象爲一般性的圖書資料。對特藏，如我國的經典善本、以及非書資料，都不能適用。
3. 在資訊社會時代，讀者對資訊的尋求以快速簡捷爲主。傳統式的分類法無法使讀者達到這個目的。

在這個資訊社會裏，圖書資訊分類的發展趨勢，已很明顯的走向反傳統分類法。

第十二章　類目之結構及複分原理

所謂「類目」就是實際表達主題分類層次關係的一種方法，各種分類表中都列有這些類目。在知識分類一節中，我們曾利用「樸爾斐利的樹」來說明「二分法」類目的分劃。層次的結構顯示「上層」主題涵蓋一種或一種以上的「下層」主題。這種上、下層次實爲一種相對的說法。在關係的表達上，現在雖居「下」位，將來很可能移居「上」位。現在爲「下層」知識，將來因爲知識的進步，又發現更多的新知識。而這些新知識、新主題，便成了下層的知識和主題，原來的「下層」知識和主題，則成爲「上層」知識和主題。

我國荀子所說的「共名」，也就是「上層」的主題知識，也是賽也 (W. C. B. Sayers) 所謂的「外延性」(Extension) 的名稱。「別名」則爲「下層」的主題知識，也就是賽也所謂的內涵性(Intension)的名稱❶。假如我們再拿「樸爾斐利的樹」來說，「樹」中所指的「本體」(Substance) 便是荀子所謂的「大共名」，其上「至於無共」。「人類」(Man)，則爲最小的「別名」，其下「至於無別」❷。

---

❶ Sayers, W. C. B., *An Introduction to Library Classification*, London: Grafton, 1935, p. 23.

❷ 請參看第八章第一節荀子的分類思想體系。

第一節 類目的定名

萬物有了類別，就必須要有適當的名稱來代表它。西方哲學家以邏輯爲主，爲「物」定名，始於亞里斯多德，而我國，則推荀子❸。荀子〈正名篇〉說:「制名以指實」，「以辨同異」。他又說:「使異實者，莫不異名也」，「使同實者，莫不同名也。」

根據荀子的說法，爲物定名的主要目的，是爲辨別萬物之異同。其實，爲物定名還有一個更主要的目的，那就是便利思想上的溝通(Communication)。這也正是荀子所說的「心有徵知，則緣耳而知聲也。緣目而知形可也。」爲甚麼人類的思想能夠彼此「溝通」，原因就在萬物皆有名，大家都知道語言或文字所表達的意義。

萬物必須有名，但都又是誰爲這些不同之物，定出不同的名稱呢? 荀子〈正名篇〉也有解釋，他說:「名無固宜，約之以命」，「名無固實，約之以命實」。本來，物的名稱都是隨意 (Arbitrary) 取的，就像嬰兒初來到這個世界沒有姓名一樣。姓隨父，名則隨意選定。我們無法追溯出是誰定黑爲黑，白爲白，也不知是誰定的強盜和俠客。總而言之，幾千年下來，我們都已習慣的指黑爲黑，指強盜爲強盜，假如突然有人指黑爲白，稱強盜爲俠客，那個人不是有神經病，便是別有居心。

爲類目定名，不像爲嬰兒取名那樣容易，因爲我們必須確定它的名稱是否符合下列幾項條件:

1. **明確性**: 意義必須淸晰明確，通俗高雅。

---

❸ 馮友蘭，《中國哲學史》，頁 373。

2. **涵蓋性**: 名稱必須涵蓋主題全貌。

3. **不變性**: 名稱既定，而且已被世人接受，則不能輕易更改。

4. **專有性**: 名稱的註釋，只能有一種，不能混淆。

5. **持恆性**: 名稱的利用，必須貫徹始終，既不能張冠李戴，也不能見異思遷。

6. **連續性**: 大類、小類、大目、小目的名稱需有連續性。

第二節　類目之結構及複分

前面我們曾對分類的層次觀念和它們的意義有過說明。現在我們再進一步的討論這些觀念轉移到類目製作上所引起的一些實際問題。我們曾一再強調「治學」和「治書」的不同。爲圖書資訊分類要比專爲知識分類複雜得多。「治學」的目的是欲瞭解宇宙知識的奧秘，而「治書」則爲了方便讀者有效的利用圖書資訊。在這種不同的目的和前提之下，類目的製作方法，也就是說類目的結構，也就因人、因時、因地而異。不過，大體上我們可將它們分成下列四種:

1. 層次式 (Hierchical)
2. 分合式 (Analytico-Synthetic or Faceted)
3. 聯合式 (Associative)
4. 連續式 (Sequential)

在這裏，有一點必須指出，那就是在現在的各重要分類系統中，只採用上述四種方式之一的分類法，可說絕無僅有。多多少少，它們都兼含四種方式，只是在重心上各有程度上的不同而已。現在便根據這四種不同的結構，分別說明它們的理論背景和實例。

一、層次式的結構和複分原理:

賽也從沒有編過分類表，可是他卻有一套編製的理論❹。賽也根據他「外延」和「內涵」類目的組成原理，將主要門類複分成類和目。他的複分公式簡略如下:

類＝主要門類＋區別

目＝類＋區別❺

假如主要門類——自然科學，包含數學、物理學、和天文學三類。它們的形式可根據上列公式演繹而成:

類	=	主要門類	+	區　別
數學	=	自然科學	+	數學的特性
物理學	=	自然科學	+	物理的特性
天文學	=	自然科學	+	天文的特性

從賽也的複分公式中，可以發現二種常用的術語: 區別 (Difference) 和特性 (Property)。賽也的類目複分公式，可說完全建立在「區別」的觀念上。他將「區別」歸納成「五種預知」(Five Predicable)❻: 族類 (Genus)，種類 (Species)，區別 (Difference)，特性 (Property)，和意外 (Accident)。一個類名，若能延伸出一種以上的概念或事物，就表示這個「類」的可分性。在理論上，「族類」可以複分成很多「種類」。因此，「種類」的總合便等於「族類」。以自然科學的複分爲例，自然科學爲族類，複分爲數學、物理、和天

❹ 同❶，頁 24-26。

❺ Sayers 並沒有分別這二種區別之間的不同。

❻ 這「五種預知」實來自傳統邏輯學，並非 Sayers 個人的發現。筆者特註。

文三類。也就是說，數學、物理、和天文三類的總合，便成爲自然科學。

稍前，我們曾用「上層」與「下層」，「共名」與「別名」來形容類目間的「縱」「橫」及「親疏」的關係。而且還強調這種所謂「上」「下」、「共」「別」不是一個絕對的 (Absolute) 而是一個相對的 (Relative) 的關係。因爲今日的「下」，可能成爲明日的「上」；現在的「別」，可能成爲將來的「共」。在這種同樣的觀念下，賽也的「族類」與「種類」之間，也存在著這種相對的關係。也就是說，物理雖然是自然科學「族類」中的一「種類」，但是它卻是由電學、光學、熱力學等類的「族類」。而光學又是折射 (Refraction), 反射 (Reflection), 和吸收 (Absorption) 等的「族類」。類目的延伸就根據這種觀念，不斷的向下或平行的方向展開。

讓我們再用「樸爾斐利的樹」來進一步的解釋賽也的複分公式:

類	=	族類	+	區別
物質 (Body)	=	本體 (Substance)	+	有形的
生物 (Living Being)	=	物質	+	有生的
動物 (Animal)	=	生物	+	有感覺的
人類 (Man)	=	動物	+	有理性的

賽也的「五種預知」中，除了上述族類、種類、和區別三種以外，還有「特性」和「意外」二種「預知」。根據賽也的解釋❼，「特性」爲同一類中每一物都必須具有的性質。但是這種性質並不一定爲這一類中各物所專有。「意外」這個因素，不一定爲這同一類共

❼ 同❶，頁 26。

同所有，並且同類中各物有沒有這種因素，對其本質並沒有影響。

譬如一「族類」含有 A、B、C、D 四種特性 (Property)，當它被複分成甲，乙二「種類」以後，甲類含有 A、B、C 三種特性，乙類含有 C、D、A 三種特性。也就是說，凡屬甲類的物都必須要具有 A、B、C 三種特性。而凡乙類，都必須要具有 C、D、A 三種特性。假如任何一物，不具 A、B、C 或 C、D、A，它就不能歸入甲類或乙類。可是，甲，乙二類都含有 A、C 二種特性。這也就是說，A、C 二種特性，並非甲類或乙類專有。雖然在甲、乙二類中所佔有的地位不同，從這點上，可以證明賽也的「特性」論，可以成立。

再仔細看甲、乙二類，我們發現甲類中沒有 D，乙類中沒有 B。根據賽也的「意外」論，那麼 B 就是甲類的「意外」，而 D 則爲乙類的「意外」。他又說，甲類中若無 B，甲類實質不變。同樣，乙類中若無 D，乙類的實質也不變。換句話說，B、D 二種因素，對甲、乙二類的構成，毫無關係。賽也將「意外」因素比成人的高矮、出生地、和姓名。顯然，他認爲人就是人，人決不會因高矮、出生地或姓名不同而變得不是人。從表面上看，他的論點是不錯的。人爲的決定，如出生地和姓名，對人的本質不會產生影響。但是，B、D 二種因素，並不一定只限於「人爲」的決定。很可能它們是人與獸有別的重要因素。讓我們再利用「樸爾斐利的樹」爲例:

人類之異於禽獸是因爲人類有理性 (Rational)，獸類則沒有理性 (Irrational)。我們也可以反過來說，禽獸之異於人類是因爲禽獸有獸性，而人類則沒有獸性。因此，若我們拋開理性或獸性，那麼人類和獸類就沒有分別，統統都是動物。

根據這種道理去探討，我們就可以發現人類中有 B，獸類中卻沒有 B；獸類中有 D，而人類中卻沒有 D。依照上面的說法，假如我們

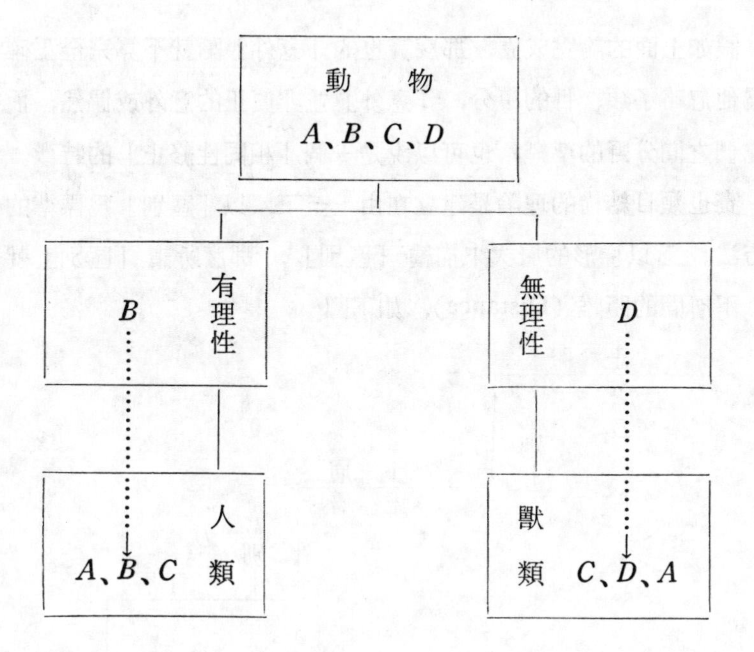

不去理睬 B、D 這二個因素，那麼

$$AC=CA$$

也就是說，人類等於獸類，它們都是動物「族類」中的一種。假如我們加入了 B 和D， 情況就會完全不同。 若 AC 添入B，或 $AC*B=ABC$，這種動物便成了人；若CA添進了D，$CA*D=ACD$，這種動物便是禽獸。

$$ABC \neq ACD$$

$$B \neq D$$

討論到這裏， 我們便可這樣的假定， B代表理性， D代表非理性。

假如上面的論點成立，那麼賽也的「意外」論就不算完全正確。因爲他忽略了類、目的複分，「意外」並非眞正的意外或偶然，而實是它們之間分野的準繩，也可以說是一個「相同性終止」的特徵。

賽也類目結構的理論是建立在由上至下，以「區別」爲標準的複分方法。若以梯形的層次來描繪「區別」，那麼所謂「區別」就是上、下層間的距離 (Distance)，如下圖：

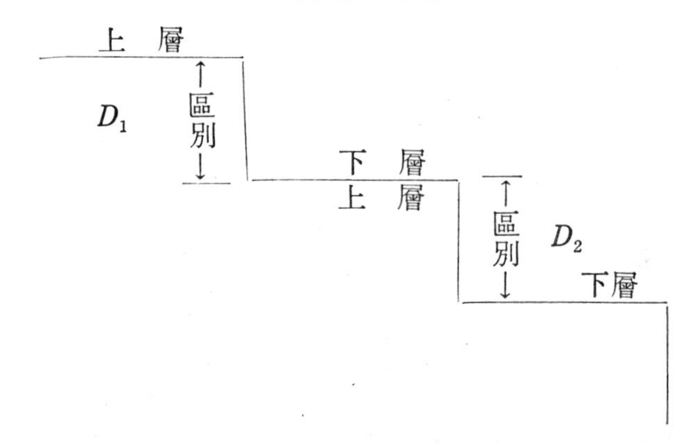

「區別」可大可小，距離D也可高可低。假如 $D=0$ 則上下層合一，有類而無目。我們可將前式改爲：

類 ＝ 主要門類 ＋ D_i

主要門類 ＝ 類 $-D_i$

主要門類 ＝ 類　　　　假如 $D_i=0$

根據賽也的複分公式，很可以看出他並不十分重視「區別」這個因素。事實上，成類，成目中所有的區別是不可能相同的。就如同「物理的特性」不等於「數學的特性」一樣，所以賽也的複分公式，實應修訂如下：

$$\text{類} = \text{主要類門} + \text{區別}_1$$

$$\text{目} = \text{類} + \text{區別}_2$$

所以

$$\text{目} = (\text{主要類門} + \text{區別}_1) + \text{區別}_2$$

$$= \text{主要類門} + \text{區別}_1 + \text{區別}_2$$

$$\text{區別}_1 \neq \text{區別}_2$$

若我們以A代表主要類門，D代表區別，那麼類目的複分總公式可簡化如下:

$$\text{類目} = A + \sum_{i=1}^{n} D_i$$

若 $i = 1$

$$\text{類目} = A + D_1$$

$$= \text{主要類目} + \text{區別}_1 = \text{類}$$

若 $i = 2$

$$\text{類目} = A + D_1 + D_2$$

$$= \text{主要類目} + \text{區別}_1 + \text{區別}_2$$

$$= \text{類} + \text{區別}_2 = \text{目}$$

若 $i = 3$

$$\text{類目} = A + D_1 + D_2 + D_3$$

$$= \text{主要類目} + \text{區別}_1 + \text{區別}_2 + \text{區別}_3$$

$$= \text{類} + \text{區別}_2 + \text{區別}_3$$

$$= \text{目} + \text{區別}_3$$

$$= \text{小目}$$

如此推算下去，可將主要類目複分成無數（Indefinite）的小目，只要宇宙存在一天，新的「區別」會不斷發現（包括發明和創新）。也就是說，學科主題的分類會越來越精細複雜。我們現在採用的分類表，只有不停的增改刪訂，否則它就完全失去簡化知識，方便讀者的原意。

杜威十進位分類法是一種典型的層次式結構的分類法。它的類目組織異常簡單。類目的延伸，依照從籠統至精細的傳統原則。類目的安排則建立在「沒有任何一類能夠完全涵蓋一個主題的全部觀念」的前提下❽。基本上，它是根據學科的次序排列。同樣一種主題可能出現在數種不同的學科內。 有關同一主題的各種不同的觀念， 則利用「相關索引」(Relative Index) 將它們連繫在一起。

杜威十進分類法的十大類從 0 至 9，每類代表一種主要學科或一組相同的學科。 0 類 (000-099) 雖然名為「總類」，實際上， 是一個大雜燴， 一個集水塘。 凡無法構成獨立條件的學科， 如雜誌、 報紙、百科全書、圖書館學、新聞學等，都包括在「總類」裏。

杜威法類目的複分及安排方式，可以簡略的以下式表示:

大類→小類→目→・→小目

(Class→Division→Section→Decimal→Subdivision)

杜威法是一個利用「小數點」原理的分類系統。當學科複分至大目以後，可再以小數點進位的方式複分。杜威法完全利用數目字來表示分類標記。 可是意義卻很特別。 在小數點的左邊三位數字代表大類、小類、和目，是一種序數 (Ordinal Number)。它們僅表示學科的排列次序。 而小數點右邊的數字， 卻是十足的數目字 (Cardinal Number)。它們的排列以數目的大小為準。較小值排在較大值之前，譬如:

---

❽ Bloomberg, Marty and Hans Weber, *An Introduction to Classification and Number Building in Dewey*, Littleton, CO: Libraries Unlimited, 1976, p. 17.

612

612. 001

612. 01

612. 014

612. 0142

612. 3

612. 31

612. 4

杜威法的另一特色，就是從分類標記上，可以清晰的看出類目的層次關係。杜威分類法稱它爲「層次原理」(Principle of Hierarchy)。層次的關係可從分類標記和結構上表達出來。在結構上，除了十大類以外，任何其他類目都各自隸屬於它上層的類目。至於分類標記層次(Notational Hierarchy)，我們可以下例說明[9]:

600	Technology (Applied sciences)
630	Agriculture & related technologies
636	Animal husbandry
636. 7	Dogs
636. 8	Cats

根據上面這個例子，清楚的顯示層次的隸屬關係建立在分類標記的長度上(利用底線強調標記的長短)，較長標記隸屬較短標記。所以 636. 7 的層次在 636 之下，636 在 630 之下，630 又在 600 之下。600, 630, 636, 636. 7 表示「縱」的層次關係，636. 7 和 636. 8 則屬於平行「橫」的關係。其實，二者都隸屬於 636。杜威十進位分類法

---

[9] *DDC 20*, pp. xxviii-xxix.

的分類標記，可說將該分類法的優點表露無遺。

二、分合式的結構和複分原理：

分合式分類法是採用一種由下往上「砌磚建屋」的反傳統的觀念。換句話說，不像傳統的列舉式，將全部想得到或考慮得到的類目和它們相對的分類標記，逐一的編排出來讓分類員檢索採用，分合式的分類只將主要的基本術語列舉出來，供給分類員自由「拼湊組合」。分合式分類法稱這些術語或詞句爲焦點 (Focus)。數個焦點合成一個焦點羣 (Foci)，數個焦點羣又組合成一個焦點面 (Facet)（圖七）。

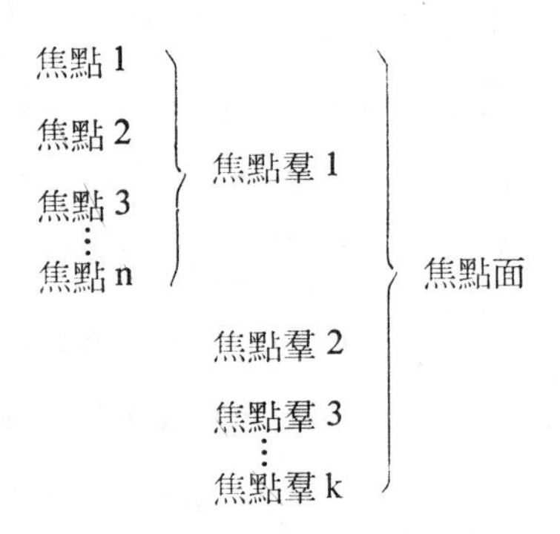

圖七　分合式類目結構圖

同一個「焦點面」的全數焦點羣都屬同一主題。譬如在建築物的焦點羣中，包括下列各焦點（例一）：

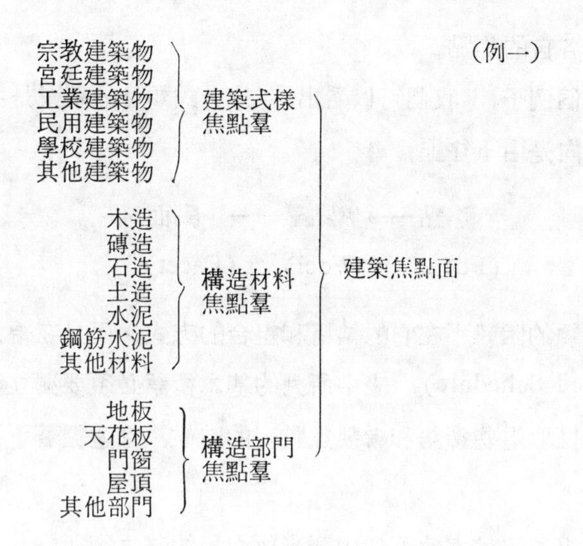

在文學焦點面中包括下列各焦點和焦點羣（例二）：

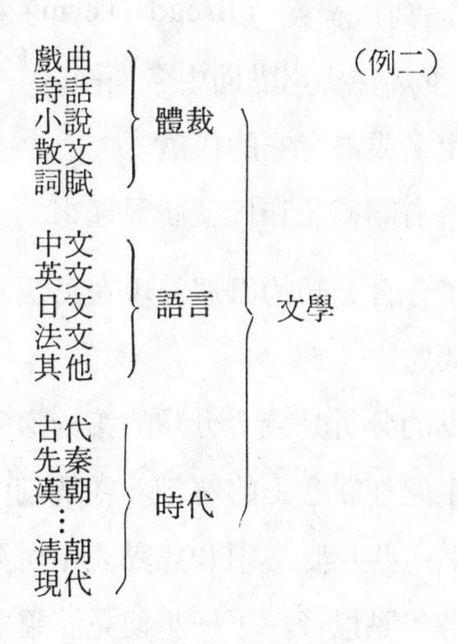

例一中，焦點面（建築）分爲建築式樣、建築材料和建築部門三個焦點羣 (Foci)。在建築式樣中又包含宗教建築、宮廷建築等焦點。在例二中，文學焦點面包含體裁、語言和時代三個焦點羣，而焦點羣又包含各自的焦點。

從這二個例子， 我們可以看出， 分合式類目的組成是由焦點開始，它的方向是由下往上。

焦點⟶焦點羣⟶焦點面
(Focus) (Foci) (Facet)

分合分類的困難不在它的結構和組合的方式，而是在編製「焦點表」(Faceted Schedule)。表中所列的基本術語必須要獨立而意義明確。通常在擷取這些術語和編製焦點表的時候，都遵循著下列五種步驟：

1. 檢視一組代表性著作中著者所引用的基本術語
2. 將這些基本術語彙集一起，組織不同焦點面
3. 在焦點表中，利用廣義 (Broad Term) 和狹義詞 (Narrow Term) 的次序來安排焦點面中各術語
4. 爲每種術語定名或決定它的代號
5. 編製索引，將有關術語和代號聯繫起來

我們大略的知道了分合分類的原理，現在再讓我們來看看在實際應用上會遭遇到什麼問題。

對圖書資訊作焦點的分析是分合分類的第一道手續。事實上，這一道手續就等於對資訊主題作觀念上的解剖。從解剖中發掘出有關這個主題的各個焦點。當然這些焦點必須和焦點表中所列的各術語相同。

在決定了主題的各焦點以後，下一步便是將這些焦點系統性的組合起來。這種組合起來的焦點面在主題標目 (Subject Headings) 的排列次序上非常重要。譬如有關企業的分類，我們是希望將企業的種類放在第一呢？或是將企業的功能放在第一？在食品工業中，我們是

將食品種類排在第一呢？或是將製造方式放在第一？諸如此類問題，實在值得妥爲考慮。不過，下面二種原理可以用來作爲排列次序的部份解答：

（一）重要性遞減原理：

原則上總是先摘取比較具體的觀念，然後再選擇比較零散的觀念。譬如，在農業主題中，糧食就要比耕作方法具體（重要）。在社會科學中，人羣和社區，就要比他們的休閒活動重要。當然重要不重要，並不是一件輕易可以決定得了的事。它得靠經驗和主題學識。

（二）使用和目的遞增原理：

在任何科技作業中，最終產品的地位永遠在作業 (Operation) 之前。這也就是爲什麼糧食會在耕作方法之前。再說，圖書館服務永遠是在其他作業之前。簡單的說，若有A、B二組焦點，經過分析，發現A爲目的，B爲達到目的的手段，那麼A就排在B之前。

根據「重要性遞減」和「使用和目的遞增」二原理，我們不難將任何一組擷取出來的焦點術語順序的排列起來。同時也可根據這二種原理，建立一個焦點術語組合的公式。藍根納遜就有一個著名的公式：Personality＋Matter＋Energy＋Space＋Time，簡稱爲 PMEST。假如我們手邊有一份題名爲「二十世紀中國出產的電子計算機」的圖書資料，經過分析以後，再以藍氏的組合公式爲準，我們可以獲得下面的結果：

	（人格）		（實體）		（能力）		（空間）		（時間）
1.	Personality	:	Matter	:	Energy	:	Space	:	Time
	計算機	:	電子	:	出產	:	中國	:	二十世紀

一般說起來，分合分類法所採用的組合公式還有下列二種：

（本體）：（部份）：（構成元素）：（特性）：（計量）

2. Substance : Part : Constituent : Property : Measure

（本體）：（行動）：（作業或處理）：（代理人或工具）

3. Substance : Action : Operation(or Process): Agent(or Tool)

將後二種公式綜合在一起，我們便可獲得分合分類類目組合的方法。下面的排名次序可作爲參考⑩。

1. Substance, Product, Organism（本體，成品，有機體）
2. Part, Organ, Structure（零散部分，組織器官，結構）
3. Constituent（組織成員，構成元素）
4. Property, Measure（特性，計量）
5. Object of action, raw materials（行爲目的，原料）
6. Action, operation, process, behavior（行動，作業，處理，習性）
7. Agent, tool（代理人，工具）
8. General Property（一般特性）
9. Space and time（空間和時間）

顯然，上面這個組合方法與藍根納遜的方式相差很大。這也就可以看出分合式分類類目的組合方法，實見仁見智，可是爲了做到統一劃一，又不得不設法擬定一種「公式」或「方法」，讓一般分類員參考採用。總而言之，若要從分合分類法中獲得一個眞正確實無訛的分類標記，那就必須依賴分類人員的經驗和豐富的學識。這種辨識主題，擷

⑩ Vickery, B. C., *Faceted Classification, a guide to construction and use of special schemes*, London, Aslib, 1960, p. 30.

取適當焦點術語，編製成分類標記，絕非一般外行人力能勝任。

讓我們現在利用藍根納遜的分合分類組合公式和他在 1931 年出版的冒點分類法（Colon Classification）作爲實例，來說明分合式的特性。

藍根納遜的冒點分類法，可說是分合分類法的代表。這種分類法的特點是將有關術語或焦點面，以不同的標點符號，按著 P、M、E、S、T 的次序聯結起來。Personality（人格）、Matter（實體）、Energy（能力）、空間和時間（Space and Time）是冒點分類法的五個基本概念⓫。雖然說是基本概念，但也不一定每種圖書資訊都包含前述五種概念。有時只有其中一種，有時二種，最多三種。它們的組合及排列次序可以下式表示（請特別留意不同的標點符號）：

Main Class , Personality ; Matter : Energy . Space 'Time

假如手中有一份題名爲「八十年代的中國貨幣經濟」的圖書資料。根據上式，我們可將它的主題內容析解排列如下⓬：

Main Class	, Personality	. Space	'Time
整體經濟	,貨幣	·中國	'八十年代

若我們將圖書資料改爲「1960 年代美國的貨幣經濟」，並且採用有關各焦點的代號，那麼剖析的結果，我們獲得下式：

⓫ Ranganathan, S. R., *Prolegomena to Library Classification*, NY: Asia Publishing House, 1967, p. 399.

⓬ 取材自 W. C. B. Sayers, *A Manual of Classification for Librarians*, 4th ed., Rev. by Arthur Maltby, London; Andre Deutsch, 1967, p. 194.

主題類別	, P(Personality)	. S(Space)	'T(Time)
X	, 6I	. 73	'N6
(整體經濟)	(貨幣)	(美國)	(1960's)

上式也可根據下面的方法獲得:

	X	整體經濟
	X . 73	美國經濟
	X 'N6	1960年代經濟
	X , 6I	貨幣經濟
	X . 73'N6	1960年代美國經濟
+	X , 6I. 73	美國貨幣經濟
	X , 6I. 73'N6	1960年代美國貨幣經濟

上面這種方式透露分合分類的特點。這個特點就是先「分」解後「合」成。當然冒點分類法像其他分類法一樣，有它的優點，也有它的缺點。譬如分類標記太長。不僅不容易懂，而且不容易編製。同時焦點術語的不統一，使線上編目倍增困難。冒點分類法過份強調印度出版品，使它的實用性大大減低。

在分合分類中，另外還有一個觀念值得解釋。它就是所謂的「作品保證原理」(Principle of Literary Warrant)。這個原理始源於胡爾梅⓭。可是藍根納遜的冒點分類法應用得最徹底。他的分類法不僅注意「作品保證原理」所重視的圖書資訊出版數量，同時還注意到同

⓭ Hulme, E. W., *Principles of Book Classification*, London: Association of Assistant Librarians, 1950.

一主題中有關題目的邏輯關係和它們的排列次序⑭。分合分類法有二個最基本的原則:「看書分類」和「有書有類」。前者是說根據圖書資訊的內容，選出適切的焦點，組合成分類標記。後者則指有書才有類。換句話說，沒有圖書就不作分類。因爲分類標記是由資訊中獲得的焦點組織而成。這個特點使分合式分類與列舉式分類產生最大的不同。在一個小型圖書館，若利用列舉式分類法，往往會「有類無書」。而在一般研究性圖書館又常會發生「有書無類」⑮。這種現象，在以分合式分類法爲分類標準的圖書館，就不會發生。原因之一便是分合分類有一種所謂「自發性延續分類」(Self-Perpetuating Classification) 的特色⑯。在新焦點術語的編製和運用上，不易受到「外界」的控制。各圖書館可以聯合編製新的焦點術語，以應需要。話雖然如此說，實質上若協調不當，將會造成分類標記系統的大混亂。

三、聯合式的結構和複分原理:

聯合式分類 (Associate Classification)與分合式分類都採用「先分後合」的原理。二者之間唯一的不同是在組成元素間的位置，是否可以自由調換。根據前節討論，我們知道分合式分類標記的組合，有一定的公式。這也就是說，組成各元素都有它一定的排列次序和位置，不可以隨便調換。如 PMEST。我們稱這種方式爲「固定位置」分類法。而聯合式分類中的各組成元素的位置是可以隨意調換。我們稱這種方式爲「自由位置」分類法。

---

⑭ 同⑪。
⑮ 「無類」指沒有明顯的主題類目。
⑯ 同⑫，頁 200。

在結構上，聯合式分類法是採用多元分類和多元組合的方法。一份圖書資訊的內容，若涵蓋多種主題，那麼每種主題都可有它自己的分類標記，然後再以符號將這些個別的分類標記聯在一起。至於各個分類標記的排列先後次序，並無一定規範。也就是說，沒有硬性規定。所以我們稱這種沒有規定的組合方式爲「自由位置」。也許由下面幾則範例便可以了解這種方式的特點。例中所用的分類標記是引用賴永祥編《中國圖書分類法》增訂六版。

（例一）　書名:　專門圖書館與資料中心

聯合式分類標記:　專門圖書館＋資料中心

025　＋　028

（例二）　書名:　圖書、圖書館、圖書館學（沈寶環著）

聯合式分類標記:　圖書＋圖書館＋圖書館學

011＋　023　＋　020

（例三）　書名:　圖書館專業人員之再教育

聯合式分類標記:　圖書館專業人員＋再教育

022.45　＋528.46

聯合式分類標記在意義上，與分合式分類標記略有不同。聯合式的分類標記主要是爲了編製分類目錄（Classified Catalogs）。分開來，它的每一個基本分類標記都是目錄中的一個檢索項（Access Point）。譬如例一中 025 和 028，就表示這一本書在 025（專門圖書館）一類中和在 028（資料中心）一類中都可找到。

聯合式分類比起層次式分類或分合式分類都要簡單得多。而且多種主題的分類方式，比起層次式分類法的顧此失彼，也見優異。由於聯合式分類有主題涵蓋的特性，所以電腦分類和檢索的可行性非常大。 線上主題目錄 (Online Subject Catalog) 對各主題的安排也會顯得格外容易。 聯合式分類法的極端， 說起來實與全文檢索 (Full Text Search) 沒有兩樣。

國際十進位分類法是聯合式分類法的典型代表。由於它那種「自由位置」的結構特色，使它在電腦資訊檢索上，非常成功⓱。讓我們利用下面的例子來說明國際十進位分類的原理。一本有關「利用電腦管理醫院人事業務」的書，可以析解出三個主題 (Subject)⓲: ①醫院，②電腦的利用，③人事管理。根據國際十進位分類表獲得三主題的分類號，然後以冒點將它們聯接起來:

醫院	:	電腦的利用	:	人事管理
362. 1	:	681. 31	:	658. 3

因爲上面這個號碼並不是眞正用來排架的分類標記，所以它們並無一定的先後次序。若將上面這個號碼改排成681. 31 : 658. 3: 362. 1 或 658. 3 : 362. 1 : 681. 31 都可以。假如圖書資訊的內容僅屬「電腦人事管理」，那麼分類標記便成爲

681. 31 : 658. 3

假如內容只是人事管理，那麼分類標記就只剩下 658. 3。這種分類標記的編組法，有一個最大的特點，那就是基本主題分類號的交換性。每一個基本分類就像一種零件，隨時可以取出來，與別的零件裝配成一種具有特別效用的機器。我們所舉的例子共有三種「零件」: 醫

⓱ Taylor, Arlene G., *Introduction to Cataloging and Classification*, Littleton, CO: Libraries Unlimited, 1985, p. 400.

⓲ 同⓱。

院、電腦和人事管理。僅以這三種零件，我們以排列組合的原理，就可以組成下面七組分類標記:

1. 醫院　362.1
2. 電腦　681.31
3. 人事管理　658.3
4. 醫院＋人事管理　362.1＋658.3
5. 電腦＋人事管理　681.31＋658.3
6. 醫院＋電腦　362.1＋681.31
7. 醫院＋電腦＋人事管理　362.1＋681.31＋658.3

在關鍵字（KWIC）索引中，它們的排列可能如下:

醫院・電腦・人事管理
　　電腦・人事管理・醫院
　　　　人事管理・醫院・電腦

在主題目錄中，它們的安排就更方便和更有意義。因爲基本主題之間的位置可以輪流交換，所以它們至少有下面三種排列方法:

1. 醫院・電腦・人事管理
2. 電腦・人事管理・醫院
3. 人事管理・醫院・電腦

三種基本主題及它們的分類號都可成爲帶頭主題（Leading Subject）[19]。在這種自由安排的情況下，檢拾不到這份圖書資訊的可能性，實在非常渺小。

國際十進位分類表，雖然在精神上採用杜威十進位分類法的方法

---

[19] 筆者的術語。

製定類目。但是，在分類標記的結構方式上卻大不相同。國際十進位分類法所使用的規格，說起來並不如我們舉出的例子那樣簡單。請讀者直接參考該分類表以窺全貌。

四、連續式的結構和複分原理:

連續式分類法的最大特點是將全部相同主題的圖書資訊編列在一起。類與類之間並無邏輯上的關係[20]。每一主類之中各類目的結構都很相近，但並不一定相同。其實，這種方法的分類，實以「治書」爲鵠的。對「治學」的道理並不十分重視。因此，我們可以說，連續式分類法是一種以「治書」爲主的工具。它的目的是「容納」(Accommodation) 所有蒐藏的圖書資訊，所以它的擴展性不受任何理論上的局限。連續式的結構可以簡略的表示如下:

Main Class→Subclass →Subject→"Literary Warrant"

大類⟶　小類⟶主題⟶「作品保證」[21]

在分類系統的結構上，連續式的分類沒有一定的原理作後盾，只有一套呆板的列舉方法將各類目一一列舉出來。因此，維持分類表的新穎，就必須依賴隨時的增訂和修改。唯一的好處，是修改某一大類的類目不至涉及其他大類的類目。因爲在前面我們已經說過，大類之間並無直接和邏輯上的關係。不過，索引或主題標目的隨著修訂是不可避免的。

美國國會圖書館分類法便是一種連續式分類法。該分類法起源於國會圖書館，它的結構和分類系統的設計也就自然的以組織該館的館

---

[20] 同[12]，頁 175。
[21] 同[13]，頁 8-9。

藏為對象。因此，該館的館藏和館舍的設置，以及實際上的需要，對分類系統的設計影響至大[22]。譬如國會圖書館分類只注意如何將館中的各類圖書資訊予以便利的組合歸併，而不十分重視類目及主題在科學觀念中的相關性和它們的「自然」秩序。

假如我們要找出美國國會圖書館分類系統所依據的原理，那我們就只得想到胡爾梅 (E. W. Hulme) 的「作品保證原理」。這項原理的重心，就在已知的出版品和出版品的數量。換句話說，分類類目的設計都是以一個特定時期的出版品為主，並不注重「將來」會有什麼屬於新主題的圖書資訊出現。所以美國國會圖書館分類表給予美國歷史、社會科學、文學語言等極大的篇幅，而給予理論科學Q，和工技T，二主類的篇幅很小。美國國會圖書館初創時期，絕大多數的藏書都屬於人文科學和社會科學二類。

美國國會圖書館分類表中的每一大類，在組織和結構上大都遵循著下列七點模式:

1. 一般性體裁的區分: 如期刊、社團出版物、專藏、字詞典等等
2. 理論，哲學
3. 歷史
4. 一般性著作，論文集
5. 立法、政府出版品
6. 研究和教學
7. 特別主題和副主題，複分方式從籠統至精密，而且盡量遵守「作品保證」的原理

---

[22] 同[12]，頁 175。

除上列七點外，國會圖書館分類法，也利用各種輔助表 (Auxiliary Tables)。如地理區域、語言等來簡化分類的程序。

在一般保守的圖書資訊分類學家的心目中，美國國會圖書館分類法根本沒有章法，不能算是眞正的圖書資訊分類法。在他們的觀念裏，任何分類都必須要有理論根據，無論這個理論是如何的不够完整㉓。美國國會圖書館分類法卻沒有理論作後盾。

㉓ Needham, C. D., *Organizing Knowledge in Libraries*, and Rev. ed., London, Seminar Press, 1971, pp. 109-119.

第十三章　索書標記

人們爲了生活，定時的去菜市場購買蔬菜，他們絕不會想到菜攤的擺設還有它一定的道理。同樣的，每天駕車，碰到紅燈就停，見到綠燈就行，在路上遇見了「面熟」的朋友，立刻呼喚叫名，我們那會去想它這裏面還會有什麼文章。其實，這些與生活打成一片的舉動，早已成爲文明社會中每一個人所遵奉的一種秩序。我們講「秩序」，又怎能離開「歸類」和「辨識」這二件事？「歸類」靠「特徵」，「辨識」也靠「特徵」。往往，「特徵」太多，也太複雜，爲了幫助我們記憶，我們多不自覺的在眾多的「特徵」中，尋求出代表「特徵」的「標記」。雖然，每個人印在腦中的「標記」，不會完全相同。可是由於我們在社會中有一種「共識」的特性，而使得印在各人腦中的「標記」的可能差異減至最小。否則，我們不會碰到紅燈，大家都會自動的停下來，見到綠燈便繼續向前行。同時，我們也不會遇見任何共同相識的「熟」朋友。像這些紅燈、綠燈，或「面熟」的朋友，都是一些共識性「標記」，因此，使我們一看到它或他，就會自然的產生出一種適應情況的反應。

我們說過「治書」——組織圖書資訊——的目的在「方便讀者」。爲了要達到這個願望。圖書館必須肩負起使知識工作(Putting knowledge to work) 的責任。換句話說，我們要組織資訊，使類屬有歸，建立主題，方便讀者獲得知識。同時，我們還需要組織圖書資訊媒體，使各類圖書資料，雜而不越，排列有序，方便讀者利用知識（請參看「治學」與「治書」一章）。

在前面數章中，我們對圖書資訊分類已作過詳細的討論。現在就讓我們換個題目來研究一下「治書」的第二個要件，那就是組織資訊媒體，使這些媒體能够方便讀者利用。

無論何種事物，若需做到「排列有序」，先決條件之一便是要有一種決定秩序 (Order) 的標準 (Standard)。日常生活中所用的度量衡，便是標準的一種。然而，它們卻不能用來衡量圖書資訊媒體。我們安排圖書資訊媒體的目的，並不在決定它們的高低或大小，而是在顯露它們的內容相關不相關，以及它們的「特徵」是否彼此相容。根據這個原則和觀念，我們便很清楚排列圖書資訊媒體所使用的標準必須與眾不同。這種標準就是我們所熟知的「索書標記」(Notation)，也就是昔日閉架式圖書館所應用的術語「索書號」(Call Number)。

每一份經過組織及整理的圖書資訊，都有一個「單元紀錄」(Unit Record)，也有一個專有的「索書標記」。前者是作書目控制 (Bibliographic Control) 的重要工具，後者則爲了典藏和檢索。「索書標記」是從「單元紀錄」中的檢索項 (Access Points) 演繹出來。它是由幾種代表性符號組合而成。因此，我們可以稱「索書標記」爲總標記❶，它所包容的幾種代表性符號，則爲副標記。在進一步討論各種標記之前，讓我們先爲「索書標記」作一個定義:

> 索書標記，是代表圖書資訊主題和決定圖書資訊媒體排列秩序和位置的一種符號。

因爲「索書標記」的獨特性質，而使它完成圖書資訊的「個別

---

❶ 通常沒有這種說法，我們僅取其意。

化」(Individualization)❷這種「個別化」，使得每一份圖書資訊媒體在排架上都各自佔據著一個特定的「相關位置」。

一般說起來，「索書標記」包括分類、書名、著者三種副標記（表十一）。現在我們就對這三種基本副標題加以解釋。

表十一　索書標記之結構

總標記	副標記	功　能
索書標記	分類標記	代表主題
	書名標記	代表書名
	著者標記	代表著者

第一節　分類標記

一、分類標記之意義:

爲圖書資訊分類，爲它們建立主題和親疏關係，目的無他，只在方便讀者。如果我們不能使讀者很快而又確實的找到他所需要的全部圖書資料，那麼這個方便讀者的任務就沒有達成。方便讀者也就是節省讀者搜尋資料的時間。換句話說，若要使讀者極容易的獲得所求的資料，只有二種途徑：一種是圖書館員代他們找尋（閉架式圖書館），另外一種方式便是讓讀者自己去找（開架式圖書館）。無論採取的是那一種方式，每一份圖書資訊媒體在書架上的相關位置都應該是有一定的。

在杜威十進位分類法問世以前，各圖書館對圖書資訊媒體的安

❷ Ranganathan, S. R., *Prolegomena to Library Classification*, NY: Asia Publishing House, 1964, p. 503.

排，大都採用所謂「固定位置」(Fixed Location) 的方法[3]。這種方法的特點是不論圖書資訊媒體的主題是否相同，它與左右緊隣的位置關係永遠不變。譬如A、B、C三種圖書，B書在A、C之間。它的位置便永遠停在A、C之間，絕不會有第四者的滲入。假如增添了一本新書D，它的內容雖然與A書相同，可是按照固定位置法，以「先來後到」的排隊原理，它仍被排在最後:

A，B，C，D

假如根據「相關位置」(Relative Location) 的方法，D書的位置當在A與B之間:

A，D，B，C

因爲「相關位置」法是根據類屬的同異爲排架的標準。讓我們再進一步的來看，假如我們共有十二種圖書資料，以登錄次序將它們「固定」在書架上:

$$A, B, C, D, n_1, K_1, K_2, n_2, K_3, n_3, K_4, K_5$$

假如一位讀者只尋找 K_5 這一份圖書資料，那麼上面這種固定位置法並無不妥。可是，當他一旦需要與A書和C書有關圖書資訊的時候，他便會奔波於書架之間，浪費不少時間。現在讓我們假定與A書相同屬性的圖書資訊爲 K_3、K_4、K_1、K_5 和 K_2（表明與A書之親疏關係）；與C書相關或相同屬性的資訊爲 n_2、n_3 和 n_1。根據「固定」和「相關」位置的方法，我們將這十二本書分別排列如下:

---

[3] Richardson, E. C., *Classification, Theoretical and Practical*, 3rd ed. Hamden, CT: Shoe String Press, 1964, pp. vi-vii.

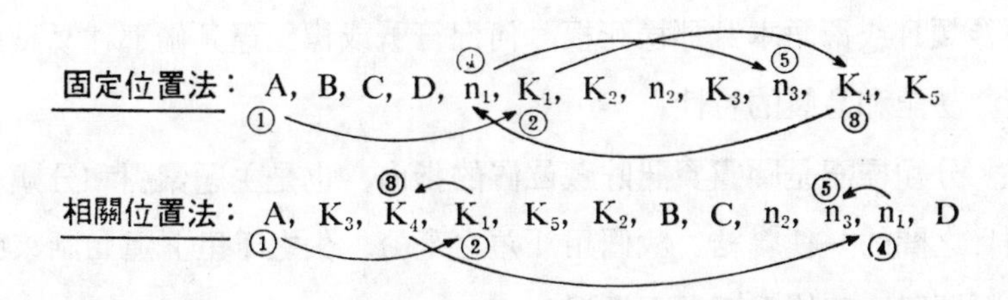

假如一讀者從主題或分類目錄中發現他所需要的圖書資料爲 A、K_1、K_4、n_1、和 n_3 五種。若從「固定位置」排架上檢取這五種資料，他需來回 21 步(假定每書間隔爲一步)。若從「相關位置」的排架上檢取同樣的資料，他只需來回 10 步。從這個簡單的例子，我們發現不同的排架方法會造成不同的結果。這個例子所顯示的結果是多走或少走 11 步的差別。

顯然，圖書資訊媒體的安排方式，對讀者尋找資訊所需的時間，有直接的影響。爲了讀者的方便，我們就應採用「相關位置」排架法，根據類目將圖書資訊安排在書架上。

二、什麼是分類標記:

李查遜說: 「分類標記是類目名稱的速記符號」❹，Maltby說: 「分類標記是簡單顯示圖書資訊主題的一種方法」❺。在功能上，分類標記不但有簡化主題和術語的作用，而且還可以去除語言上的障礙。杜威十進位分類法能够「中國化」，就靠有這種符號。不過，我們必須留意這種符號僅爲類目或術語的代名，而不是類目或術語的本身。我們所以利用符號或標記來代替類目或術語，是因爲它的變化多端，

---

❹ 同❸，頁 38。
❺ Maltby, Arthur, *W.C. Berwick Sayers' Amanual of Classification for Librarians*, 4th ed., London: Andre Deutsch, 1967, p. 72.

不像類目或術語本身那樣死板。何況符號或標記還具備那種易讀、易懂、易記和易製的特性。

分類標記是圖書資訊貯藏位置的指南，也是主題索引和分類表中類目之間的一種聯結。我們用「差之毫釐，失之千里」這句話來強調分類標記正確的重要當不爲過。

前面說過，分類標記是一種符號，而且它可以「變化多端」。它的組成可以是數目字、文字、符號，或它們的混合。假如分類標記的組成只含上述數目字、文字或符號三種中之一種，這種標記稱爲單純標記 (Pure Notation)，否則便稱爲混合標記 (Mixed Notation)。時下一般分類標記多屬後者。至於那種標記比較好，學者見仁見智。不過，要使標記做到「變化多端」，混合式的標記方法可能駕臨「單純標記」之上。

杜威十進位分類法爲「單純標記」的典型。數目字爲國際性語言，它的結構和編製也比較容易。人們常批評杜威法將宇宙知識劃分成十大類不十分邏輯。其實，美國國會圖書館分類系統利用英文二十六個字母來代表類別，與杜威法利用 0—9，十個數目來代表類別，也不過是「五十步笑百步」，差不到那裏去。

二千多年前，埃及亞歷山大圖書館館長卡里馬朱將圖書以著者的專門行業爲標準分成六大類。若以現在美國人著書立說的習慣，卡里馬朱的分類應增加到 365 種行業以上。若以胡爾梅的「作品保證原理」來看，卡里馬朱的六類與美國國會圖書館分類的預定二十六大類，實在也沒有什麼不同，只是「此一時也，彼一時也」。由於人類知識不斷的翻新進步，誰敢說二千年後，圖書資訊的類別不會增加到一百大類? 假如杜威法不默守成規，它一樣可以將類目無限增加。譬如將大類的數目向左邊延伸一位數字（如下圖），就可增加 90 種大類。也就是說，將原來小數點左邊的三位數字，改成四位數字。第一及第二位數字代表大類，第三及第四位數字代表小類和大目。

大類		小類	大目
0	0	0	0
0	1	0	0
0	2	0	0
0	3	0	0
0	4	0	0
0	5	0	0
0	6	0	0
0	7	0	0
0	8	0	0
0	9	0	0
1	0	0	0
1	1	0	0
⋮	⋮	⋮	⋮
9	9	0	0

三、分類標記應具的特質:

分類標記對圖書資訊的組織和安排非常重要。爲了使這個標記達到它最大的功效，它必須具有下列特質:

1. 必須簡潔
2. 必須易讀、易懂、易記和易製
3. 必須正確的反映類目之間的先後次序和邏輯關係
4. 必須正確的反映類目本身的隸屬層次
5. 必須要正確無誤的反映基本術語之間的關係

6. 必須要有擴展的彈性

以上六項特質不必解釋，讀者也自會瞭解。這些特質都是促進識別圖書資訊、鑑定圖書資訊的手段。唯獨第一項「必須簡潔」值得稍加說明。標記要簡潔主要是爲了方便製作和容易將分類標記黏貼在書背上。但是對電子編著出版或由電腦編目的圖書資訊而言，就不必顧慮這種限制。分類標記的長短有賴標記的設計。而設計又必須針對標記的使用目的和實際上的需要。所以說，標記的長短，並不能指明一種標記系統的良莠，我們還需要看它是否能眞實的代表主題，並達到方便讀者檢索和使用的目的。

不同的分類系統都有不同的標記方法。現在就讓我們根據杜威十進位分類法、國際十進位分類法、冒點分類法和美國國會圖書館分類法，來比較一下它們之間的差異。

（一）杜威十進位分類法:

杜威法是一種典型的層次分類法。因此，在分類標記的結構上，也充分的顯露出這種特色:

600	Technology (Applied Sciences)
610	Medical sciences. Medicine
612	Human physiology
612.1	Blood and circulation
612.11	Blood
612.112	White corpuscles (Leucocytes)
612.12	Blood chemistry
612.13	Blood vessels and vascular circulation
612.14	Blood pressure
612.17	Heart

612. 18	Vasomotors
612. 2	Respiration
612. 3	Digestion
612. 4	Secretion, excretion, related functions
612. 6	Reproduction, development, maturation
612. 7	Motor functions and integument
612. 8	Nervous functions. Sensory functions
612. 9	Regional physiology
613	Promotion of health
615	Pharmacology and therapeutics

工業技術（運用科學）爲杜威分類法中十大類之一。它的標記爲600。醫學 (Medical Sciences. Medicine) 爲小類，標記爲610。人類生理學（Human physiology）爲大目，包含在醫學小類之內，它的標記爲 612。小數點右邊是類目的分枝（Subdivisions)。越右，分枝越細。層次非常明確有序（見下圖）。杜威法還利用各種加添的輔助

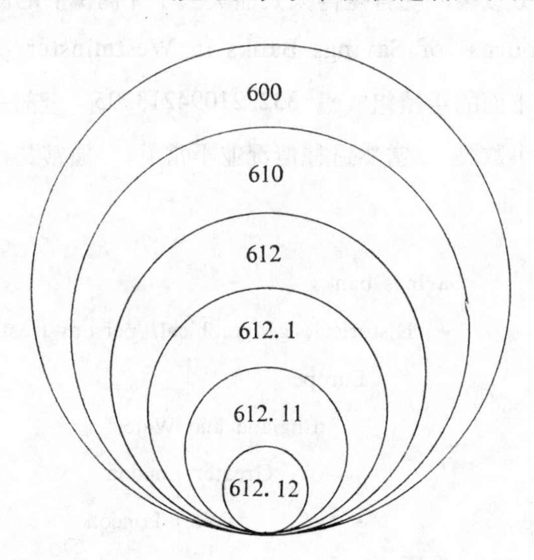

表 (Auxiliary Tables)，簡化了列製類目的繁瑣。這些副表，如區域表也顯示出這種層次的關係:

-4	Europe
-41	British Isles
-412	Northeastern Scotland
-4127	Dundee, Scotland

378	Higher education
378.4	Europe
378.41	British Isles
378.412	Northeastern Scotland
378.4127	Dundee, Scotland

杜威法的分類標記常常受到學者專家的批評，並不在它的結構，而是在它不能控制標記的長度。有時一個分類標記，加上了各種助記性的標準複分以後，就會變得太長而失去了「簡潔」的原則。譬如爲一份名爲 Journal of Savings Banks in Westminster 分類。它的分類標記經過下面的手續組成爲 332.21094213205。全部一共有 15 位數字（包括小數點） 當然這種情況並不常見， 通常都在 8 位數字左右。

332.21	Savings banks
-09	Historical, geographical, persons treatment
-4	Europe
-42	England and Wales
-421	Greater London
-4213	West London

-42132　　　　　　City of Westminster

-05　　　　Serial publications

（二）國際十進位分類法:

國際十進位分類法是聯合式分類 (Associate Classification) 的典型。在類目設計上，百分之九十九像杜威（其實是仿杜威），但是在分類標記的結構和組織原理，又很像冒點分類法（其實是冒點分類法仿國際十進分類法）。國際分類法雖然也採用分合式分類的方式。在實際上，它可說是杜威法「相關索引」(Relative Index) 的改良和淨化。其原意並非用來當作圖書資訊排架的根據，而是用來檢索期刊文獻❻。因此，在分類標記的組織和結構上，遠較杜威法複雜。

國際十進分類法與杜威法最大的不同，在前者對複分助記表的蓄意設計和多種不同符號的利用。像這樣的特點，對圖書資訊在書架上的次序和位置，並無直接的關係。可是它們對文獻的分析和檢索，都極有助益。

國際十進位分類法的分類標記，可用下面的公式表示:

$$S_1A_1 : S_2A_2A_3 : S_3A_4A_5A_6$$

S爲基本主題的分類標記，A爲複分標記，: 爲連接符號。從下面幾則實例中，可以看出國際分類法分類標記的組織方式:

① Bibliography on labor in Canada:

016 : 331(71)

S_1 : S_2 A_2

---

❻ 同❺，頁 162。

② Heat treatment of Steel:

621.785 : 669.14

S_1 : S_2

③ Armed Peace between India and China:

341.68(540 : 510)

S_1 A_1 A_2

④ Homoeopathic treatment of respiratory diseases:

616.2–085 : 615.531

S_1 A_1 : S_2

與其他分類法一樣，國際十進位分類法也運用很多助記法。譬如:

①準備早餐	641.5 : 642.12
②準備晚餐	641.5 : 642.16
③準備宵夜	641.5 : 642.17
④農作物寄生蟲害	633-23
⑤農作物黴菌病害	633-24
⑥農作物病蟲害控制	633-29
⑦大都會	711.432
⑧城市	711.433
⑨鄉鎮	711.434
⑩村落	711.437

國際十進位分類法分類標記的組織方式，可以簡單的歸納如下:

1. 根據圖書資訊內容，鑑定焦點面 (Facets)。
2. 根據焦點面，決定主題和相關主題。
3. 以主題分類標記爲主，若有必要，加入助記複分號，完成個別分類標記的製作。

4. 利用各種符號，適當的將個別主題分類標記連接成一完整的分類標記。

稍前，我們已指出國際十進位分類法的分類標記，並不是爲了安排圖書資訊媒體，而是爲了文獻檢索和定位的方便。因此，在分類標記的設計上，也就不十分重視簡短、易讀、易懂、易製的應具特性。不過，它這種爲檢索方便的標記設計，卻引起了熱心自動化人士的興趣和重視。1968 年，美國地質學會(American Geological Institute)便針對國際十進位分類法這種「先分後合」的標記編製原理，研究電腦化的可行性。可惜，由於各種符號種類繁多，而且意義也不够明確，終於影響到電腦處理的結果不十分理想❼。

分類及編製分類標記都是在簡化圖書資訊的內容。這就像一個人的身分證。不過，它雖然代表該證的持有人，它卻不等於，也不會等於該證持有人。這種事實說明無論那一種分類標記的設計是如何的力求詳盡和週密，它也不可能等於圖書資訊的本身。換句話說，分類標記與資訊內容不能也不會相等，二者之間必有差異。國際分類法（和冒點分類法）都犯了這種明知不能爲而爲的嚴重錯誤。當然，筆者並非意謂分類標記的編製不應詳盡，只是應該避免鑽牛角尖式的詳盡。否則，畫虎不成反類犬，完全失去了編製分類標記的初意。不信，我們可以看看下面這個例子❽：

題　目："Shallow depth earthquakes related to California aftershock sequence of short duration."

---

❼ Foskett, A. C., *The Subject Approach to Information*, London, Clive Bingley, 1977, pp. 69-83.

❽ 同❼，頁 81。

分類標記: 550. 348. 436. 098. 23: 550. 384. 433(After)(794)"403"

（三）**冒點分類法:**

藍根納遜的冒點分類法是分合式分類的代表。它的分類標記所用的符號包括阿拉伯數目字、羅馬字母、標點符號和數學用符號等。它的結構模式有如下式:

類別	（人格）	（實體）	（能力）	（空間）	（時間）
Class	, Personality	; Matter	: Energy	. Space	'Time
△	'P	; M	: E	. S	'T

簡單的說就是 類目主題＋PMEST。藍根納遜稱 PMEST 爲知識的「五種基本項目」❾，是他從 1928 年到 1952 年之間發展出來的。藍根納遜認爲任何主題知識都能分劃出這五種基本項目。就如同宇宙萬物都是由 109 種基本化學元素組成的一樣。藍根納遜這種「五項」的觀念，值得討論之處甚多。B. C. Vickery、D. J. Foskett、J. Mills 等人也都採用「焦點面」的觀念，不過，他們對組成知識的單元數量，都未加限制。

根據藍根納遜的說法，一個分類標記的組成單位雖然聯同主題類目一共六項，可是通常只有三項。其中主題類目是分類標記中不可缺少的基本成員。他稱它爲「基本焦點面」。同時，他稱以焦點面組成的分類標記爲「焦點號」(Facet Number)❿。在結構上，PMEST 的重要性向右遞減。P 最重要，T 最不重要。然而，對一般缺少專題知識或經驗的專業分類員來說，P(Personality) 卻是最難鑑定。

現在讓我們用一個假想的例子來簡單的說明分類標記（焦點號）

---

❾ Satija, M. P., *Manual of Practical Colon Classification*, New Delhi, India: Sterling Publishers, 1984, p. 4.

❿ 同❷，頁 236。

的編組過程:

題目: 六十年代美國少女心理發展研究

步驟:

1. 析解內容，確定基本項:

(1) 類目（基本焦點面）	心理學
(2) P	少女
(3) M	情愫
(4) E	發展
(5) S	美國
(6) T	六十年代

2. 參照焦點代表，確定焦點號:

(1) S	心理學
(2) 25	少女
(3) 52	情愫
(4) g7	發展
(5) F3	美國
(6) N6	六十年代

3. 利用連接符號，根據 PMEST 的次序，將各焦點號串連成一完整的分類標記:

S ,25 ;52 :g7 .73 'N6

冒點分類法的分類標記，也利用所謂助記法來幫助分類標記的組成。藍根納遜稱他的助記法爲系統助記法，而且還有「系統助記法

則」⓫，譬如在冒點分類表第六版中，我們可以發現下面這些助記特性:

主　題	焦點號
政治學	W
無政府政治	W_1
原始政治	W_2
封建政治	W_3
帝王政治	W_4
寡頭政治	W_5
民主政治	W_6

上面這種秩序是根據政治制度的歷史演變。非常有意義。

冒點分類法採用的分合式分類方式，可說是繼國際十進位分類法之後，又一創見。檢視分類標記的結構和它欲達成的理想，我們不可否認冒點分類法確有它獨到的優點。然而，由於焦點號組織的複雜，PMEST 格式的桎梏，以及缺乏易讀、易懂、易記和易製的基本條件，冒點分類法並不是一種十分妥善的排架分類標記法。當我們讀到書目標記/著作標記的時候，這種「不適用性」就會更明顯了。

（四）美國國會圖書館分類法:

美國國會圖書館分類法和杜威十進位分類法，是時下二種最熱門的所謂列舉式分類方法。前者也是連續式分類法(Sequential Classification) 的代表。這二種分類法與冒點及國際十進位分類法所謂的焦點面分類法(分合式分類法)，無論是在結構上或編製的原理上，它們就

⓫ 同❷，頁 324。

像地球的南北二極，極端不同。我們說過，美國國會圖書館分類法的起源完全是爲了解決該館本身館藏的藏書問題。它既沒有去追溯知識組織的源流，也無意放眼將來知識的發展。它是一種非常注重實務和效果，專以安排圖書資訊媒體爲主的「排架分類法」(Shelf Classification)。它的存在似乎完全是爲了「容納」現有的館藏和容納更多將來的館藏。美國國會圖書館分類法的「容納」特性，恰恰合上了美國一些較大規模圖書館的味口。因此，從 1907 年開始，原本利用杜威法的一些大型圖書館，都一一改換成國會圖書館分類制度。它們似乎都有蔑視組織知識的趨勢。

在分類標記的編製上，美國國會圖書館分類系統利用英文字母和阿拉伯數字的混合方式 。 通常是二個英文字母再加上最多四位數目字。它的基本結構可以下式表示:

AA××××

主要類目（大類）只用一個字母，如:

A　　一般性作品 (General Works)

B　　哲學類 (Philosophy-General)

在主要類目之後，若複分成次一級的小類，則在大類字母的右邊再加上另一個字母，如:

BC　　邏輯學 (Logic)

BD　　思辨哲學 (Speculative philosophy)

BF　　心理學 (Psychology)

在字母之後，以阿拉伯數目字代表複分的「目」，如:

TC	水利工程 (Hydraulic engineering)
TC 353	水閘 (Sea locks)
TC 355	船塢 (Docks)
TC 357	碼頭 (Piers, quays, and wharves)

分類標記還可視需要，再向下以A—Z的方式延伸。

QD	化學 (Chemistry)
QD 171	金屬類一般性作品(General works)
QD 172	以類別分，A—Z
QD 181	無機化學等以化學元素分 A—Z
QD 181. A3	銀 (Ag)
QD 181. H1	氫 (H)
QD 181. Z6	鋅 (Zinc)

國會圖書館分類法也利用複分助記模式幫助分類標記的編製。譬如圖書資訊以體裁或區域複分:

1. 體裁:

HA	統計
1	期刊
12	會議紀錄
13-15	非連續性聯合作品
17	字典，百科全書
19	歷史
22-23	傳記
29-39	理論和方法

2. 區域:

H　社會科學
　1　團體會社
　　10　國際性
　　11　美國、英國
　　13　法國
　　15　德國
　　17　意大利
　　19　其他國家

分類理論家，常制定一系列的分類法則和規格，藍根納遜就是典型的人物之一。他的《圖書分類緒論》(*Prolegomena to Library Classification*) 就活像是一部圖書資訊分類法典。他的冒點分類法以及分類標記編製的方法都是根據他定下的法則(Canons)處理。在國會圖書館分類法中，就找不到這類法規的痕跡。這一點也許間接的說明了，爲什麼美國國會圖書館的主題標目總錄(Library of Congress Subject Heading List) 和類目之間的用語 (Language)，扯不上絲毫關係。在這一點上，只有 MESH 和 NLM 的分類法做到了。

第二節　書名及著者標記

在單元紀錄 (Unit Record) 一節，我們曾說過，每一種圖書資訊都只能有一個紀錄。而這個紀錄不能和其他任何紀錄相同。這裏所謂的紀錄是指著錄紀錄，是指對圖書資訊剖解分析的紀錄。在分類一節中，我們也提到一個不得不承認的事實，那就是分類的目的是歸類

(Grouping)，而編製分類標記的目的是簡化圖書資訊的內容。從歸類和內容簡化的觀念上看單元紀錄，我們就可知道，若要求得紀錄的絕對隔離和獨立，除非在那一類中，只有一種圖書資訊，否則，類目和分類標記的重複是不可避免的。因此，若僅以類目爲準，爲圖書資訊建立眞正的單元紀錄實不可能。同時，若圖書資訊的安排也僅以類目爲準，那麼在排架上只達到圖書資訊歸類的目的，而沒有建立它們的「相關位置」。因爲僅靠分類標記，不能使圖書資訊具備「個別化」的特性。若要使一本圖書資訊容易被查詢和檢索，它就必須「個別化」⓬。換句話說，在分類標記以外，還需要另外加入一些「特徵」。這些「特徵」就是我們要討論的書名標記、作者標記、時間標記（出版年代）等等。

通常，每種分類系統都有它自己的書名或著者標記編製方法。譬如杜威十進位分類法利用 Cutter-Sanborn 的數字表，爲著者的姓(Surname) 或書名編號，如 620 H6 中的 H6 是著者的姓 HO（何）。025. 4 B61 中的 B61 代表著者 Bliss。

國會圖書館分類法也利用 Cutter 數字表爲著者或書名編製標記，不過它的運用方式卻比較複雜。取用的數目字有字母的母音和子音之別。同時，國會圖書館還利用數字表的數字組作其他鑑別之用，如延伸分類和排架卡等。一般說起來，國會圖書館分類系統除分類標記以外，另外加上一組著者標記，如 Z695·C647，C647 代表著者 Cochrane。有時它也用三組號碼，如 Z699. A1. I615，不過像這類的情況並不多。

⓬ Hagler, Ronald and Peter Simmons, *The Bibliographic Record and Information Technology*, Chicago: American Library Association, 1982, pp. 265-266.

冒點分類法也有它自己的書號 (Book Mark) 編製方法。在原理上，它也是採用「定位」形式的分合原理。它的結構公式如下⓭：

〔L〕〔F〕〔Y〕〔A〕·〔V－S〕;〔C〕: g〔EVN〕

L：語言

F：體裁

Y：出版年代

A：登錄號

V：卷册號

S：特刊、副刊

C：複本數

gEVN：評鑑號

公式雖長，但根據藍根納遜的說法，「百分之 90 以上的圖書書號只有出版年代」⓮。

國際十進位分類系統的設計，不像美國國會圖書館分類系統那樣以排架爲主，它的重心在文獻檢索。因此，當用在排架上，我們就必須作一選擇，也就是說，在分類標記中，選擇其中最能代表圖書館館藏重心的一個分類標記，作爲排架的標記。原則上，其中任何一個分類標記都可以當作索書標記的一部份。當用作排架標記的分類標記選妥以後，只需在該分類標記之下加一底線即可：

361.1： 681.31： 658.3

醫院 電腦的利用 人事管理

⓭ 同❾，頁 81。

⓮ 同❷，頁 507。

上面這個例子， 就是說這本有關運用電腦從事醫院人事管理的書，將排在「人事管理」一類的圖書資料中。

第三節 語文標記

文字是傳達知識的重要工具。可是世界上從來就沒有過一種通用的文字。如今，英文出版物雖有壓倒性的優勢，它們也只不過約占全部出版品的85%左右。何況，這種優勢，對一位完全不懂英文的讀者來說，可說毫無關聯。我們曾再三強調分類的目的在方便讀者。設法使圖書資訊雜而不亂，排列有序，也是爲了方便讀者。那麼在一個館藏量龐大的圖書館，對文字不同的圖書資訊又該如何安排，才能達到方便讀者的目的呢?

現代的一般圖書館多採用「特藏」(Special Collection) 的方式來處理語文上的困難。也就是說，它們多將相同語言的圖書資訊歸併在一起，而成爲一個專藏館（室），如美國著名大學圖書館系統中的「東亞圖書館」。在索書標記的組織上，爲了要做到這種治標，而將相同語言的圖書資訊歸併一起的目的，有的圖書館更採用不同的分類系統，如伊利諾大學東亞圖書館採用美國國會圖書館分類法，而其他各館則仍沿用杜威十進位分類法。不過，通常都僅在索書標記上另外加上一個「位置碼」(Location Code) 或「分館碼」(Branch Code)，來指明圖書資訊的貯藏處。

根據美國國會圖書館的估計，世界上共有 487 種不同的文字。理論上， 這也就表示有 487 種不同的思想和知識的表達方式。 換句話說，有 487 種文字同在那裏歌頌大自然的美麗，或在那裏辯論哲理、政治、 經濟、 社會和科學上的種種問題 。 完整的知識紀錄是這 487

種文字出版品的總合。假如一所圖書館搜集有50種文字的圖書資料，而且每種文字的圖書資料都有一、二萬册。那麼依照前面的說法，這所圖書館就要考慮建立 50 所專藏館。若一位讀者要找尋有關中國哲學的圖書資訊，他便需要走遍 50 所專藏館。當然，讀者之中能懂得 50 種不同文字的人實在不多，而藏有 487 種文字的圖書資訊的圖書館，也寥寥可數。不管怎麼說，以文字為標準，將相同主題的圖書資訊硬性割離分開，對讀者來說，都是不方便的。不僅如此，圖書資訊的分散，也失去它「相關位置」排架定位的意義。

為了方便讀者，我們應該設法將不同文字，但相同主題的圖書資訊全部安排在一起，組成一個較為完整的知識面。可是，將這些主題相同，而文字不同的資料混雜的排列在一起，會給排架帶來不少困難[15]。同時，還會使讀者感到眼花撩亂。因此，若要使相同主題，不同語文的圖書資訊整齊有序，肩並肩的排在一起，唯一的辦法，便是在分類標記和書名/著者標記之間[16]，再另外加進一種「語文標記」。

現今各分類系統對圖書資訊的語文根本就不重視。藍根納遜的書號(Book Mark) 的結構，雖然將語文列在公式第一欄，但是實際上的利用卻很少。筆者提出增加「語文標記」的主張，有下列六點原因:

1. 目前各大學或研究圖書館，對外國語文的圖書資料需要量日益增加。但是，在數量上，卻尚未達到成立專藏館的地步。

---

[15] 在美國農業圖書館 (National Agriculture Library) 中的排架上，就常見非英文的圖書被顛倒放置，缺少章法和秩序。

[16] 若將語文標記排在分類標記之前，便成了一種「先歸類，後分類」的手段。這與一般的「分館碼」(Branch Code) 或「特藏碼」(Special Collection Code) 毫無二樣。「語文標記」的目的是先以主題分類，再以語文歸類。意義上與「先歸類，後分類」完全不同。請讀者注意。

於是語文混雜，使排架和檢視都造成極大的困難和困惑。建立「語文標記」可以解決這項困難。

2. 「語文標記」的應用，與「分類標記」的功用，互輔互成。使「分類標記」的功用大大增加。

3. 「語文標記」可作爲檢索項。它可與主題檢索項配合，用來編製以館藏爲極限， 主題爲主， 語文爲輔的完整主題書目(Subject Bibliography)。

4. 若有必要，「語文標記」可用來作爲「分割」館藏的工具。將某一種語文的圖書資訊與其他資料分開 ， 而組成一專藏館。

5. 若全數館藏機讀化以後，「語文標記」便可成爲 Globe Change 的一個標記。 對紀錄的修訂和整理， 將會方便不少。

6. 「語言標記」結構簡單，並且易讀、易懂、易記和易製。同時還極具伸縮性。

對一般讀者來說，「索書標記」的最大功用是使圖書資訊「個別化」。 這種特性， 使每一份圖書資訊在排架上都有它獨自的確切位置。但是一旦加入了「語文標記」，它的功用將會超越「確定位置」之上。

「索書標記」 中的分類標記， 使相同主題的圖書資訊集中在一起，組成一個知識平面。而「語文標記」使語文不同，但主題相同的圖書資訊， 歸併在一起， 使知識的水平， 達到了一個更高的知識層面，使圖書資訊的組織眞正的做到了「治書」中方便讀者的重要目的。

「語言標記」的結構，可以下式表示:

(L××)
語文代號　卡特號

「語文代號」取英文語文名的第一個字母。從第二個字母開始，採用卡特號。下面爲幾種重要國際語言及它們的標記:

中文（C6）　英文（E6）　俄文（R9）
日文（J3）　法文（F8）　意文（I8）
韓文（K8）　德文（G3）　西班牙文（S7）

賽也曾說:「一種好的分類標記，不會使一種壞的分類法變好。但是一種壞的分類標記，卻可能會毀滅一個好的分類法。」⑰ 其實，若從讀者有效利用圖書資訊的觀點上看，我們更可以強調:

「一種好的索書標記系統，不會使品質不好的館藏變好。但是，一種壞的索書標記系統，卻會使品質好的館藏變壞。」

相信本書讀者都會知道這個道理。

---

⑰ 同❺，頁 51。

第十四章　圖書資訊目錄

當圖書資訊媒體，根據「索書標記」，一一被排上書架以後，它們所代表的便已不再是單獨的資訊個體，而是一個經過組織的資訊整體，一種涵蓋多種主題的知識平面。這個主題知識在宇宙知識的結構裏，雖然只不過是一個小小的角色，它們卻都是知識的前哨。

在「知識與主題」一節，筆者曾說過，主題知識是由許多相同屬性的個體資訊組合而成。因此，主題知識的完整與否，從知識本身說起來，與已經出版的資訊數量（書名計量）顯然有直線的正比關係。有關主題的圖書資訊出版數量越多，這個主題知識就越完整。但是，站在圖書館的立場，有關主題知識的出版數量越多，則越難蒐集齊全。我們都知道，圖書館主題館藏品質的優劣與該館有關主題的書名計量 (Title Count) 有直接的關係。有關主題的圖書資訊「書名計量」越大，主題知識就越臻完整。話雖如此，若要使書名計量隨著出版量增加，絕不是一件容易做得到的事。不容否認，下面這幾點因素對主題知識的完整和圖書館主題館藏的發展，就有極重要的影響，只是它們給予二者的衝擊適恰相反。

1. 原始出版品領域分佈的廣狹
2. 原始出版品時期分佈的長短
3. 原始出版品語言種類的多寡
4. 原始出版品媒體種類的多寡

5. 原始出版品體裁種類的多寡

6. 原始出版品時效的久暫

無論前述那一種因素，從「集思廣益」和「集腋成裘」的觀點上看，主題知識的是否完整，它總是站在廣、多、久的一面。換句話說，若要主題知識的完整，它必需要像那四十多萬種的植物一樣，遍佈世界上每一個角落。這就是說，原始出版品的領域越廣濶對主題知識完整性的貢獻，也就越大。主題知識所涵蓋的時間，不僅顯示它的發展歷程，而且還能透露它的進步情況。原始出版品時間的長短與出版品的時效相輔抑相剋，那就要看主題本身。如歷史和文學的價值多隨著時日的增加而增加，而一些應用科學，如醫學，它的價值則與時日的增進而遞減。

原始出版品的語言（不包括翻譯品）種類越多，也越能夠表示主題知識的完整和健全。同樣的，原始出版品的體裁種類多，也能代表主題的重要和知識範疇的廣博。

圖書資訊媒體的日新月異，還是最近三十年的事。雖然它們的功用在傳播知識，使知識的傳播更獲績效，但是在某些方面，新媒體如光碟 (Videodisc) 更是媒體中的媒體。它不僅可以儲存活動影像、靜止畫面，而且還能錄音和儲存數據資訊❶。若與電腦配合，更可以操縱畫面聲、光之美。

對主題知識的構成，前面各點，無不都是可圈可點的優點。不幸的是，當這些優點一旦轉嫁到圖書館主題館藏的發展問題上，統統都變成了缺點。二次世界大戰以後，宇宙知識就在這些「優點」的護擁下「起飛」(Take Off)。相反的，圖書館也就因爲這些「優點」，而

❶ Ellison, John W. and P. A. Coty, ed. *Nonbook Media*, Chicago: American Library Association, 1987, p. 352.

使它們在圖書資訊的徵集上，受到空前未有的阻難和挫折。

1979 年美國白宮圖書館及資訊服務會議 (White House Conference on Library and Information Services) 中的會員通過一項決議:「建立全民利用知識的權利❷」。本來，圖書館生存的最終目的便是使讀者對圖書資訊或知識獲得最高效率的使用。這也就是說，圖書館的任務，一方面是提供讀者所需的各種圖書資料，另一方面，則是供給讀者知識。前者是單獨的資訊個體，後者是組合的資訊整體。

過去一、二千年來，圖書館利用分類和排列展示的方法，將已獲的資訊實體，供給讀者利用。在讀者眼中，這些被排列有序的圖書資料，都是一種一種的個體資訊，並不是我們所謂的主題知識。其實，我們的圖書資訊分類和按照「索書標記」排架的目的，就是爲了在排架上建立主題知識，只是讀者不知而已。當然，根據我們的說法，書架上的安排，只能算是一個知識面。它不過是知識「全貌」（知識立體）的一斑。若欲獲得知識的眞正全貌，我們就非借助「目錄」(Catalogs) 的功能不可。只有透過各種目錄，讀者才有機會洞悉自己所熟知的圖書館中，貯藏得有那些與主題知識有關的全部圖書資料。從檢視區域性、全國性，甚至國際性的目錄中，讀者才能眞正窺見主題知識的眞面貌。

在前面，我們說過，自從二次世界大戰以後，各個圖書館，面對那些使宇宙知識「起飛」的「優點」，使得在主題館藏的發展上，由於能够搜全有關圖書資料的機會和數量越來越小，而使它的重要性越來越微不足道。

說到這裏，我們必須冷靜的想一想幾個基本的問題：讀者眞想知

---

❷ *The White House Conference on Library and Information Services*, 1979, Resolution, Washington, DC, 1979, p. 8.

道知識的全貌？知道了知識的全貌，他們又眞能够「消化」全部有關的資訊？假如不能，那我們又何必爲自己「微不足道」的主題館藏憂心忡忡？何況，讀者羣中，又有多少位眞正的知道「主題知識」的全貌是什麼？對我們圖書館學和資訊學的工作者來說，所謂的「知識全貌」，實際上，也只是一種彩虹式的觀念和構想。既然捉摸不到它，爲了讀者的利益，我們便應從「僅有的」主題館藏的有效利用著手。筆者相信，讀者對主題知識的觀念，滋長於周遭的環境裏。這也就是說，他們的主題知識是隨著已知的館藏成長。也許更恰當一點說，他們的主題知識是受著周遭已知主題館藏的限制。無論屬於那一種現象，我們都應該將組織後的主題資訊以及館外的各種可能資訊來源有系統的週告給讀者。使他們有機會去充分使用那些知識。週告的方式，就是編製各種圖書資訊目錄。

第一節 圖書資訊目錄之功能

圖書資訊目錄的編製由來已久。早在亞歷山大圖書館卡里馬朱的 Pinakes 和我國漢朝劉向父子編製《七略》就已開始。不過，近代的目錄制度卻是美國的卡特 (Charles A. Cutter) 發展出來的，他的目的是將館藏以著者、書名和主題等款目爲標準作歸類性的列舉[3]。在 1904 年，卡特爲圖書資訊目錄的功能作了下列解釋:

1. 可使讀者找尋到所需資料，假如他至少知道下列三種之一:

 (1) 著者姓名

 (2) 書名

[3] Cutter, Charles A., *Rules for A Dictionary Catalogue*, 2nd ed., Washington, DC: GPO, 1889, p. 8.

(3) 主題

2. 可展示圖書館中都有那些有關資料:

(1) 以著者爲準

(2) 以主題爲準

(3) 以媒體及體裁種類爲準

3. 可幫助讀者選擇所需資料:

(1) 以作品出版時期爲準

(2) 以作品的特性爲準

八十多年後的今天，　發現卡特的定義仍大致不差，　確實難能可貴。

讀者需要目錄來指引他們找尋所需資訊的理由，顯而易見。無論圖書館的館藏多少，在數量上均非讀者個人所能記憶。從目錄中獲得有關資訊的簡略敍述，然後再根據索書標記，按「址」尋書。只要它沒有被借出或遺失，它總會在「那裏」。這種情景，在閉架式的圖書館應屬常見。在開架式的圖書館，讀者可以不用目錄，自由的瀏覽並檢索圖書資訊。可是，這種檢索方法，將會受到二種限制:

1. 「目不能及」的限制:

讀者以瀏覽方式檢索圖書資料，因受「目不能及」的限制，最多只能在排架上參閱到一組與主題相同的資料，而無法看到那些與主題相關的資料。這也就是說，由瀏覽而獲得或見到的圖書資料，只是主題知識的「局部」，而非「全部」。譬如有關「圖書館建築」的圖書，若以杜威分類二十版爲準，一部份排列在 020，另一部份則排在 720，有關電腦的圖書資訊更是分散零碎。以電腦通訊 (Computer Communications) 這一主題爲例，有關它的資料就分佈在下列各類之中:

004.6	Computer Communications
384.3	Communication Services
421.3981	enginering
341.7577	international law
343.09944	law
005.71	Programming
005.713	Programs
351.8743	public administration

有時候在排架上，我們可以看到一些虛設的書形木塊（Dummy Block），在上面提示相關圖書資料的分類標記。雖然這是一個爲讀者設想的權變辦法，不過，無論是從實效或圖書館經營的觀點上來看，它都不是一種符合成本效率的理想作業。因此，採用這種方式的圖書館並不多。

2. 「排列中斷」的限制:

由於圖書資訊的體裁和媒體形式的殊異，除非在極小的圖書館，我們很難見到同一主題或相關主題的圖書資料，能够完整的全部排列在一起。卽使能看到它們被放置在同一館（室）或同一層樓的機會也不多。這種資料支離的現象，可說是常見而又無可奈何的事實。尤其像參考書、直立檔案、期刊、大型圖書、尤其是非書資料等等，常常都被安排在不同的地方。這種結果造成「排列中斷」，使得瀏覽檢索的效率大大減低。

從「目不能及」和「排列中斷」這二種安排上的缺點，我們可以發現讀者使用圖書資訊目錄的重要。在現代的線上圖書資訊目錄(Online Catalog)，甚至 COM 圖書資訊目錄，除了能完全做到卡特所構想的幾點功能外，還能爲讀者解答下列三點疑難:

1. 圖書館是否正在購買或已在爲所需的圖書資料做分類編目。
2. 圖書館是否已將所需的圖書資料存入限制借閱的專庫。
3. 所需的圖書資料是否已經遺失、淘汰或被借閱中。

假如一所圖書館的館藏能够與區域性、全國性或國際性資料庫聯線操作，那麼讀者能够獲得的主題資料和知識就會更廣了。

第二節　圖書資訊目錄之本質

實際上，圖書資訊目錄是很多不同種類和形式的書目(Bibliographies) 中之一種。編製目錄的目的，除了方便讀者和促進資訊的有效利用以外，主要的還是想彌補圖書資訊安排上的先天缺陷。

大致說起來，無論是那一種的圖書資訊目錄，它的組成基本元素都是館藏中每一份圖書資訊的紀錄。而且每一個紀錄 (Record) 也大都遵循卡片式目錄的傳統模式，包括二個基本部份：標目 (Heading) 和敍述著錄 (Descriptive Cataloging)。標目爲目錄中安排單元紀錄先後次序的標準。下面是中、英二組不同文字的基本範例：

著者標目卡即主要款目卡

121.339	莊子宗教與神話／杜而未著。--. 臺北市：臺灣學生，
8457	民 74
	11,189 面；21 公分--.（宗教叢書；2）
	附錄：參考書目
	新臺幣 120 元（平裝）。--. 新臺幣 170 元（精裝）
697795	
697796 c.2	
	1. 莊子 I. 杜而未著

主要款目卡（書名標目卡）

	杜而未著
121.339	莊子宗教與神話／杜而未著。--. 臺北市: 臺灣學生,
8457	民 74
	11,189 面; 21 公分。--.（宗教叢書; 2）
	附錄: 參考書目
	新臺幣 120 元（平裝）。--. 新臺幣 170 元（精裝）
697795	
697796 c.2	
	1. 莊子 I. 杜而未著

著者標目卡

書名標目卡即主要款目卡

	莊子
121.339	莊子宗教與神話／杜而未著。--. 臺北市: 臺灣學生,
8457	民 74
	11,189 面; 21 公分。--.（宗教叢書; 2）
	附錄: 參考書目
	新臺幣 120 元（平裝）。--. 新臺幣 170 元（精裝）
697795	
697796 c.2	
	1. 莊子 I. 杜而未著

主題標目卡

121.339　莊子宗教與神話／杜而未著。--. 臺北市: 臺灣學生,
8457　民 74
11,189 面; 21 公分。--.（宗教叢書; 2）
附錄: 參考書目
新臺幣 120 元（平裝）。--. 新臺幣 170 元（精裝）
697795
697796 c.2

1. 莊子 I. 杜而未著

分類卡／排架卡

Ho, James K.K.
TA　Black engineers in the United States
12　—a directory, [by] James K.K. Ho.
H6　Washington, Howard University Press
[1974]
xix, 281 p. 24 cm.
4155188
ISBN 0-88258-000-0

1. Afro-American engineers—United
States—Directories. I. Title

DHU　08 SEP 86　858383　DHUUsl　73-80956r82

主要款目卡（著者標目卡）

```
              Black engineers in the United States—a Directory
          Ho, James K.K.
TA          Black engineers in the United States
12        —a directory, [by] James K.K. Ho.
H6        Washington, Howard University Press
          [1974]
            xix, 281 p. 24 cm.
            4155188
            ISBN 0-88258-000-0

            1. Afro-American engineers—United
          States—Directories. I. Title

DHU    08 SEP 86    858383  DHUUsl    73-80956r82
```

書名標目卡

```
           Afro-American engineers—United States—Directories
          Ho, James K.K.
TA          Black engineers in the United States
12        —a directory, [by] James K.K. Ho.
H6        Washington, Howard University Press
          [1974]
            xix, 281 p. 24 cm.
            4155188
            ISBN 0-88258-000-0

            1. Afro-American engineers—United
          States—Directories. I. Title

DHU    08 SEP 86    858383  DHUUsl    73-80956r82
```

主題標目卡

	Ho, James K. K.
TA	Black engineers in the United States
12	—a directory, 〔by〕 James K. K. Ho.
H6	Washington, Howard University Press
	〔1974〕
	xix, 281 p. 24 cm.
	4155188
	ISBN 0-88258-000-0
	1. Afro-American engineers—United
	States—Directories. I. Title
DHU	08 SEP 86　　858383　DHUUsl　　73-80956r82

分類卡／排架卡

在中文圖書的例子中，主要款目爲書名，因此，書名標目卡從略。根據英文編目規則，主要款目爲著者，所以著者標目卡從略。這是中、英二組資料在編目上最大不同的地方。不過，美國的東亞圖書館對中文圖書資料編目，則仍以著者爲主要款目。至於名稱，若以著者爲標目，則稱著者款目 (Author Entry)。若以書名或主題爲標目,則分別稱爲書名款目 (Title Entry)或主題款目 (Subject Entry)。分類 (Classification) 不另製標目，它的標目卡以主要款目卡爲準。

稍前，我們說過，目錄中各單元紀錄的排列次序以標目爲準。所謂「次序」,在這裏有二種不同的意義: 一爲類別的次序,另一爲先後的次序。假定目錄中完全爲主題標目的圖書資料，這種目錄就稱爲主題目錄 (Subject Catalog)。以英文圖書資訊爲例，在主題目錄中，主要款目（著者標目）就變成了第二級款目。它的功用便在決定紀錄之間在目錄中排列的先後次序。

從款目的類別上，我們發現編製目錄，至少可以編製成著者、書名、主題和分類四種不同的目錄。這種方式的安排，對圖書資料的檢索，的確方便不少。

各種目錄中的基本結構雖然大致相同。可是在使用效果上，卻有很大的出入。每一種目錄都有它的優劣點。若分開來，它們在檢索上，可以互輔互成。若集中起來，如字典式目錄，雖然檢索便利，但是在目錄的維護和管理上，又有不少困難。

第三節　圖書資訊目錄之種類

圖書資訊目錄可說是圖書館的一份館藏清單。對讀者來說，它是一份追踪圖書資料的指南。從功用上講，它實應該是讀者與圖書資訊溝通會面的橋樑。這座橋的設計是否易於通行，路線標誌又是否清晰明確，對讀者是否能順利的找尋到他所需的資料，關係極大。

在圖書館學史中，目錄利用的發現最早。當時，它們的功用只是一份「清單」，可以讓管理人員知道圖書館中都有些什麼？因此，若以現在的術語來說，那些目錄都是館員專用的「公務目錄」(Official Catalog)。這種情況一直到二十世紀初，才逐漸由「清單」改變成讀者檢索圖書資料的一種工具。使用圖書資訊目錄的重心，也由館員轉向到讀者。圖書館服務的最高目標在方便讀者使用館藏中的資訊和知識。就在這個方便讀者的大前提下，圖書資訊目錄也就在那裏不斷的改進和演化。

一、以形式分:

若以構成型態爲標準，　我們可以將目錄分成印刷和非印刷類二種:

1. 印刷類目錄:
   (1) 書式目錄 (Book Catalog)
   (2) 卡片式目錄 (Card Catalog)
2. 非印刷類目錄:
   (1) 電腦輸出縮影系統目錄 (COM Catalog)
   (2) 線上圖書資訊目錄 (Online Catalog)
   (3) 密集碟目錄 (CD-ROM Catalog)

(一) 印刷類目錄:

印刷類目錄發展得最早。而書本式目錄的使用還在卡片式目錄之前。假如我們將板片 (Tablet) 也當作書本式目錄的話，那麼公元前二千年在 Nippur 發現的 Sumerian 板片，　可能就是人類最早的一份圖書資訊目錄❹。　埃及亞歷山大圖書館卡里馬朱的 Pinakes 和我國劉向父子的《七略》，則遠遠地落在後面。

近代書本式目錄在美國流行最久。根據美國教育局 1876 年的報告，當時美國全國共有 1010 種書式目錄。其中 382 種出版於 1870 年至 1876 年之間❺。後來，由於書本式目錄的編製成本高和修改增訂的困難，而逐漸被卡片式目錄所取代。如今雖然仍常見書本式目錄，

---

❹ Kramer, S.N., *From the Tablets of Summer*, Indian Hills, CO: Falcon's Wing Press, 1956, pp. 254-258.

❺ Taylor, Arlene G., *Introduction to Cataloging and Classification*, Littleton, CO: Libraries Unlimited, 1985, p. 5.

它已屈居輔助的地位。

卡片式目錄是以 3×5 英吋大小的卡片編組而成。 主要款目卡（單元紀錄卡） 包含全部敍述著錄和索書標記 (Book Number)。卡片式目錄比書本式目錄經濟方便❻ 。尤其在增訂修改的問題上，前者遠較後者具備彈性。 但是， 編製卡片和排列卡片， 常會引起種種困擾。在一次研究調查中，發現在 2500 張卡片中，就有 28 張排錯地方❼ 。排列錯誤的結果，便會使讀者找不到所需要的資料。對讀者來說，查閱卡片目錄，也不是一件輕而易舉的事情。他們也常常遭遇到一些技術上的困難。譬如， 大專圖書館的讀者， 有 18%不瞭解主題標目的意義， 17%不熟習卡片的排列次序， 15%不知道利用參照卡等。公共圖書館的讀者所遭遇到的困難爲不熟習卡片的安排(23%)，不瞭解索書標記的功用 (15%)，不會利用主題標目檢索 (13%)❽ 。

除去前述各種困難以外，卡片櫃的不斷增加，也是一件十分嚴重的事情。現在不妨讓我們用數字來加以簡單說明。一個標準的卡片櫃約有 60 個抽屜。每隻抽屜的飽和容量爲 1200 張卡片。一般情況下，每一隻抽屜只裝滿 60%，也就是說，只排 720 張卡片。剩餘的空間預作「擴充」之用。每一個「書名計量」(Title Count) 的「單元紀錄」，平均約有 6 張卡片，那麼 1,000,000 種圖書資訊的圖書館，就有將近 6 百萬張卡片。這麼多卡片共需要 8333.33 隻卡片抽屜。換句話說，這所圖書館至少需要有 140 隻卡片櫃。

---

❻ Aubry, John, "A Timing Study of the Manual Searching of Catalogs, *Library Quarterly*, 42:4 (October 1972), pp. 399-415.

❼ Hewitt, Joe A., "Sample Audit of Cards from a University Library Catalog," *College of Research Libraries*, 33:1 (January 1972), pp. 24-27.

❽ Perrine, Richard H., "Catalog Use Difficulties," *Research Quarterly*, 7:4 (Summer 1968), pp. 169-174.

一隻卡片櫃所需要的「活動範圍」，平均以 20 平方呎計算，則總共需要 2777.6 平方呎或 77.75 坪的空間。每年若增添新書 20,000 册，卡片櫃所佔的面積就必須增加 56 平方呎，或 1.5 坪。這樣經年累月的增長下去，絕不是一件可以忽視的問題。

美國一般較大的圖書館，面對著這種卡片櫃和圖書資訊數量等比上昇的驚人速度，都不得不急思適當對策。首先，它們想出來的方法便是「返古」，重新編印書本式目錄。如美國國會圖書館編印的《全國聯合目錄》(*National Union Catalog*)不過，編印的方式，已不再是逐卡或逐項列舉，而是利用攝影法，將 3 × 5 卡片，照像縮小，然後再翻製成册。每頁平均約容納 24 張主要款目卡。這種方法，曾被商家廣泛採用，為各大圖書館編製書式目錄。

（二）非印刷類目錄:

非印刷類目錄，以電腦輸出縮影系統目錄 (COM-Computer Output Microform Catalog) 發展最早。但是它被正式運用到編製圖書資訊目錄上，還是 1960 年代以後的事。當時較大的二個 COM 目錄，一為 Lockheed Technical Information Center 目錄[9]，另一為 Louisiana Numerical Register，共容納二十一所圖書館全部一百一十萬種圖書資訊的紀錄[10]。

圖書館利用 COM 目錄來取代卡片式目錄，主要理由是取前者的價廉和它那種比卡片目錄更高的修訂彈性。另外一個更重要的原

---

[9] Kozumplik, W. A. and R. T. Lange, "Computer-Produced Microfilm Library Catalog," *American Documentation*, 8, 1967, pp. 67-80.

[10] McGrath, W.E. & D. Simon, "Regional Numerical Union Catalog on Computer Output Microfiche," *Journal of Library Automation*, 9 ,1975, pp. 13-20.

因，那便是 COM 目錄實爲電腦作業的一種副產品 (By Product)。

從 1970 年開始，COM 目錄逐漸受到廣大的歡迎，OCLC (Online Computer Library Center，原名爲 Ohio College Library Center) 的功勞，實不可沒。會員圖書館利用 OCLC 資料庫，作線上編目 (Online Cataloging)，然後將編成的紀錄，轉錄在磁帶上，按期寄送給會員圖書館，而成爲會員圖書館的永久紀錄檔 (Archival Records)。會員圖書館透過電腦程式和週邊設備，將永久紀錄檔編製成所需的目錄。因此，COM 目錄的製作程序與書式目錄相仿，只是成品的形態不同而已。COM 目錄的製作程序可以下圖簡示:

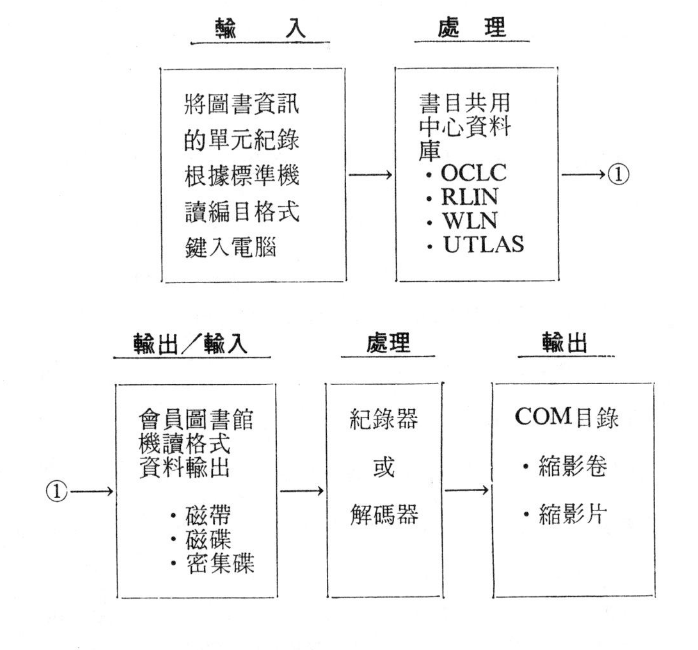

我們通常稱 COM 目錄爲縮影式目錄。所謂縮影式目錄是指縮影卷 (Microfilm) 和縮影片 (Microfiche) 二種不同成品。它的尺寸有 16mm、35mm 和 105mm 三種。前二種爲縮影卷，最後的一種爲縮影片。每種成品的容量根據文件的縮小倍數而有不同。以16mm 的縮影卷爲例，它的縮小倍數可分爲 24: 1、42: 1 和 48: 1三種。100 呎長的縮影卷可容納約 2,000 至 8,000 張 (Frame) 縮影紀錄。一張 105mm (4×6 英吋) 的縮影片，約能容納 208 至 270張縮影紀錄。每張飽和容量，需視單元紀錄的長短而定。

COM 目錄的成本，從下表可看出。第一版的費用都很高。若複本數量增加，平均成本便會相對下降。

表十二　COM 目錄單價表

種類	版本	單　價
縮影卷	原版	$0.012 (per frame)
(16mm)	複本	$0.002 (per frame)
縮影片	原版	$3.41 (per fiche)
(105mm)	複本	$0.21 (per fiche)

資料來源：美國 Howard University 1988-1989 COM Catalog 支付表

任何成品都各有利弊。縮影系統式目錄也不例外，它的缺點簡述如下：

1. 必須使用閱讀機 (Reader) 或閱讀影印二用機 (Reader/Printer)。因廠牌不一，閱讀機的價格平均每臺在 $800 至 $3500 之間。閱讀影印二用機，平均每臺在 $3,000至$7,000 之間。
2. 讀者在心理上抵制使用。
3. 讀者必須付複印費用。複印本的品質多數低劣。

4. COM 目錄中之紀錄必須定期修訂，否則它的價值將大大減低。

現在多數圖書館都以 COM 目錄作爲裝置線上目錄 (Online Public Access Catalog) 之前的臨時代用品，或作爲線上目錄的支援性目錄 (Back-up Catalog)。

在使用上， 雖然縮影卷目錄和縮影片目錄都屬於 COM 目錄。可是，在時間上前者要比後者平均要快 7.6%倍。假如利用縮影卷閱讀機需要花費 20 分鐘檢索一組資料，若利用縮影片，則需要將近 21 至 22 分鐘的時間⓫。 1981 年 San Jose State University Library 的一份研究報告，也指出使用縮影卷平均若需 16.7 分鐘的時間，那麼利用縮影片，則需要 25.3 分鐘⓬。比較縮影卷和縮影片這二種形式的目錄，縮影卷對讀者比較有利。

在一片圖書館自動化的呼聲中，最受大學教授、行政主管、以及社區讀者所青睞和關心的要算線上目錄 (Online Catalog)⓭。而一般大學生和圖書館專業館員則將重心放在借閱系統 (Circulation System) 上，線上目錄反倒放在第二位⓮。

讀者希望目錄線上化有四點重要原因: (1) 線上目錄檢索迅速、確實，(2) 線上目錄的修訂增改，可以沒有時間上的耽擱，(3) 線上目錄可以促進知識資源共享，(4) 便利讀者不受時空限制的使用。線

⓫ Hodges, Theodora and Uri Block, "Fiche or Film for COM Catalogs: Two Use Tests," *Library Quarterly*, 52:2 (April 1982), pp. 131-144.

⓬ 同⓫。

⓭ Anderson, Paul M. and Ellen G. Miller, "Participative Planning for Library Automation: The Role of the User Opinion Survey," *College and Research Libraries*, 44:4 (July 1983), pp. 245-254.

⓮ 同註⓭。

上目錄的實踐，可說是圖書館學和資訊學界利用電腦及通訊高科技的最高成果。

在圖書館文獻中，有關線上目錄 (Online Catalog) 的名稱很多，諸如線上圖書目錄 (Online Library Catalog)，公共使用目錄 (Public Access Catalog)，和線上公共使用目錄 (Online Public Access Catalog，簡稱 OPAC)。同時，對線上目錄的定義，也不甚一致。有人認爲它不過是一種利用不同媒體操作的傳統式目錄⑮。所謂傳統式目錄包括前述之書本式、卡片式、以及縮影系統式目錄。也有人認爲它具有傳統式目錄和線上檢索系統的雙重特點⑯。若仔細推敲這些名稱，我們不難發現很多十分不妥貼的地方。「線上目錄」這個名稱太籠統。「線上公共使用目錄」也同樣的會使一位從未用過它的讀者感到迷惑。尤其是如今線上作業和產品越來越普遍，應用的範圍也越來越廣擴。只要過去或現在利用目錄 (Catalog) 這個名稱的任何事項或機構，現在都可改用線上作業⑰。譬如商品目錄、倉庫存貨目錄、日用品目錄等等。這類目錄都採用「公共使用目錄」一類的名稱。而且檢索的方法與圖書館中讀者所用的線上目錄毫無兩樣。唯一不同的地方是讀者所索取的資訊是圖書資訊，而一般人所索取的資訊與圖書資訊無關。因此，若將圖書館利用的線上目錄稱爲「線上圖

---

⑮ Malinconico, S. M., "Catalogs and Cataloging: Innocent Pleasures and Enduring Controversies," *Library Journal*, (June 15, 1984), pp. 12-13.

⑯ Hildreth, C. R., "Online Public Access Catalogs" In: *Annual Review of Information Science & Technology*, vol. 20, 1985, p. 234.

⑰ Salnion, S. R., "Characteristics of Online Public Catalogs", *Library Resources & Technical Services*, 27:1 (Jan/Mar 1983), pp. 36-67.

書資訊目錄」就比較妥當多了。

在本質上，「線上圖書資訊目錄」根本就沒有甚麼目錄可言。它只是一個儲存著圖書館資訊單元紀錄的資料庫。所謂「目錄」只是螢光幕（CRT）上顯現的一組經過特別畫面設計的書目紀錄（Bibliographic Records）。

「線上圖書資訊目錄」，我們暫且隨俗的將它簡稱爲「線上目錄」，與傳統式目錄之間最顯著的不同，是前者檢索的簡單快捷和紀錄的可以隨時修改增訂。因此，以現代的眼光來看，線上目錄已眞正的做到了人們求取資訊要求的新、速、實、簡和週全的標準。不過，天下事往往有很多出人意外。譬如，在美國 Ohio State University 1982年的一項調查報告中，發現利用卡片目錄的命中率要比線上目錄爲高⑱。雖然如此，筆者仍堅信，只要檢索電腦程式寫得好，單元紀錄中的檢索項完整，線上目錄的利用效率和價值一定超越傳統式的目錄。線上圖書資訊目錄的製作程序可以圖（A）簡示。

在線上圖書資訊目錄問世以前，讀者找尋所需資訊的方法，不外從傳統式目錄中所列舉的著者姓名、書名、主題和分類標記著手⑲。有了線上目錄以後，讀者還可以從體裁、語言、出版年、出版商、和形式（Format）等檢索項上查詢。在新一代的 OCLC 資料庫檢索方法中，除上述各檢索項以外，另外還加上關鍵字和布耳邏輯檢索法。因此，使得對資料的檢索更加的確實和方便。這些優點是傳統式的目

---

⑱ Gouke, M.N. and Sue Pease, "Title Searches in An Online Catalog and A Card Catalog: A Comparative Study of Patron Success in Two Libraries," *Journal of Academic Librarianship*, 8: 3 (July 1982), pp. 137-143.

⑲ Lipetz, Ben-Ami, "Catalog Use In A Large Research Library," *Library Quarterly*, 42: 1 (January 1972), pp. 129-130.

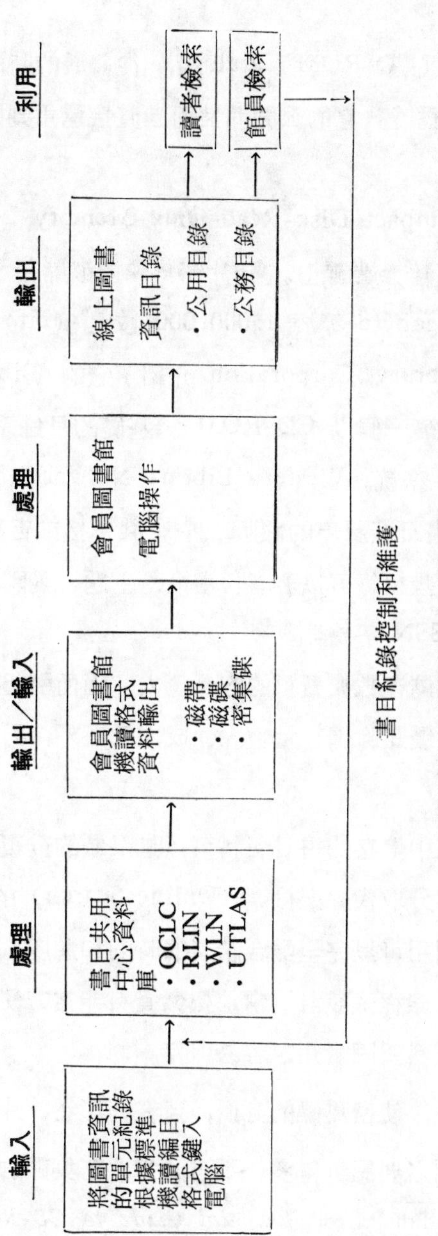

圖（A）線上目錄的製作程序

錄無法匹敵的。

密集碟目錄 (CD-ROM Catalog)，從發展的時間上算起來，遠比電腦線上目錄爲晚。它的公開問世而且直接運用到圖書館作業上是在 1984 年[20]。

密集碟 (Compact Disk-Read-Only-Memory，頭字語爲 CD-ROM) 是一種「唯讀光碟」。一片密集碟能够儲存 540 MB (一個單位的 MB-Megabyte 等於 1,000,000 數元 (bit) 組) 的資訊。1985 年美國 Library Corporation 介紹了它的 BiblioFile 系統。這個系統可說是第一個以 CD-ROM 爲基礎的目錄系統。此外，尙有 Laser Quest 系統。Western Library Network (WLN) 的 Laser Cat 是 WLN 書目資料庫的翻版。它一共包括二百萬 MARC 格式的編目紀錄。這些紀錄可以著者、書名、主題、美國國會圖書館卡片號碼、ISBN、ISSN 等檢索。

由於密集碟儲存數據資料的容量驚人，因而引起圖書館界的普遍注意。密集碟的優點除儲存量龐大、成本低廉外，另外還有下面幾點有利特性:

1. 密集碟中儲存的書目資料可以無限制的重覆使用。
2. 可以部分取代線上檢索 (Online Search) 的功能。
3. 它的利用可以完全配合讀者的時間和進度。
4. 只要檢索程式設計適當，檢索資料非常方便。
5. 光碟質料堅固耐用，容易保存。

上述各特點，使密集碟的身價，遠在縮影卷、片之上。不過，在製作成本上，前者要昂貴得多。不可諱言，密集碟的功能比起小型或

[20] Roth, Judith P., ed., *Essential Guide to CD-ROM*, Westport, CT: Meckler Publishing, 1986, p. 85.

大型電腦來還差很遠。但是，從成本效益上講，密集碟目錄實可稱得上是線上圖書資訊目錄的最佳代用品。市場上已有很多種不同功能和目的的密集碟圖書資訊目錄出現。下列幾種便是一斑:

1. Le Pac (The Local Public Access Catalog): 爲美國 Brodart 公司發展出來。它是一種以 MARC 機讀格式的書目爲主的線上公用目錄系統。
2. MicroLinx 系統: 爲美國 Faxon Company 發展出來的一種「叢刊和期刊控制系統」(Serials Control System)。MicroLinx 系統儲存有美國國會圖書館 MARC 資料庫中 250,000 種 S level 的期刊資料。Faxon Company 另有較大型的 SC-10 (Serials Check-in System) 系統和 DataLinx。前者爲線上期刊收錄控制系統，後者則爲期叢刊資料庫，在功用上也就是期叢刊目錄。
3. Laser Search: 爲美國 Library Corporation 爲 Ingram 公司設計發展出來。儲存在密集碟中的英語圖書資料，共 1,275,000 件。
4. BiblioFile: 爲美國 Library Corporation 發展出來。目錄中儲存 1964 年以後的全部美國國會圖書館的 MARC 紀錄。一共有三片密集碟，每月增訂一次。BiblioFile 不包括其他圖書館編目資料。因此，它的紀錄在數量上遠比一些有名的「書目共用中心」(Bibliographic Utilities) 書目資料庫所儲存的紀錄要少。最近，美國國會圖書館也已開始自行發售它的密集碟 MARC 紀錄檔。對 BiblioFile 的市場將有不利的影響。

密集碟無疑是一種傳佈知識的新媒體。它的功用正逐漸爲人們所瞭解。各種密集碟目錄的湧現，便是一個活活的見證。但是我們更應重視另一種更新的媒體——光碟 (Videodisc)。 光碟將來對圖書資訊組織的貢獻，很可能還會駕臨密集碟之上。在資訊社會裏，科技的進步，受惠的是消費者。站在圖書館的立場，凡由科技進步所導至的任何有關圖書資訊組織上的改進，讀者和圖書館館員都是受惠者。

（三）圖書資訊目錄的品質:

無論那一種形式的目錄，在編製或使用上講，必定都有它的優劣點。一般說起來，一個方便讀者的圖書資訊目錄至少應該具備下列四點特質:

1. 具備增訂修改的彈性，使目錄中的紀錄能永遠保持新穎和確實。
2. 目錄的結構和組織必須利於迅速檢索查詢。
3. 目錄的編製和維護必須經濟實惠。
4. 目錄必須易於轉移和分佈。

根據上列四點基本特質，讓我們來比較一下各種形式的目錄的優劣:（優劣程度以 1 — 5 爲度， 5 最優， 1 最劣）。

基本特質	書式	卡片式	縮影系統式	線上	密集碟
便利增訂修改	1	4	3	5	3
結構利於迅速檢索	1	2	3	5	5
編製維護經濟實惠	2	1	4	4	5
便利轉移和分佈	5	1	3	4	4
合計:	9	8	13	18	17
平均值:	2.25	2.0	3.25	4.5	4.25

平均中介值爲3.25，凡平均值大於 3.25 者爲優，小於 3.25 者爲劣。因此，線上目錄最優（4.5），卡片式目錄最劣（2.0），縮影系統目錄則介於優劣之間。 從優至劣， 它們的排行爲線上圖書資訊目錄、密集碟目錄、縮影系統目錄、書式目錄和卡片式目錄。

二、以功能分:

圖書資訊目錄的主要功能是爲了幫助讀者找尋並確定所需圖訊資料的貯存所在。爲了要達到這個目的，凡列入目錄中的每一項紀錄都必須含有下列各基本檢索項:

1. 著者
2. 書名
3. 主題和參照
4. 體裁和語言
5. 版本
6. 索書標記

原則上，我們可以編製以任何檢索項爲歸類 (Grouping) 標準的目錄，如著者目錄、書名目錄、主題目錄，甚至以體裁爲準的小說類目錄，和以語言爲準的英語作品目錄、法語作品目錄、日語作品目錄等等。這類目錄都屬於特別功能的目錄。雖然，以體裁和語言爲準編製目錄的例子還不多見，但是它們對某一羣特定讀者定會有很大的幫助。譬如公共圖書館若能將小說與非小說分開列舉，將會帶給讀者不少方便。別的不說，單單書名一項，往往就會引起讀者不少困惑。因爲，小說的書名往往和非小說的書名完全一樣。僅從書名有時很難分辨得出它是小說或是非小說。

根據目錄的功能，我們可以大致的將它們分成二大類：公用目錄

(Public Catalog) 和公務目錄 (Official Catalog):

1. 公用目錄:
   (1) 著者目錄
   (2) 書名目錄
   (3) 主題目錄
   (4) 語文類目錄
   (5) 體裁類目錄
   (6) 其他特別功能類目錄
2. 公務目錄:
   (1) 排架目錄

著者目錄是以著者標目爲排列標準的一種目錄。由於著者身分不同，使著者附加款目變得非常複雜。假如沒有適當的控制，如建立著者姓名權威檔 (Name Authority File)，往往就會產生人名款目的重覆和錯誤。那麼讀者以著者爲準，找尋到作品的機會就會減少。書名目錄，比起著者目錄，在編製上就簡單得多了。若我們除去叢書的書名不算，普通只有書名 (Title) 和副書名 (Sub-title) 二種。因此，書名副加款目，也只書名和副書名二個標目。

主題目錄是以主題標目 (Subject Headings) 爲準編製成的目錄。在圖書資訊分類一章，我們曾討論到主題標目與圖書資訊分類，總是無法步調一致的困擾。雖然在原理上，它們應該二而一的完全吻合。可是事實上它們卻各走各的路。這種差別的現象，在專門性學科或多學科的主題上，更屬常見。所以美國「國會圖書館主題標目總錄」(Library of Congress Subject Headings-LCSH)或「席爾斯主題標目總錄」(Sears List of Subject Headings)，都受到同樣不好的批評。除了

「不同路」的弊病以外，還有它們的類目不能隨時修訂，以適應新學科和新術語的需要。主題標目總錄中那種直線列舉的方式，既不能正確的反映多學科間的錯綜關係，也不能表達類目之間的層次和隸屬關係㉑。不過，我們也曾說過，為圖書資訊分類、編製分類表，本來就是一種「人為」的分類方法。類目和分類標記的擬訂，目的都是在簡化相同主題的內容(Subject content)。另一方面，主題標目，實際上可說是一種索引系統 (Indexing System)。它的目的是將相同和有關主際題的各種圖書資料以列舉的方式串聯起來。使用標目 (Heading) 的用意，也是為那些串聯在一起的相同及有關的類目，取一個歸納性的名稱 (Name)。名稱的擬定，因此，也是一種「人為」的決定。換句話說，類目名稱、分類標記、和主題標目的製定，都屬「人為」。既然都是「人為」，那麼由於「簡化」資訊內容的技巧、編製類目對詞彙的選擇和運用，皆會因「人」而異，於是主題標目和類目名稱很少能夠完全相容，實屬意料中的事。筆者認為重要的論題並不在類目名稱和主題標目是否相容 (Compatible)， 而是在主題標目和讀者的主題觀念是否能夠完全一致。主題標目為讀者和他所需要的主題資料間的重要媒介體， 也是讀者獲取所需資料的地圖。 假如圖上的路線不正確，或者不能為讀者瞭解，讀者的目的是無法達到的。

若從另外一個角度看，目錄的編製，包括主題目錄，都是幫助讀者尋求圖書資料的工具。因此，在原則上，讀者也應有熟習「工具」的義務和責任。縱使標目有了「偏差」，讀者也能尋獲所需的資料。蒐集資訊和知識是一種藝術 (Art)， 也是一種技術 (Technique)。 前

㉑ Shera Jesse, "Classification: Current functions and Applications to the Subject Analysis of Materials," In: *Reader in Classification and Descriptive Cataloging*, ed. by Ann F. Pairter Washington, DC: NCR, 1972, pp. 69-70.

者需要思考和愼辨，後者需要經驗和毅力。一位讀者若能兼具這二種能耐，找尋所需圖書資訊一定會像「囊中取物」那麼方便容易。

在目錄的使用上，由於讀者檢索圖書資訊的習慣不同，因此，所採用的檢索方法也就不盡相同。根據一項有關目錄使用的調查㉒，發現在檢索時，以著者姓名爲主者佔62%，以書名爲主者佔28.5%，以主題爲主者佔 4.5%，以編者爲主者佔 4 %。爲了方便讀者，有些圖書館常有使圖書資訊目錄「專精化」(Specialized) 的傾向。將圖書資訊紀錄檔中的紀錄編製成各種專藏性目錄，如工程圖書資訊目錄、醫學圖書資訊目錄、商學圖書資訊目錄等等。雖然圖書資訊紀錄檔有這種「分割性」的特點，我們也應視實際需要適可而止。目錄種類太多或分割得太細，都會對主題產生「見樹不見林」的錯失感。幸運的是「線上圖書資訊目錄」可以避免這種任意分割的弊病。

排架目錄 (Shelf List) 是圖書館館藏的全部圖書資料紀錄。它的排列次序是以分類標記爲準。圖訊資料紀錄在目錄中的次序，也就是它們在排架上的次序。我們曾說過，排架目錄是一「張」館藏清單，它的功用在「清點」和「查證」。排架目錄的本身，因牽涉到單元紀錄的管理和維護，所以不能做爲公用目錄。在起用「線上圖書資訊目錄」以後，「公用」和「公務」目錄的分野，靠程式的設計。讀者將無法檢索公務目錄。

三、以安排方式分:

以各單元紀錄在目錄中的安排方式爲標準，我們可將目錄分成下列三類:

㉒ 同⑲。

1. 字典式目錄 (Dictionary Catalog)
2. 分置式目錄 (Divided Catalog)
   (1) 著者/書名和主題目錄 (Author/Title, Subject Catalogs)
   (2) 名稱/書名和主題目錄(Name/Title, Subject Catalogs)
   (3) 著者、書名、和主題目錄 (Author, Title, Subject Catalogs)
3. 分類目錄 (Class Catalog)

在英美各國圖書館，字典式目錄最普遍。所謂「字典式」就是全部標目 (Headings)——主要款目，附加款目、和主題——全部合併在一起，以字序爲標準排列。表面上看起來，這種方式的安排，簡單又便利。但是當款目和單元紀錄的數量逐漸上昇到某一個程度以後，字典式的安排就會顯得累贅不堪。尤其主題標目若也混雜的排在一起。凡以字序或筆劃排列的項目，尤其是主題，常常都會產生「排列中斷」的現象，而使涵蓋性不全。當然，字典式的最大好處，便是讀者從小就養成了查字典的習慣，了解它的先後次序。

分置式目錄可說是字典式目錄的變形和改良。它的目的是將字典式的目錄分劃成容易管理和使用的幾部分。通常，都是分成著者／書名目錄和主題目錄二部分。然而，它們的排列方式，仍以字母和筆劃爲準。這種方式的最大缺點，便是相同主題和相關主題的隔離。譬如在字典式的安排方式中，有關胡適的圖書資料（主題標目）和胡適本人的作品（著者標目）都會先後的排在一起。一旦改成了分置式，主題標目和著者標目便被分開在二個不同的目錄裏。

有的圖書館將著者、書名、和主題統統分開，個別的編成目錄。

雖然這樣做，可能使單元紀錄的排列比較簡單，但是，對讀者卻會造成相當的不便。

另外的一種分置方式，便是將名稱／書名合在一起，而將主題標目分開。這種方法不僅將著者的「姓名」排在一起，甚至將有關著者或書名的圖書資料，也統統排在一起。同時，用在主題中的著者姓名和書名，也都排在名稱／書名目錄中。在這種目錄中，全部胡適或有關胡適的圖書資料統統彙集在一起。對讀者來說，這該是一大方便。

分類目錄在美國使用的時間最長㉓。不過，現在已不如字典式的目錄受讀者歡迎。分類目錄是根據一特定分類系統，將各單元紀錄，以分類次序和它們之間的相關關係排列。公務用的排架目錄便是分類目錄的典型。分類目錄若用在公共檢索，它的最大缺點，便是讀者多對分類標記及分類系統不熟習。檢索起來非常困難。在雙語或多種語言的地區，這種分類目錄，也許能夠顯現它的獨特優點，那就是只需編製多種不同語言的主題索引，而不必翻譯全部圖書資訊紀錄。讀者在檢索時，他只需參考「特製」的索引，找出旁引的分類標記，便可順利的找到自己所需的資料。

四、以涵蓋性分：

通常我們說圖書館資訊目錄，它的涵蓋範圍只包括個別圖書館系統的館藏。圖書館系統（Library System）多指圖書館的組織包括分館和特藏館。從目錄的編製和使用上來說，每一個分館和特藏館都可以也可能有它獨自的目錄，包括它自己的排架目錄。而總圖書館的目錄則包含全部的館藏。我們稱分館和特藏館的目錄為「個別圖書資訊

㉓ 同❺，頁 15。

目錄」，後者則稱爲「聯合目錄」(Union Catalog)。

同樣的，任何獨立機構也可編製全國或區域性的圖書資訊目錄。譬如美國國會圖書館所編印的《全國聯合目錄》(*National Union Catalog*)。如今，線上編目日益普遍，區域性、全國性，甚至世界性的線上聯合目錄的數量也日漸增加。線上聯合目錄的發展，對資訊國際化和國際資訊合作，將有絕對性的影響。實値我們特別重視。

以單位紀錄的涵蓋性爲準，我們可將目錄分成下列二類：

1. 個別目錄
    (1) 個別公用目錄
    (2) 個別公務目錄
2. 聯合目錄
    (1) 個別聯合目錄
    (2) 區域性、全國性、及國際性聯合目錄

第四節　圖書資訊目錄之蛻變

電腦的興起，使與資訊密切相關的圖書資訊服務，受到無比的衝擊。讀者對資訊的要求，早已跨越了卡片式和書本式等傳統印刷類目錄的階段。他們要求資訊的新穎、迅速、確實、精簡、和週全。「線上圖書資訊目錄」就在這種急迫的環境下，應運而興。它提供給讀者最新、最速、最實、最簡、和最週全的資訊。這個資訊確切的告訴讀者，圖書館中都有那些圖訊資料和它們的貯存位置。不可否認，線上目錄的發展，對區域性、全國性，甚至國際性資訊的檢索、資料庫的分享及合作，都已有了無法衡量的正面影響。

線上圖書資訊目錄，無論是從結構上、展示上、安排上，以及使

用上，與傳統式的目錄，可說有了天壤之別。在電腦裏面只有單元紀錄的資料檔。它既不再有傳統式目錄的安排方式，也沒有目錄種類的分別。它的分別在檢索程式的設計和讀者檢索的技巧和意願。讀者利用關鍵字和布耳邏輯檢索法，可以查詢任何有關著者、書名、主題、語言、體裁等資料。

「線上目錄」雖有過人的長處，但也有它的缺點。線上目錄系統所依靠的電腦，軟體，以及各種週邊設備，對圖書館來說，代表一筆不小的固定支出。電腦和週邊設備的固定成本和折舊率都嫌偏高，而且是不太正常的偏高。

「線上目錄」的產生是爲了適應讀者對資訊的要求。因此，它的設計和使用的趨勢，都自然的偏向讀者。這種結果，對線上目錄的使用範疇，又產生了一個新的論題。一般說起來，線上圖書資訊目錄只包括一所圖書館的館藏紀錄和一些標準的檢索項，作爲讀者檢索之用。最多再加上資訊網會員圖書館的館藏紀錄，作爲館際借閱 (Inter Library Loan) 和館藏發展的參考，如 OCLC, WLN (Western Library Network), RLIN (Research Libraries Information Network), UTLAS(University of Toronto Library Automation System) 等。但是，若我們眞正爲讀者設想，線上目錄的資訊網，還應該擴展到會員圖書館以外的其他圖書館、書目共用中心資料庫，甚至出版商。也就是說，經過聯線作業方式，讀者不僅能够直接檢索到任何圖書館的館藏及書目共用中心資料庫的書目紀錄，而且還可以直接向各圖書館索借，或直接向書商訂購所需資料。

線上圖書資訊目錄若能朝著這個方向發展下去，圖書館的讀者服務必定會步入一個嶄新的紀元。也許不久的將來，我們不必再稱甚麼線上圖書資訊目錄，因爲圖書館本身已不折不扣的變成了「線上圖書館」(Online Library)。到那個時候，讀者不必走出大門，隨時隨地都可檢視到，而且索取到他所需的圖書資料。這豈不是應驗了我國一句古老的俗話：「秀才不出門，能知天下事」嗎！

第十五章　索引之編製

第一節　索引之意義

為圖書資訊分門別類、建立類目、製訂分類標記，都是為了方便讀者。使讀者能按照分類標記、主題(Subject)、或主題標目(Subject Heading) 找尋到同一屬性的圖訊資料。因此，分類標記、主題標目、和主題都是主題檢索 (Subject Search) 的工具。「索引」(Index) 也是一種主題檢索工具。實質上，它和主題目錄 (Subject Catalog) 的意義極其相似。唯一不同之處是「索引」只指示主題或有關主題的位置。而主題目錄除了指明主題的位置外，還對資料的本身作敍述性著錄❶。此外，圖訊資料中的目次 (Table of Contents)——著者製訂的一種主題標目——也是一種主題檢索工具。雖然前述各項，都是主題檢索的工具，但是它們的功用和範疇卻有很大的不同。分類表和主題標目都是用來鑑定很多種不同種類的圖訊資料中同一主題或與主題相關的圖書資訊。它們所涵蓋的範圍極廣。而圖書資料中的「目次」和「索引」，卻是用來鑑定同一種圖訊資料中，同一主題或相關主題的資訊。它們所包含的範圍非常狹窄。若我們要分別目次和索引，前者就等於類目層次中的大類，而後者則為複分的小目。

---

❶ Coates, E. J., *Subject Catalogues, Headings and Structure*, London: Library Association, 1988, p. 9.

「索引」可說是期刊和專題撰著不可缺少的一部份。往往，它還是我們確定期刊或作品優劣的標準之一。一部《大英百科全書》，若無索引，還眞不知從何用起。假如期刊沒有索引，若要尋找有關主題的資料，那就更像大海裏撈針。根據 1989/90 *Ulrich's International Periodicals Directory*, 世界上約共有十一萬種期叢刊。Ulrich 本身便是一種世界性的期刊目錄，也就是一種期刊索引。它告訴我們在同一主題中，有那些期刊，和有關它們的出版消息和書目資料。所以說，索引就像一個指南，它引領著讀者找尋所需的資料。同時，也告訴讀者那些題目 (Topic) 或資料具有相同或相關屬性。「索引」這種嚮導作用對讀者來說，幫助非常大。在一般情況下，讀者對所找尋的資料不一定熟習。卽使在同一種圖訊資料中，讀者也不一定能够容易的將相同或相關的資料辨別出來。更何況那些資料還可能混雜在不同種類、不同時代、和不同語言的資訊媒體之中呢。

圖書館搜藏的圖訊資料，眞可說是「無奇不有」。人類知識寄身的媒體，不僅種類繁多，而且花樣更層出不窮。對一般社會大眾來說，普通圖書無疑仍是溝通思想、傳遞知識的主要媒體。可是，對一些科技專家和學者來說，期刊、會議紀錄、和研究報告，才是他們吸取新知識的泉源。在藝術工作者的眼中，可能那極盡聲色之美的光碟 (Videodisc)、錄音／錄影帶、立體圖片、幻燈片、模型、雕塑品等等，比其他任何媒體都來得重要。在這些資訊媒體中，有些圖訊資料，如非印刷類資料，由於它們在貯藏和使用上的特異，很多圖書館並不都將它們視同普通圖書一樣的經過編目和分類的程序。換句話說，這些資料，並不一定經過系統化的組織手續。

圖書館究竟不是博物館。它的蒐藏品是供讀者借閱利用的。若要使每種圖訊資料都被利用，圖書館的首要任務，就要讓讀者知道館中都有那些資料，和那些種類的資料。爲了回答第一個問題，我們爲每一份圖訊資料編目，爲它們建立單元紀錄。爲了回答第二個問題，我們又爲它們分門別類。最後更將它們分別編製成著者目錄、書名目錄、主題目錄等。在資訊時代，爲了想在資訊的供應、傳遞、和溝通上，達到新、速、實、簡、博的原則，我們又借助電腦的功能，設計出一套所謂「線上圖書資訊目錄」和區域性、全國性、甚至世界性的資訊網。圖書館對資訊如此的重視，對資訊資源 (Information Resources) 的利用 (Access) 作如此精細的安排，無不都是爲了方便讀者。不獨使「知名」而來的讀者，能够根據著者的姓「名」和書「名」，找到他們所需的資料。甚至「慕名」而來的讀者，也可從主題 (Subject) 上找到他們要找的資料。可是，無論讀者是「知名」或「慕名」而來，他們能够找到的圖訊資料，都是在圖書館中有了「名」，有了紀錄的一批資料。至於那些既沒有經過組織（編目與分類），也沒有經過整理（目錄和典藏）的圖訊資料，如前面提到的非印刷類資料，讀者就不會找到或利用得上了。

新聞報刊上，常有所謂「等上人物」和「等下人物」。能在「等」上的人物，多是聲勢顯赫的知名之士，所以報上都願意揚名道姓。而那些不甚知名的人士，卻成了「等」下的人物，在報上很少能看到他們的名字。既無報導，閱報的人，也就不知道「等」下的都是何許人了。圖書館中也有不少「等」下的資料。譬如教師教授們的研究報告、手札、文稿，重要公司行號的業務報告，統計分析資料、新聞剪貼，以及地方聞人軼事的各種紀錄，藝術家的作品等等。這類資料絕大多數都非購置，在原則上，圖書館沒有保留它們的義務和責任。不過，有些珍惜資訊資源的館員，仍將它們保存了下來，並將它們組成所謂的直立檔 (Vertical File)。

平常我們很難從圖書館的館藏探測出該館的發展方向。尤其是以一般綜合性的大專院校和公共圖書館爲然。唯有從直立檔中的資料，方能看出該館的「興趣」所在。假如對直立檔中的資料組織得當，譬如爲它們編製索引，它們很可能會成爲館藏中的一顆夜明珠。

在前面幾章，我們的討論重點，落在一般「定型」的圖書資訊組織上。我們討論「個體資訊」。我們說「個體資訊」是「整體資訊」的基層元素。「整體資訊」又是主題知識 (Subject Knowledge) 的開始。它代表一個主題的「資訊面」，一個知識「點」。從這個知識點開始，由「點」成「面」，由「面」成「立體」。「宇宙知識」(Universal Knowledge) 就是由各種「知識立體」組織而成。

根據《杜威十進位分類法》，「宇宙知識」包含十個「知識立體」(杜威法中的十大類——Main Classes)。根據卡特，以及後來的美國《國會圖書館分類法》，「宇宙知識」涵蓋二十二個「知識立體」❷。而沈寶環的《三民主義化的圖書分類標準》，卻認爲「宇宙知識」統統包含在「民族」「民權」「民生」三個「知識立體」之中。印度圖書館學家藍根納遜的《冒點分類法》，認爲「宇宙知識」是由千千萬萬個不同的資訊焦點 (Foci) 合組而成。在他的心目中，「宇宙知識」，就像爬樓梯，一層一層往上爬。而杜威等人，則認爲「宇宙知識」，就像下樓梯，一步一步往下走。這二種系統的根本差異在觀念 (Concepts)，而不在實質。因爲二種系統的最終目的，都是在試圖組織宇宙知識。

圖訊資料遵循著宇宙知識的組合秩序分門別類，建立主題。這是一種科學的組織方法。讀者只需放眼排架位置，就可獲知圖書資訊

---

❷ 英文二十六個字母，I、O、W、X、和 Y 還沒有利用。B卻用了二次：B(Philosophy)，BL-BX (Religion)。

間，在主題上的親疏關係。再加上各種目錄的應用，讀者就能獲得主題知識的全貌。目錄的主要功能，便是將原來被分類標記在排架上分開的圖訊資料，以另一種方式又重新將它們結合在一起。

在這一章，我們仍舊討論目錄。不過，它是另一種在功能上與一般目錄相似，然而在編製方法上卻截然不同的目錄。我們稱這種目錄爲索引 (Index)。稱編製它的方法爲索引法 (Indexing)。

第二節　索引、索引法、索引系統

「索引」是一個含意相當不清楚的名詞。它很像來自英語。據說它的使用始於古羅馬人。在當時，「索引」的意義是發現、揭發、和告密。在拉丁文中，它有「指示」方向的意思。十六世紀左右，西方書籍中，常有「圖書索引」(Index of Books) 這一句。實際上，它指的是目次表 (Table of Contents)❸。在我國也有「通檢」、「引得」等名稱。雖然字句不同，意義卻是一樣的。

由於「索引」的利用廣泛，因此，在解釋上也就有了分別。假如我們從知識的組成和結構上看，「個體資訊」有索引，「整體資訊」也有索引。「個體資訊」是指一本書，一份雜誌，一篇研究報告等等。而「整體資訊」則指的是同一主題之下，各種「個體資訊」的合成體。它可能是幾本書、幾本雜誌的合成體，也可能是幾百本書和幾百本雜誌的合成體。在這種情況下，「整體資訊」的索引與「個體資訊」的索引，在意義上當然會有不同。因此，想爲索引作一個恰當的

---

❸ Knight, G. Norman, *Indexing, The Art of a Guide to the Indexing of Books and Periodicals,* London: George Allen & Unwin, 1979.

定範，並不是一樁容易的事。由下面的例子，便可見一斑:

索引:

1. 「將書籍中內容要項或重要名詞逐一摘出，依次排列，標明頁數，以便檢索者，謂之索引，亦稱引得」（辭海，臺灣中華，最新增訂本）
2. 「索引是對聚集事項或由該聚集事項導引出來的各項觀念的一種系統性指南。這些事項或觀念都已爲已知或可供檢索次序，如字母，時期，和數目，所安排的款目代表。」(American National Standards Institute, ANSI, Z 39.4, 1968)
3. 「索引是對字彙、觀念、或書籍、期刊，以及其他出版品中各事項位置的一種指南。」(British Standards, 3700: 1976)

索引法:

「是分析資訊內容和利用索引系統語言、表達資訊內容的一種程序。」(British Standards, 3700: 1976)

索引系統:

「是組織知識紀錄的內容，俾便檢索和傳佈的一套程序（人工或機器)。」(American National Standards Institute, ANSI, Z 39.4, 1968)

從編製索引的方法上看，爲「個體資訊」編製索引，方法簡單直接。編製專業人員，有時爲著者本人，通常無需參考任何索引術語表，只看著者「賣甚麼瓜，就買甚麼瓜」。換句話說，他所要利用的主題術語或詞句都是現成的。但是，若爲「整體資訊」編製索引，他就必須參照索引術語表或索引典 (Thesaurus) 了。而且編製過程也多輾轉複雜。因此，這二種索引，雖然都是建立著者、題目(Topic)及主題索引術語，並且將與主題相關的資訊聯繫起來，供讀者檢閱。可是，爲「整體資訊」建立相關的關係，它的困難程度，實不亞於爲圖書資訊作分類。在方法上，爲「整體資訊」編製索引，與分合式分類法(Analytical-Synthetic Classification)和聯合式分類法(Associate Classification)都非常相近。我們常可以說分合式或聯合式分類表，實際上也就是一種比較詳盡的「索引表」或「索引典」(Thesaurus)❹。

第三節　分類、主題標目與索引

從定義中看「索引」，它的功能比分類標記或主題標目要狹窄得多。可是，當我們強調分類和主題標目的重要的時候，同樣的，我們也重視在一個主題(Subject)或一個學科中，其他相關主題的結構和它們的排列次序問題。這個問題的發生，是分類方法的一種不可避免的必然結果。假如我們忽視這個問題，那麼分類標記就變成了一種純粹用來指示排架位置的工具，而不再有顯示圖書資訊間親疏關係的價值。我們可以武斷的說，世界上沒有一種分類系統，能將全部相同和相關的圖書資訊直線式的排在一起。在分類原理一章，我們曾談到，主題的親疏和「縱」「橫」關係。在圖訊資料的安排上，我們可以將「親」和「縱」的圖訊資料排在一起，可是，我們卻沒有辦法將「疏」和「橫」的圖訊資料也排在一起。爲了解決這種似乎無法解決的困難，各種分類表，都加入一種以字母或筆劃爲序的主題索引。讓這個索引列示出一些層次分類中比較低層的主題，或分合式分類中比

❹ Chan, Lois Mai, et al., *Theory of Subject Analysis, A Sourcebook*, Littleton, CO: Libraries Unlimited, 1985, p. 128.

較次要的焦點 (Focus)。這種「親」「疏」或「縱」「橫」的關係，直接影響到分類標記的基本結構❺。同時，它也說明了爲甚麼索引中的主題只可以用來參考，而不能作爲分類的憑據。

每一種分類表都有索引，如《杜威十進位分類法》中的「相關索引」(Relative Index)， 美國《國會圖書館分類法》的 「主題標目總錄」(LC/Subject Headings List)，《冒點分類法》的「焦點表」等。雖然這些索引在組織和結構上都不相同，但是它們的功用卻很少差異。都是用來彌補相關類目無法並列在一起的缺陷，都希望透過索引，將相關的類目、系統化的串聯起來。分類系統有它的長處，也有它的缺點。重要的簡述如下:

一、時效上的缺點:

在「知識之意義及組織」一章，筆者曾強調知識是一個「活」 的有機體， 而儲存在圖書媒體中的知識和資訊卻是「死」的。同樣的道理，知識的分類是「活」的、變的，而一部分類表，卻是「死」的、不變的。因此，圖書館要成爲一個眞正的「活」的有機體，它就必須不斷的添進新的圖訊資料，組織新的知識。這些新的資訊和知識，就是新的圖書資訊。 從另一個角度來說， 若欲使分類表， 永遠跟得上時代，我們就必須經常不斷的將它的類目換新，經常不斷的將老舊的觀念或類目撤換。

事實又如何呢? 《杜威十進分類法》從1876年發行第一版，到1989年，一共發行二十版，中間相距了整整 112 年。第十九版與第二十版也相隔了十年。對知識的演變來說，十年

---

❺ Multby, Arthur, *Sayers' Manual of Classification for Librarians,* 5th ed. London: Ardre Deutsch, 1975, pp. 60-71.

就像人生的一百年那麼長。變化實在太大。杜威法二十版中，有 42 個主題被增訂修改。其中篇幅擴充最大的便是電腦部份❻。國會圖書館分類表雖然常有訂正，比起杜威分類法也新不了多少。

面對著這種「活知識」，「死分類」的情況，唯一能使分類表不致完全壽終正寢的方法，便是編製索引或索引一類的主題標目，利用「見」(See)、「參見」(See Also)，或「用」(Use)、「用作」(Use For-UF)、廣義詞(Broad Term-BT)、狹義詞 (Narrow Term-NT) 等等來昭告讀者主題的演變狀況。這就是圖書資訊分類與現實脫節所發生的第一個嚴重的時效問題。

二、溝通上的缺點:

不管是類目名稱的擬定，或是主題標目詞彙的選擇，統統都會遭遇到一個根本問題。那就是當我們擬訂類目或編製主題標目的時候，究竟應該採用著者的用語呢，或是採用所謂的「自然語言」？這是一個極難協調的嚴重問題。無論採取那一種「語言」，都有它的道理，也都有它無法使讀者與著作溝通的困難。有一點我們必須瞭解，那就是圖書資訊面對的讀者，並不是一位，而是千百位。同樣的，同一主題的著作，也不只一種，而是很多種。往往，專家學者們的著作，在術語的運用上，也不完全一致。

站在著者的立場，當然類目的名稱，或主題標目的詞句應仿照著者使用的術語。那樣，比較能夠傳達作者對主題的

---

❻ DDC 20, pp. xxi-xxiii.

見解。可是，對一般「外行」的讀者來說，作者的用語，又並不一定行得通。假如讀者的「語言」與作者的「語言」不能吻合，讀者就會失去專屬於著作者「語言」的那一部份圖書資訊。若要挽回這種錯失，讀者就必須借助圖書館員的協助。這是圖書資訊分類面臨的第二個嚴重的問題。

三、分類類目太籠統:

編訂分類類目的原意，本就要求對主題簡化，對主題要有涵蓋性。因此，分類類目的不够細膩，實係蓄意，而非偶然。這種簡化的結果，對某些專業學科就會產生一種「有類亦即無類」的空虛感。

四、類目名稱不能與主題標目協調一致:

類目名稱和分類標記，對讀者來說，實在非常抽象。設計主題標目，目的便是想在讀者與分類類目之間，建立一種思想溝通的管道。可是，成效不彰。主要原因牽涉到第二條所說的「溝通上的缺點」。在各種重要主題標目總錄中，只有 MESH (Medical Subject Headings) 沒受到杯葛。

五、著者與分類專業人員對主題的解釋和觀念無法相同:

由於圖書館專業人員對主題知識的修養不足，往往使得對主題和分類標記的選擇，發生張冠李戴的現象。因而使得讀者蒐集主題資料的精確率 (Precision Rate) 大大降低。換句話說，由於專業人員對主題的解釋和觀念，無法與著作者一致，而使讀者所獲非所需。

「索引」便是針對以上分類系統的共同弱點，應運而與。譬如:

1. 分類表都編有「索引」。它的功用不僅在拉攏相關的圖訊資料，而且還是保持分類表新穎適時的重要方法。在索引中若充分利用互見參考 (Cross-reference)，以「見」(See) 來汰舊存新，用「參見」(See Also)來牽繫新舊類目。不過，這種「互見參考」的原意，並不是幫助分類表的類目保持新穎，而實為索引的基本功用之一，那就是控制分散在分類表中的各種同屬性主題。

2. 分類表類目太籠統，可說是傳統式分類系統的特點。前面說過，像反傳統式分類系統，如聯合式和分合式分類法，所採用的分類表，實際上都等於索引表和索引典❼。利用索引表或索引典，可以避免「太籠統」的缺點。不過，我們必須瞭解，在層次式分類系統中，類目的籠統並不表示它的缺點。層次性的分類講求「大魚吃小魚」的涵蓋原理。涵蓋性與知識層次的高低成正比。越高越籠統，越低越精細。這種傳統與反傳統分類系統的不同，也正可說明它們都有可以相容的適應性。筆者認為層次性分類系統適用於人文和社會科學。而分合式和聯合式的分類系統則比較適合科技類學科。

3. 索引中的術語，多直接來自作品本身，或者間接來自權威作品。從這一點上看起來，索引實在是「作品保證原理」下的產物。因此，它的術語不可能像主題標目那樣容易落伍，那樣的與著者的思想格格不入。

4. 假如編製索引制度設計良好，索引編製人員不可能在主題術語的選擇上發生錯誤，而使讀者在時間上和金錢上，蒙受損失。因為，在索引程序中，不允許索引人員對術語作自由的

---

❼ 同❹。

選擇。每一個術語都必須摘自圖書資訊本身。

分類系統與索引系統之間，在功能上有它們根本的不同。前者不僅「同其所同，異其所異」，而且還是圖訊資料排列展示的憑據。後者只是一種資訊檢索的工具。「索引」並不是爲安排圖訊資料而設計的。它的作用在擷取各種款目，利用索引的設計，指引索取各種文獻、著者、題目、或主題術語的方向。一般說起來，索引中所引用的主題術語或列舉的文獻資料，都已有了它們的固定位置，如登錄號、期刊名稱及卷册頁數，毋需另外爲它們製訂位置性的標記。

第四節　索引的本質與特性

根據美國國家標準局(American National Standards Institute)，索引有四種基本特質[8]：

一、檢索的特性：

檢索方法可分三種：（一）綜合式檢索，（二）分析式檢索，（三）層次式檢索。

（一）綜合式檢索 (Synthetical Searches)：

綜合式檢索利用布耳邏輯，分別檢索各有關術語，或以 AND, OR, NOT 布耳聯繫符號，檢索特別主題。因此，原有索引術語可以保持不變。

（二）分析式檢索 (Analytical Searches)：

索引術語的引用，應以涵蓋性的術語爲主。譬如，若著者在同一

---

[8] Basic Criteria for Indexes, ANSI, 1968.

文獻中，同時使用 Orange（橘子）和 Fruit（水菓）二種標題。而著者的研究重點是一般性水菓。那麼「水菓」就應該是這篇研究報告的主題術語。又假如著者的研究重心是橘子，而將研究結果運用到其他「水菓」，那麼這篇研究報告的主題術語，就應該是「橘子」和「水菓」。

（三）*層次式檢索* (Hierarchical Searches):

層次式的檢索是採用款目間已知的不變上下關係。一個意義較廣的術語，總包含一組意義比較狹窄專精的術語。假如，這種術語間的層次關係被採用，那麼就必須有一份以字序或筆劃爲準所編排的「索引典」，供給檢索者參考。

二、安排的特性:

「索引」中款目的安排可以字母序爲準[9]，如圖書資訊中的索引或期刊索引。也可以數目爲準，如報告編號或契約編號索引。也可以層次爲準，如主題的層次。也可以隨意決定的標準爲依據，如資料庫。也可以利用混合的安排方式。不同方式的安排，目的在求得資訊檢索的完整和便利。同時，也欲減少相關文獻的支離分散。這幾種列舉和安排的方式，各有它的優劣點。在習慣上，安排方式的採用，決定在資訊使用的目的和圖訊資料的類別。編製索引的專業人員，很少自作主張。

三、標題的特性:

「索引」的特性，常常可從標題和索引的主題看出來，如「化學摘

---

[9] 中文可以筆劃多少爲準。

要索引」(Subject Index to Chemical Abstracts)。索引中的標題可能爲人名、書名、刊名、化學公式、專利編號等等。上面任何一種都可用來作爲編製索引的標準。

四、檢索項的特性:

「索引」的結構，可能每一款目只有一個檢索項，也可能有好幾個檢索項。譬如，專利編號索引，每一個款目（專利編號），只有一個檢索項（檔案號碼）。可是，主題類索引，通常一個款目，就有好幾個檢索項。因爲，所謂主題，至少需要二個以上的款目，才能勉強將主題襯托出來。「互見參考」將相關主題標目聯繫在一起，變相的也就使它具備了多種檢索項的特色。

第五節　「作品保證原理」與索引

「索引」中術語和詞句的選擇和採用，在觀念上，與藍根納遜爲「冒點分類法」編製「焦點表」(Faceted Schedule) 的方式沒有二樣⑩，都是採用著者所用的基本術語。所以「索引」中的術語都能和著者的意願吻合。這是「索引」駕臨傳統式分類表之上的一個重要特點。也就因爲這個特點，使「索引」被牢牢的套在胡爾梅的「作品保證原理」裏。

編製一般性的分類表，製表的專家學者，大都有一種莫名的衝動，想將抽象的宇宙知識，以「主題標目總錄」和分類表的方式，予以簡化。事實上，很多的作品，並不一定循著「知識的樹」(Tree of

---

⑩ 請參看第十二章第二節中「分合式的結構及複分原理」。

Knowledge) 漸進發展。因此，若爲了檢索的目的，而將「樹」外的作品硬性的歸併入分類表的類目中，　並且給它們戴上主題標目的帽子，這種作法，似乎有違自由思想體系的原則。爲了避免在思想上預加框子，將人類的思想，硬性的透過管制的「過濾器」，最適當的辦法，就是使思想放任自由。將這種觀念轉移到圖書資訊組織上，那就表示在類目的編製或術語的選擇上，完全遵照著者的意願。這也就是說，著者用什麼術語，我們也就採用什麼術語當作款目。凡著者沒有用過的術語，我們就不能用它來當作款目。在這種原則下，若我們設計出一套主題術語或分類類目名稱，還在著者的思想成形出版以前，這種行爲並不意謂遠見，而是浪費。在很多情況下，等到有關主題的作品眞正出現以後，原來製定的那些類目或主題標目，發現已有削足也不適履的過時感。這就是胡爾梅「作品保證原理」的精髓。簡單的說，「作品保證原理」主張任何分類類目或主題標目的編製，都應該等到屬於該類目或主題標目的作品正式問世以後才開始。這也就是說，沒有作品，就沒有相對的術語。這也正是筆者主張我們討論圖書資訊，應以「定型資訊」爲主。所謂「定型資訊」，是指已經公開發表或出版的一種資訊紀錄⑪。類目名稱或主題標目的製定的先決條件，就是必須要有資訊紀錄的存在。這也就是說，類目名稱或主題標目是「定型資訊」的函數：

$$S = f(I)$$

S：類目名稱或主題標目

I：定型資訊

---

⑪　請參看第二章第二節「定型資訊」與「圖書資訊」。

「索引」的編製，完全吻合「作品保證原理」的精神。因爲它所採用的主題術語或詞句，都直接來自作品。沒有作品，也就沒有術語和詞句的出現。所以筆者稱「索引」爲一種分合式或聯合式的「作品保證原理」分類法，實未誇張。

在這裏，筆者必須指出「作品保證原理」中所指的「作品」，實有二種界說：(1) 已知的出版作品，(2) 個別圖書館的館藏。二者之間僅有書名計量上的差別。在意義上是一樣的。尤其在討論「索引」編製的時候，我們必須在觀念上具備這種彈性。一個最淺顯的例子，就是我們在前面提到過的「直立檔」。我們爲「直立檔」中的圖訊資料編製索引，實在沒有理由套用「別人」的「索引表」或「索引典」。否則，一定會陷入「有類無書」和「有書無類」的泥淖，而得不償失。在性質上，「索引」極賦地方色彩，而「分類」則趨向世界性。

第六節　圖訊資料與索引

早在史前時代，人類就開始將「相同」特徵的事物歸併在一起。將貯存的圖訊資料小心翼翼的刻在泥板上，雕鑄在石壁上或廟牆上[12]。二千多年前，埃及的卡里馬朱和我國漢朝的劉向父子，都是編製這類目錄的專家。

凡將圖訊資料，有系統並有規律的登錄在一起，無論它是一張單據、一份目錄、或是一種主題性的書名目錄，對讀者來說，它都只不過是一種具有特殊功能的紀錄，告訴找尋圖訊資料的人，登錄的都是

---

[12] Hessel, Alfred, *A History of Libraries*, Washington, DC: Scarecrow Press, p. 2.

些什麼資料？又在什麼地方可以尋獲它們？可是這類紀錄，並不能告訴他這些圖訊資料對他是否有利用的價值。若想獲得這個答案，他必須耐心地將那些資料，捧在手裏細讀。問題是二十世紀的今天，已沒有人能有那份精力和時間去「博覽羣書」。假如世界上還有人想這麼做，他不是瘋子，也必定是傻子。

作品的公布和出版，目的是讓讀者分享著者對主題的分析和見解。爲了使讀者一拿起書來，就有「賓至如歸」的感覺，圖書的排印及呈現格式，都已走上標準化。通常，一本圖書（Monograph）或一份期刊（Periodical），約略可分成下面幾部分。它們之間，除章／節和題目，在名稱上小有差別外，其他完全相同：

圖　書	期　刊
書名	刊名
目次表（章／節）	目次表（題名）
全文	全文
索引	索引

若我們將宇宙知識微型化（Miniaturization），使一本書或一份雜誌代表整個「宇宙知識」。那麼根據資訊與知識的結構，這個「宇宙知識」的層次，便可以主題檢索（Subject Search）的層次來表示：

知識層次	主題檢索層次	類目層次
宇宙知識	書名／刊名	宇宙知識
↑	↑	↑
知識主體	章／題目	大類
↑	↑	↑
整體知識	節	小類
↑	↑	↑
知識點	標目	大目
↑	↑	↑
整體資訊	索引	小目
↑	↑	
個體資訊	單字、數字、符號	

根據上圖，「書名」和「刊名」都是知識的「最高層」。章和題目 (Topic) 爲「大類」(Main Class)，節爲「小類」(Class)，標目 (Heading) 爲大目，索語中的術語或詞句爲「小目」。從知識層次的結構上看，全文中每一個有意義的單字和詞句，都是「個體資訊」。「索引」（整體資訊）是摘取這些有意義的單字和詞句（個體資訊），然後將它們組合而成。「標目」是知識點，「節」代表「整體知識」，「章」（知識主體）爲「節」之組合。而「書名」和「刊名」，則爲「宇宙知識」，爲「章」和「題目」之組合。層次分明，秩序井然。

「索引」在知識層次中的地位爲「整體資訊」，它是主題知識的發源。「索引」中所列術語或詞句，是主題知識中最基層的一環。那些術語和詞句，都是能讓讀者了解圖書資訊內容的「卽時參考」⓭。

個別圖訊資料中的索引，是主題內容的速寫。我們只需查看索引，便能立卽鑑定這份圖訊資料是否有利用的價值，根本用不著去翻閱全書。從個別圖訊資料，跳到多學科的百科全書。雖然百科全書所涵蓋的內容廣濶，它的索引，在功用上卻是一樣的。

「索引」中的術語和詞句，在同一資料中可能只出現一次，也可能出現多次。我們可以假定，凡同一主題術語被參見的次數越多，則越表示這個主題術語的重要。同樣的，若同一著者被參見的次數越多，那麼這位著者在某學科主題中的權威性也就越大。若同一書名被引用的次數越多，它的重要性也越高。這種觀念，延伸到了雜誌期刊，就有了所謂的「引用索引」(Citation Index) 的出現。如 Science

---

⓭ 筆者術語。

Citation Index⑭。「引用索引」最明顯的目的是借助電腦，以計量方法，測量出那一種期刊或著者被引用的次數最多。再根據引用次數的多寡，爲期刊和著者的重要和權威性定名次 (Rank)。自動化索引的編製，也是利用這種「頻率」(Frequency) 原理，讓電腦摘取索引術語。這是後話，暫且不提。

除「引用索引」以外，還有以專門學科爲主的主題類索引，如 Art Index, Education Index, Index to Legal Periodicals, Library Literature 等等。一般性期刊索引，如Readers' Guide to Periodical Literature, Book Review Digest, Vertical File Index, Applied Science & Technology Index 等。我國所編印的期刊索引，也達 382 種⑮。

一、普通圖書和期刊索引之編製:

爲普通圖書和期刊編製索引，在方法上，因爲二者在本質上有下列幾點根本差異而不同。

1. 在內容方面，普通圖書資料幾乎都是對已知資訊或已知知識作一種新解釋或新詮義。而期刊文獻多半都是全新的資訊或知識。因此，爲圖書資料編製索引，選摘索引術語，多「就地取材」的尊重著者的願望。可是，爲期刊文獻編製索引，就需要尊重許多主題專家共同的意見。所選用的索引術語，多半取自代表性作品中所引用的術語。

---

⑭ SCI 爲美國 Institute for Scientific Information (ISI) 出版。全套「引用索引」包括 *Citation Index, Anonymous Citation Index, Patent Citation Index, Source Index, Corporate Index, Permuterm Subject Index, Journal Citation Report.*

⑮ 鄭恒雄，《中文參考資料》，臺北：學生書局，民71年初版，頁92。

2. 普通圖書資料的呈現方式，好像是「老店新招牌」。而期刊文獻， 則是新開張的行號。 因此， 爲普通圖書編製主題索引，我們採用著者選擇的主題。爲期刊文獻編製主題索引，我們卻要去尋找主題。
3. 普通圖書資料在原則上，每一種都是「完結篇」。而期刊則是沒有完的連續出版品[16]。爲一種圖書編製索引，我們不需顧慮「將來」或「其他」可以影響索引術語或詞句的因素。然而，爲期刊編索引，我們就非兼顧「其他」和「將來」的因素不可。期刊文獻的術語和主題，不屬於任何一位著者，而屬於多數的著者。普通圖書中所引用的術語和主題，則爲該書的著者「專有」（這是一種靜態的觀念）。
4. 編製普通圖書的索引，責任多在少數幾位編者或著者本人的肩上。一般說起來，索引編製的開始，在校對文稿的時候。只有到了那個時候，才能確實知道術語在圖書資料中的正確位置。

   期刊索引是我們所謂的「二手服務」。它是原始期刊文獻的指南。 每種期刊都有題目、 著者， 和開始與終止的頁數。主題和著者索引，通常都是當一卷完全出版以後才編製。爲了方便讀者檢索查詢，期刊索引還有三年、五年、十年等合訂本。有關期刊本身索引的編製，大都由期刊發行者負責。若索引包括多種刊物，則多由獨立的公司負責編製發行。

每種索引，都有它獨特的編製方法和特殊目的。在一切電腦化的今天，「索引」的編製，不僅在速度上已有精進，而且在方法上，也

---

[16] 理論上是如此。實際上有永久停刊、暫時停刊、改名、延遲出版等情況。

有了觀念上的改變。編製索引已不再像昔日那樣拘謹刻板。本來，這也是意料中的事。要電腦去鑑定「有意義」的單字或詞句，它豈能及得上人類的智慧⓱。可是，爲了爭取速度，在品質方面也就不得不稍作讓步了⓲。

二、普通圖書和期刊索引之列舉方式:

「索引」的列舉方式與「目錄」的編製一樣，也都分成著者索引、書名（刊名或題目名稱）索引、和主題索引三種。列舉方式，一般都採用「一行一款目」。這種方式的優點在(1)檢閱方便，(2)容易記憶，(3)便利附加副款目。它的缺點是佔據太多的空間。另外一種列舉方式爲「段落式」。使用這種列舉方式的索引，多限於歷史和社會科學類的普通圖書資料。

至於整個索引的編排方式，有字典式，也有分置式。比較起來，字典式的列舉較易檢視。

根據「知識與主題」一節，我們知道「主題」是由多種相同屬性的「個體資訊」組合而成。它們的彙集，代表一個「知識點」。不過，眞正講起來，並不是每一個著者的撰著都有一個主題的觀念。它很可能只是一個尚未定形的思想和概念。譬如，我們檢討「索引」與「目錄」之間的關係，它只是一種觀念上的辨正。這種觀念並不代表一個主題。它只是幫助讀者了解「索引」和「目錄」的眞意義。所以

⓱ 眞實的說，電腦不能也無法鑑定一個字或一句詞句有意義，或是沒有意義。目前，電腦所用的方法爲呆板的計算「字」或「詞句」的出現次數或頻率。若要電腦眞正能「鑑定」有意義的字或詞句，就必須由人的智慧先設計出一個單字表 (Word Table)，讓電腦去作比較。

⓲ 自動化索引品質方面的改進是可預期的。只是目前「認錯」和分辨錯誤的問題還無法完全解決。

我們實在用不著將這份「討論」也視爲一種主題來處理。又假如我們討論「索引」與「目錄」對讀者資訊檢索的影響，那就應該予以主題性的索引處理。總之，我們不必爲一種已知的觀念作主題索引。否則，這類「主題」充塞其間，反而使讀者無法發掘出眞正新而又有價值的主題知識。

以書名（刊名或題目名稱）來編製索引，就成了「書名索引」。書名中也有一些單字和詞句，實際上就是一種主題。像這類單字和詞句就應該當作主題處理。不過，若題目太籠統，或含意不明，我們就應該採用書名索引的列舉方式來處理。

編製著者索引，比較前二種都容易。唯一應該注意的是著者的聲望，以及他在社會中和學術界的地位。假如著者已達到成爲「主題」(Subject) 的地位，如胡適、狄更斯等，那麼他的名字不僅應該列入著者索引中，還應該列入主題索引中。

另外還有二種利用電腦編製出來的索引:「要字索引」(Word Index) 和「全文要字索引」(Concordance)。「要字索引」完全是電腦的產品。它是有了電腦以後，才被 H. P. Luhn 想出來的一種新的列舉方法⑲。這種列舉方式的重心在「要字」。顯然，「要字」（重要的字），不是普通的字。它也不一定是專有名詞。著者的思想，雖以文字表現出來，但是並不是他利用的每一個字都代表主題、題目、甚至觀念。換句話說，除非一個單字或詞句在意義上有它的重要性，如代表主題、題目或觀念，否則它就不能算爲重要的字。於是，它也就不能作爲索引的術語或詞句。

利用電腦編製出來的索引，包括KWIC, KWOC, 和 Permuterm。

---

⑲ 同❹，頁 108。

這幾種索引雖然在列舉的方式上與傳統式不相同，可是它們的編製速度快，而且便宜。這類索引由於版本換新的容易，所以也常常用它們來推廣「新訊需知」(Current Awareness Services)服務。

第七節　索引法

「索引法」(Indexing) 是分析資訊內容，利用索引系統語言表達資訊內容的一種程序和方法。編製索引也要分析資訊的內容，在意義上，與分類的分析資訊內容稍有不同。分類的析解資訊內容，目的在鑑定資訊的內容屬性，以便「物以類聚」。編製索引時分析資訊內容，目的只在辨明所謂「有意義」的單字或詞句。對分類專家來說，資訊的「內容」(Content) 是一個抽象的概念，必須注入他們的主觀色彩（判斷、解釋），賦予內容一種「屬性」，才能使那種概念獲得「個性」，才能使那種概念「實體化」。而索引家所面對的單字（有意義的字）和詞句，卻無抽象的意味，它們代表著作者的觀念和思想。換句話說，作者的觀念和思想透過「有意義」的單字和詞句而「實體化」。因此，索引家沒有「自作主張」，參入主觀色彩的餘地。簡單的說，編製「索引」是一種「摘字」的藝術。

一百多年前，德國圖書館便利用標題字和要字編製索引[20]。這很可能就是西方索引法的開端。下面所列，爲幾種基本的索引法:

一、標題字索引法 (Catchword Indexing):

「標題字索引法」是「導引索引法」(Derived Indexing) 的一

---

[20] Lewis, R. F., "KWIC...... is it quick?", *Bulletin of the Medical Library Association*, 52:1 (1964), pp. 142-147.

種。所謂「導引」是指索引中所用的術語和詞句，都是「就地取材」，完全摘自作品的標題。不過，這種方式的索引，面對二種危機：(1) 標題的詞不達意，(2) 標題的渲染失實。前者可能是用字不當，後者則多半是爲了生意眼，想推廣銷路。但是，一般說起來，標題(Topic, Title) 都相當簡潔確實。現在就讓我們用一則假想的例子來說明這種索引法。（近代索引原理和結構都以英文爲主，本節所舉各例，盡量用中文。雖然在字句的結構上不如英文達意，但是，索引原理四海皆準，並無中英文之別。）

我們試以「標題字索引法」爲下列七種圖書資料(書名)編製索引：

1. 多面圖書分類法淺釋
2. 圖書分類法導論
3. 美國國會圖書館及其分類法
4. 論中文圖書著錄應以著者爲主
5. 中文標題總目
6. 祁承爜及其在圖書目錄學上的貢獻
7. 圖書分類法緒論

假如我們不作任何編輯上的改變和決定，我們可以按筆劃將上述七書排列而成「書名索引」：

5. 中文標題總目
1. 多面圖書分類法淺釋
6. 祁承爜及其在圖書目錄學上的貢獻
3. 美國國會圖書館及其分類法
4. 論中文圖書著錄應以著者爲主
7. 圖書分類法緒論

2. 圖書分類法導論

上面這則一字未改的索引，其實不能算是索引，只能算是一種「書名目錄」(Title Catalog)。書名目錄與書名索引之間的最大不同在列舉方式。書名目錄中的每條款目在目錄中，只出現一次。書名索引中的每條款目，在同一索引中出現的次數，以「要字（詞）」的數量爲標準。這裏所謂的「要字（詞）」就是能够有獨立觀念和有意義的單字和詞句。這些詞字，包括一切動詞和名詞。虛詞如介詞、連詞、助詞、驚嘆詞等則除外。若以《中文標題總目》一書爲例，它共有二組要詞:「中文」和「標題總目」。因此，這條書名款目在書名索引中，應該出現二次:

1. 中文標題總目

2. 標題總目・中文

但是，「標題總目」又是一個圖書館學中的專門術語，所以它又應該列入主題索引內，而成爲:

標題總目

　中文

爲了避免重覆，「中文標題總目」這一條款目在索引中一共只出現二次，而不是三次:

1. 中文標題總目（書名索引）

2. 標題總目（主題索引）

　中文

讓我們再以〈祁承㸁及其在圖書目錄學上的貢獻〉一文爲例。重要的詞只有祁承㸁（專有名詞）和目錄學（主題詞）二組。於是這條款目在索引中出現的次數一共三次:

1. 祁承煠及其在圖書目錄學上的貢獻（書名索引）
2. 祁承煠（主題索引）
   目錄學
3. 目錄學（主題索引）
   祁承煠

假如祁承煠還沒有構成主題的地位，那麼這篇文章在索引中，就只出現二次：

1. 祁承煠及其在圖書目錄學上的貢獻（書名索引）
2. 目錄學（主題索引）

二、關鍵語索引法(KWIC-Keyword in Context Indexing)：

這種索引法爲美國 IBM 公司的 Hans P. Luhn 在 60 年代發展出來㉑。在意義上，它和「標題字索引法」可說完全相同，只是字序的排列和展示的方式有些不同而已。「關鍵語索引法」強調「關鍵語」(Keyword)。款目的結構和展示都以「關鍵語」爲中心。我們不妨借這個機會來討論一下什麼是「關鍵語」。從中文的結構講，所有的動、名詞，包括專有名詞，都可說是關鍵語。可是，有些詞句雖然也是名詞，但是對整個標題來說，並沒有舉足輕重的重要性。譬如例中曾列舉〈論中文圖書著錄應以著者爲主〉一文，其中「著者」爲一名詞，可是它在整個標題中的地位（指結構上的地位）並不十分重要，我們很可以將該標題改寫成「中文圖書著錄」，而且「應以著者爲主」這一句話，爲作者的一種觀念。在本節中，我們曾說過，不必將一種「觀念」視爲一種「實體」來處理。所以，「著者」這個名

㉑ 同❹。

詞，不能算做「關鍵語」。何況，「著者」爲著錄系統中之一部分，我們討論圖書著錄，絕對離不開「著者」這一個款目。根據這簡單的原則，我們再將那七篇論文，以要字的方式重新排列如下:

1. 多面圖書分類法
2. 圖書分類法
3. 美國·國會圖書館·國會圖書館分類法
4. 中文·圖書·著錄
5. 中文·標題總目
6. 祁承㸁·目錄學
7. 圖書分類法

當我們討論「標題字索引法」的時候，我們只有「中文標題總目」和「祁承㸁及其在圖書目錄學上的貢獻」二篇文章的標題爲例。對排列和展示的方法，並未說明。現在我們就以上述經過「改編」的標題，根據「標題字索引法」的方式排列如下:

4. 中文·圖書·著錄
5. 中文·標題總目
1. 多面圖書分類法
6. 祁承㸁·目錄學
3. 美國·國會圖書館·國會圖書館分類法
7. 圖書分類法
2. 圖書分類法

上面這種排列方式的特點是重要詞句的秩序並沒有改變。同時，所謂的重要字永遠排在左邊第一位。而「關鍵語索引法」卻將重要字排列在中間，其他各字的先後次序卻維持不變。假如我們以「圖」字

爲序，那七篇文章在「關鍵語索引」中的排列次序就跟下列一樣:

5.　　　　中文・標題總目

6.　　　　祁承爜・目錄學

4.　　中文・圖書・著錄

7.　　　　圖書分類法

2.　　　　圖書分類法

1.　　　多面圖書分類法

3. 美國・國會圖書館・國會圖書館分類法

「多面圖書分類法」，英文爲 Faceted Classification，是一個聯合專有名詞，不可以將它分開。不過，在中文索引中，我們不妨將它分開成「多面・圖書分類法」。在列舉時，讀者不僅能從以「多面」爲首的標題款目中找到這篇文章，在「圖書分類法」的主題款目羣中，也能找到它。

「關鍵語索引法」通常都採用固定欄 (Fixed Field) 的方式，往往，題目若太長，頭尾都會被切掉。

三、關鍵字索引法 (KWOC-Keyword out of Context):

這種索引法的特點是在書名或題目中，選擇一重要的關鍵字作爲帶頭的標目。然後將書名或題目名稱一字不漏的全部依序列舉。這種索引方法，對中文比較適合。至少這樣的安排方式，合乎我們的閱讀習慣。

讓我們再用那七篇文章爲例，編製出來的「關鍵字索引」應該與下列的展示相同:

6.　　目錄學　祁承爜及其在圖書目錄學上的貢獻

3. 國會圖書館　美國國會圖書館及其分類法

4.　　著錄　論中文圖書著錄應以著者爲主

1. 圖書分類法　多面圖書分類法淺釋

7. 圖書分類法　圖書分類法緒論

2. 圖書分類法　圖書分類法導論

5.　標題總錄　中文標題總錄

「關鍵字索引法」最大的憂慮是每一書名或題目中，多含有一個以上的關鍵字。因此，在款目的數量上，它的擴展頗有幾何級數的趨勢。

四、題目要字索引法（Word Index）:

「標題字索引法」、「關鍵語索引法」、以及「關鍵字索引法」都應該算是「題目要字索引法」[22]。它們的組織大都分成關鍵字(款目)、要字本體和指示參考三部分。所謂關鍵字（語）在原則上，除了虛字以外的任何字，都可算是關鍵字。關鍵字還有一個條件，那就是它必須可以適用於標目（Heading)。譬如，「論中文圖書著錄應以著者爲主」這一個題目中的「論」字，雖然不屬於虛字，可是卻不適於作爲帶頭的標目。同樣的，「應以著者爲主」代表本文著作者個人的一種觀念。它的用意，只在加深讀者對該文內容的瞭解，但是，卻談不上有「關鍵性」的重要，也不適於作爲帶頭的標目，所以也應該從關鍵字羣中剔除。

「要字本體」是指標目以外的其他關鍵字。而「指示參考」則是隨附著索引款目的書目資料。有時它可能是一種符號，也可能是一個號碼，又可能是一個代碼（Code)。譬如在「關鍵語索引」中有一種定名爲「Luhn 氏代碼」，它是由 11 位數字和文字組成[23]。以英文

---

[22] 英文書籍中多用 "Word Index"（要字索引）這二個字。

[23] Borko, Harold and Charles L. Bernier, *Indexing Concepts and Methods*, NY: Academic Press, 1978, p. 162.

著作爲準，它的結構簡示如下:

$$X_1X_2X_3X_4X_5X_6-Y_1Y_2-Z_1Z_2Z_3$$

說明: $X_1X_2X_3X_4$: 著者姓的前面四位字母

X_5X_6 : 著者名的簡寫

Y_1Y_2 : 出版年的最後二位數字

$Z_1Z_2Z_3$: 題目中前三字的第一位字母

假如文章的題目爲 "A Mathematical Model for Estimating the Effectiveness of Bigram Coding", 著者爲 Abraham Bookstein 和 Gary Fourty. 出版年: 1976,「Luhn 氏代碼」便是:

BOOKA-76-MME

五、全文要字索引法 (Concordance):

「全文要字索引法」[24] 與前面提到的「題目要字索引法」同等重要。從譯名上看，雖然二種索引法的編製重心都屬「要字」，可是摘錄「要字」的方式卻不相同。前者從全文本身摘取，後者只從題目或書名中摘取。所謂「全文」，它可能是一篇文章，一本書的全部內容，也可能是一組專藏或叢書的全部內容。

「全文要字索引」[25]，像「題目要字索引」，也可利用電腦來編製。在字數上，「全文」自然會比「題目」要多。世界上最有名的二種「全文要字索引」服務，可能要算 Biblical Concordance《聖經》全

---

[24] 同[23]。

[25] 筆者未採用中譯「要字索引法」，原因是欲使其 (Concordance) 與另一「要字索引」(Word Index) 有別。

文要字索引㉖，和文學作品全文要字索引(Literary Concordance)，如 1959 年康乃爾大學出版的 "*A Concordance to the Poems of Matthew Arnold*"，編者爲 S. M. Parrish㉗。

「全文要字索引」，在語言學的研究工作上，非常重要。高登偉著的《中國詩詞名句鑑賞大辭典》，便是與「全文要句索引」功能相當的一本很有價值的文學參考書。

六、特別索引法:

前面提到的有《聖經》的全文要字索引和文學類的全文要字索引，其實都應該算是特別索引。它們在方法上，不僅與一般索引法不同，而且在列舉的形式上也不相同。下面幾種，更能顯出它們的特殊性:

1. 樂曲索引法 (Thematic Indexing):

   樂曲索引法，在方法上很像「全文要字索引法」。它多以一位作曲家的曲譜爲索引的對象。樂曲索引可以讓檢索者追本溯源的根據弦律、音韻等找尋到樂曲的原始作者。

2. 化學摘要 (Chemical Abstracts):

   它摘取的都是化學分子公式，列舉的方式也與眾不同。在摘要中的「環型索引」(Ring Index) 和「分子公式索引」(Molecular-Formula Indexes)，爲化學類索引的二種典型。

3. 專利索引 (Index of Patents):

㉖ 最新的《聖經》全文要字索引如*The Eerdmans Analytical Concordance to the Revised Standard Version of the Bible*, Compiled by Richard E. Whitaker, Grand Rapids, MI: William B. Eerdmans Publishing CO., 1988.

㉗ 同㉓，頁 182。

所列款目都以專利號碼和檔案編號爲主。另外還加上國別和有關該專利的文獻資料。「專利索引」爲美國專利和商標局出版。

以上各索引的服務對象爲專家學者。因此，它們的結構和列舉方式，都不易爲「外行人」瞭解。

七、組合索引法 (Coordinate Indexing):

根據字面解釋，「組合」是將二種以上的個別術語，聯結起來而成爲一種主題類目。這個主題類目與個別術語所代表的主題類目不同。譬如，圖書館、大專院校和管理三種不同的個別術語，若將它們聯合在一起，就成爲「大專院校圖書館管理」。這代表一個新的主題類目。假如我們對布耳邏輯 (Boolean Logic) 熟習的話，這個新主題實代表三組不同主題資訊，相互交接的那一部分（如下圖）

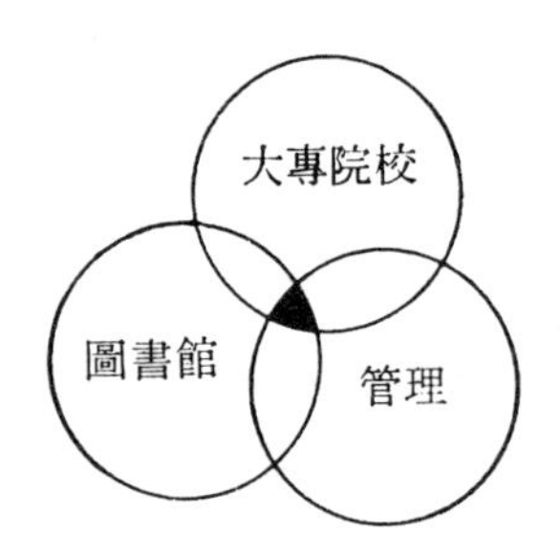

它的組成公式如下:

〔大專院校〕AND〔圖書館〕AND〔管理〕

我們稱 AND 爲布耳邏輯的聯繫符號。它的意義和英文字義的 AND 不同。它不代表「相加」，只表示「彼此相關」。現在就讓我們利用下面的 Venn 圖解來簡單說明布耳邏輯的原理:

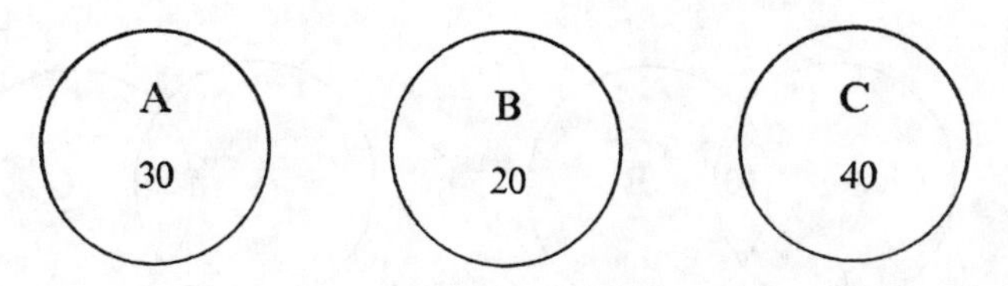

A代表「大專院校」的圖訊資料共 30 種。B代表「圖書館」的圖訊資料共 20 種。C代表「管理」的圖訊資料共 40 種。假如我們要尋找有關「大專院校圖書館管理」的圖訊資料，我們便將這三組資料用 AND 聯在一起而獲得 8 種（如下圖）。這 8 種圖書資訊，每一

A AND B AND C

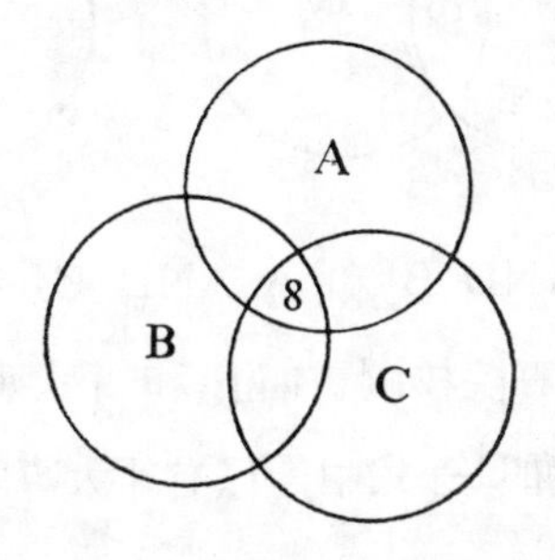

種都至少包含「大專院校」、「圖書館」和「管理」這三個主題。任何圖訊資料不包含這三個主題的，統統被排開(一共 66 種)。因此，我們可以看出 AND 有排除異己的特性。

假如我們用 OR 這個聯繫符號，再將 A、B、C 三組圖書資訊聯結起來。它就表示將所有與「大專院校」、「圖書館」和「管理」有關的圖書資訊彙集起來。從資訊檢索的觀點上看，這種檢索方式，比單獨檢索 A、B 或C有效。因爲，不會有重覆。可是，這種組合方式，對組合索引的建立，沒有用處。因爲，OR 不能產生出新的主題。若我們將 AND 和 OR 混合運用，結果又另當別論。譬如 A AND B OR C 在這裏，我們必須留意布耳邏輯有不同的解釋。

1. A AND (B OR C)＝(A AND B)＋(A AND C)＝35

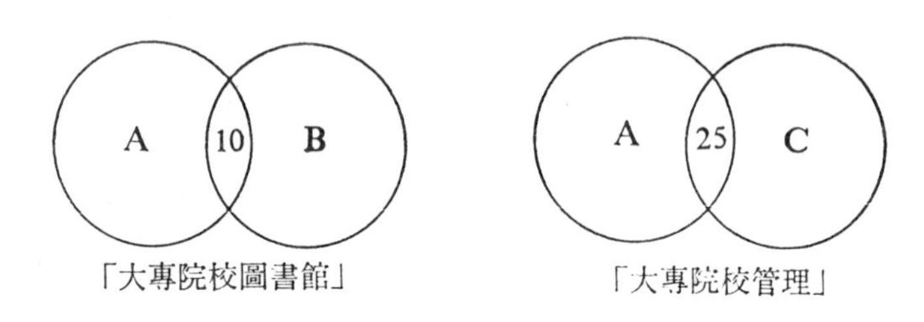

2. (A AND B) OR C=50

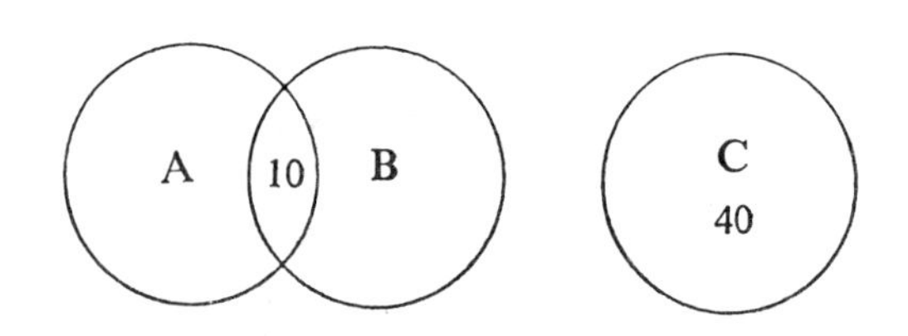

在 A AND B 和 A AND C 一式中，有二組新主題出現:「大專院校圖書館」和「大專院校管理」。但是在 A AND B 和C一式中，只有「大專院校圖書館」一種新主題出現。

布耳邏輯中，另外還有一個聯繫符號 NOT，譬如 A NOT B，意思是說，所有有關「大專院校」的圖訊資料，但不包括「大專院校」的一組資料中也包含「圖書館」主題的資料。它也就等於將有關「圖書館」的「大專院校」圖訊資料排除。在數量上，A NOT B 共22種。

組合式的結構原理，對圖書資訊的組織，影響極大。在分類原理一章中，我們曾提到聯合式分類法 (Associate Classification) 和分合分類法 (Analytical-Synthetic Classification)，無不是組合式原理的應用。從理論上講，組合式結構中的基本元素，在數量上，並沒有任何限制。當然，組合成的主題必須符合二個原則: (1) 它必須要有意義，(2) 必須符合「作品保證原理」的條件。基於這二個原則，組合索引術語的編製，自然的就有了它的週界了。

第八節　索引術語數量控制法

關鍵語和關鍵字索引法，二種利用電腦協助編製索引的方法，雖然原理非常簡單。但是，一旦所搜集的圖訊資料，如直立檔資料，在數量上超過某一種限度，這二種方法，都會變得累贅和不經濟。索引中的關鍵「語」和「字」的列舉方式，實際就是一種互相交替的方式。每一個重要的「語」和「字」，都有「帶頭」(Leading)的機會。譬如，「美國國會圖書館及其分類法」一題目的重要字句，就有「美國」、「國會圖書館」和「國會圖書館分類法」三組。這三組字句中，每一組都會輪到做帶頭款目。若我們以 A, B, C, D 來代表一個題目或書名的四組重要字句。以排列組合的方式，我們可以將它們排成二十四組，包括 ABCD:

A B C D	B C D A	C D A B	D A B C
A C B D	B C A D	C D B A	D A C B
A D C B	B A C D	C A B D	D B C A
A D B C	B A D C	C A D B	D B A C
A B D C	B D A C	C B D A	D C A B
A C D B	B D C A	C B A D	D C B A

它的組合公式爲 n!。若將題目的單位數量定爲m。那麼m條題目，就總共會有 $(n!)\times m$ 條款目 (Entry)。在上面這個例子，$n=4$, $m=1$, 所以總共有 $(4\times 3\times 2\times 1)\times 1=24$ 條款目。若 $m=1000$, 那麼關鍵字或關鍵語索引中的款目就共有 24,000 條。以 1989/90年

版 *Ulrich's International Periodical Directory* 的統計爲標準，世界上共有期刊 110,000 種。每種期刊平均每年發行 10 期，每期以 10 篇文章計算，總共就有將近 11,000,000 條題目 (Topic)。若每條題目仍平均以 4 組重要字句爲準， 則索引款目將高達 4.4×10^7 條。這確實是一個相當驚人的數字。

索引界爲了想控制這不可遏止的款目數量，而發展出下面幾種方法:

一、連續程序法 (Chain Procedure):

這個「程序」是藍根納遜發展出來的。他所謂的「程序」只是編製主題索引款目的一種方法。這種方法的特點，是顯現索引款目的層次和隸屬關係。譬如「A包括B」，「B又包括C」。反過來，我們也可以說「C是B的一部分」，而「B又是A的一部分。」它的基本結構和款目的排列方式，可以下圖表示(A, B, C, D爲一題目中有「意義的」的術語)：

A　B　C　D

B　C　D

C　D

D

現在讓我們利用一個假想的題目爲例來說明[28]。假如題目爲"The Harvesting of the Apple"， 根據冒點分類法， 它的分類標記爲

---

[28] 採自 Hunter, Eric J. and KGB Bakewell, *Cataloguing*, NY: Clive Bingley, 1979, pp. 63-66.

J371: 7。若我們分析它的結構，我們可以發現它由簡到精的路線:

J	Agriculture (農業)
J3	Food (糧食)
J37	Fruit (水菓)
J371	Apple (蘋菓)
J371: 7	Harvesting (收成)

當我們為「蘋菓的收成」編製索引的時候，採用的方式是由下往上而得: 收成: 蘋菓: 農業。

杜威十進位分類法強調它的「相關索引」(Relative Index)。所謂「相關索引」，就是將因分類而被分開排列的相關資料，利用索引的方式，又將它們聯繫起來。譬如 DDC 20 中，在電腦軟體之下，還包括三個主題:

005. 3	Computer Software
011. 77	bibliographies
025. 344	cataloging
025. 174	library treatment

從「冒點分類法」和「杜威十進位分類法」所編製的索引看，我們可以發現「連續程序」並不純碎是一種機械性的操作，實是一種需要參入人類智慧的作業。這種智慧是電腦所沒有的。

二、循環方式法 (Cycling):

這種控制方式的特點，是將一系列的要字，像輸送帶一樣，依次的送到頭位 (Leading Position)。每一種有意義的單字或術語，雖然都可成爲索引款目，但是它們卻不能自由組合。曾經討論過的聯合式分類法 (Associate Classification) 就很像這種循環式的索引。可惜相同主題的索引款目，常因字母或筆劃數目有別，而不能前後排列在一起。這可說是循環索引法的最大弊病。它的優點則是每一種主題都有機會被列舉出來，所以無需利用互見參考。它的結構和術語的排列，可以下圖表示:

A	B	C	D			
	B	C	D	A		
		C	D	A	B	
			D	A	B	C

國際十進位分類法的類目排列，便是根據這種原理。

三、輪迴式索引法 (Rotated Indexing):

在這種控制方法中，每個術語都可以單獨成爲主要標目 (Main Heading)，但是索引款目中各術語的先後次序，絲毫不變。顯示主要標目的方法，是在術語之下，加上一條底線，如下圖所示:

$\underline{A}$ B C D

A $\underline{B}$ C D

A B $\underline{C}$ D

A B C $\underline{D}$

根據輪廻式索引法的結構，我們不難發現它與關鍵語索引法(KWIC Indexing)有著非常密切的關係。關鍵語的標目術語，固定的排在中間位置，這與在術語下加上底線，又有甚麼不同?

四、雙線索引法:

PRECIS (Preserved Context Indexing System) 是「雙線索引法」中之典型。「標題字索引法」一類的索引方法，都屬於直線式索引法。這類方法的特徵，就是將導引出來的術語永遠排成一條直線。而「雙線索引法」，在結構上，一方面保持各術語的直線關係，另一方面，又爲每一個「有意義」的術語編製個別的款目。它的安排形式如下圖:

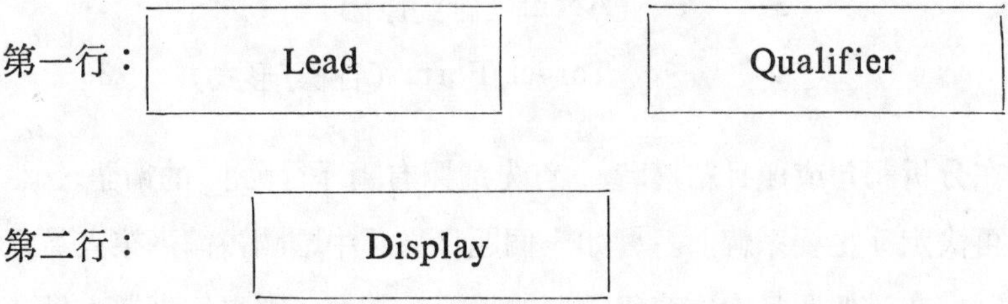

第一行： Lead　　Qualifier

第二行： Display

假如我們用 A, B, C, D 四個字母代表四組有意義的術語，以A爲開始的標目。其他三組術語的行動方向是下面一行，由右向左，由左向上。上面一行，由左向右，如下圖[29]：

---

[29] Foskett, A. C., *The Subject Approach to Information*, London: Clive Bingley, 1977, p. 90.

第一行　　A
　　　　　　↖
第二行　　　B←C←D

第一行　　B→A
　　　　　　↖
第二行　　　C←D

第一行　　C→B→A
　　　　　　↖
第二行　　　D

第一行　　D→C→B→A

「雙線索引法」的結構，實應分成五個基本部分[30]：

0	Location（位置）
1	Key System（主要系統）
2	Action（行動）
3	Agent（行動原因）
4	Target/Form（目標/形式）

在分析詞句或題目結構時，首先選擇有關「行動」的術語。然後，再決定「主要系統」。譬如一個題目爲「中國圖書館專業人員之教育」。在這個題目中有三組重要的術語：教育，圖書館專業人員，和中國。「中國」爲位置，「圖書館專業人員」爲主要系統，而「教育」則爲「行動」。

0	中國
1	圖書館專業人員
2	教育

[30] 同[28]，頁 68。

電腦系統就根據前述五個基本部分，將它們個別的分開成二條線，一共列舉三次:

(A)　　中國
　　　　圖書館專業人員・教育

(B)　　圖書館專業人員・中國
　　　　教育

(C)　　教育・圖書館專業人員・中國

「雙線索引法」是一種相當複雜的電腦索引系統。大英圖書館從 1971 年 就已開始利用這種索引法——PRECIS，編製英國國家書目 (*British National Bibliography*)，成效卻非常好。

「索引」是一種古老的行業。它的正式成爲一門學問，還是1950年代的事。當我們面對浩瀚如海的圖訊資料，「索引」雖然不是唯一能够節省檢索時間的方法，但也是比較適用可靠的一種。由於電腦的逐漸普遍，索引的編製也就變得更加方便迅速。在這一章裏，我們介紹了幾種不同的索引和索引法。由這些不同的索引和索引法，我們很容易的看出，索引這行服務，仍未能統一步調。不過，爲了方便讀者，似有加速它走向標準化的必要。

第十六章　非書資料之組織

在「資訊媒體」一節，我們特意地將儲存資訊的中介物，根據它們的外形結構，大略地分成「圖書資料」（印刷類）和「非書資料」（非印刷類）二種(請參看表三，頁48)。在非書資料一類中，我們又將它分成縮影資料、視聽資料和「其他」三類。「其他」一類中又包括手稿、小册、機讀資料、密集碟、光碟、電腦軟體資料等等。在討論圖書資訊組織的時候，我們也未提到非書資料中的資訊。原因是欲強調圖書資料與非書資料之間，有根本上的不同。因此，在資訊組織的問題上，也不必相提並論。

在一般人心目中，「圖書館」這三個字代表「書庫」。「書庫」裏貯藏的不是線裝書，便是精裝書，統統是書。而圖書資訊編目的目的，則只是組織這類「書」。人們所以有這種執固的觀念，完全得歸功於一千多年來，人們習慣了白紙黑字的資訊媒體。非書資料的發展，雖已有二三百年，可是它們受到普遍的重視，還是最近四五十年的事。它們不僅對一般讀者甚爲新奇，卽使對一般專業館員，也是相當的陌生。非書資料的組織，直到現在還沒有一套完整統一的編目規則，這不能不說它有一些異於常情的原因。其中之一，應該是儲存資訊的媒體，隨著科技的進步，不停的、快速的在那裏演變，而使組織非書資訊的意願和製定的組織方法，失去了平衡❶。

---

❶ 圖書資料的結構比非書資料要穩定得多。自從人類有了紙和發明印刷術之後，圖書的變化就已經停頓了下來。

最早的一套特別爲組織非書資訊而設計的手册，爲 Eunice Keen 的 *Manual for Use in the Cataloging and Classification of Audiovisual Materials for a High School Library*。這本手册的油印本，在1949年出版。1955 年擴大修訂。Keen 是一位學校圖書館專業人員。她的那本手册是以圖書館中所蒐藏的電影片、幻燈卷片、唱片和幻燈片爲對象，在圖書館學家 Jesse Shera 親自指導下，設計出來的。Keen 認爲非書資料也應像書圖資料一樣有一套統一編目規則。當時，除了 Keen 的手册以外，還有*ALA Cataloging Rules for Author & Title Entries*，和美國國會圖書館的 *The Rules for Descriptive Cataloging in the Library of Congress* 二種。

第一部趨向非書資訊編目標準化的編目規則，應該算在1967年出版的《英美編目規則》(*Anglo-American Cataloging Rules-AACR*)。雖然，這本規則朝著統一編目的理想已向前跨了一大步。可是，它的出現並未引起當時廣大的重視。主要原因，是它過份偏向研究圖書館的需要，而忽略了一般中小學圖書館員缺乏正規編目訓練和專業常識的事實❷。同時，編目規則的本身，對媒體多種名稱的問題、媒體的種類問題，以及非書資訊是否適宜套用一般編目原理的問題，都沒有加以清楚的說明和解釋❸。

1968 年，當一批專家學者埋首修訂 AACR1 第十二章的時候，一本名爲 *Standards for Cataloging, Coding, and Scheduling Educational Media* 的編目法則出版發行。這部法則，一共修訂了三次（1971、1972、1976）。它與前述各法則最不相同的地方，就是編著

---

❷ Intner, Sheila S., *Access to Media*, NY: Neal-Schuman Publishers, 1984, p. 37.

❸ 同❷。

機構——美國教育協會（National Education Association——與圖書館毫無淵源。這部法則的特點是不顧 AACR 中著作權（Authorship）的規定，全部以名稱為主要款目。

1970 年，三位加拿大圖書館員，Jean Weihs, Shirley Lewis, 和 Janet Macdonald, 針對 AACR1 的缺點，出版了她們的 *Nonbook Materials: The Organization of Integrated Collections, Preliminary Edition*。她們在原則上同意 AACR1 的混合目錄的觀念。使同樣的編目規則儘量運用到其他媒體上❹。於 1973 年正式出版第一版。1979 年出第二版。她們稱第二版為 AACR2 的「伙伴」。

AACR1 的第十二章，在 1975 年修訂完畢公佈。實際上，它是包括了當時三種不同的非書資訊編目規則：（1）英國圖書館學會編製的 *Non-Book Materials Cataloging Rules* (1973)，(2) Weihs 等的 *Nonbook Materials*，第一版，和(3) *Standards for Cataloging Nonprint Materials* 的第四版❺。在篇幅上，此時的第十二章已大大的擴充。它不僅涵蓋了主要的視聽資料，還包括了其他的教學用資料。

AACR1 中的第十四章，為唱片等的編目規則。它的修訂版在 1976 年出版。不過，無論在篇幅或實質的變化上，都不如修訂的第十二章徹底❻。

---

❹ Frost, Carolyn O., *Cataloging Nonbook Materials, Problems in Theory and Practice*, Littleton, Co: Libraries Unlimited, 1983, p. 18.

❺ Tillian, Alma & W.J. Quinly, ed., *Standards for Cataloging Nonprint Materials*, 4th ed., Washington, DC: Association for Educational Communications and Technology, 1976.

❻ 同❹，頁 24。

1978 年，AACR2 出版。它是集合美國圖書館學會，和英國圖書館學會的聯合作品，聲勢浩大。匹次堡大學的 Daily 說：「由於 AACR2 的問世，很多有關非書資料的編目問題，可算都已消失了。」❼眞的嗎？其實，未必。Daily 他自己也看得很清楚，由於非書資料的數量日增，逼使圖書館在跟隨 AACR2 編目之時，還得另外想法設計一種比較簡易實用的目錄格式❽。這種因種類過多，而急需另尋捷徑的現象，只說明了組織非書資訊面臨多種困難中之一種而已。另一些比種類數量更重要的基本問題，還需要一一解決。現在就不妨讓我們對這些問題加以檢討。

在還未討論正題以前，先讓我們爲「非書資料」這個名詞作一簡單說明：

非書資料＝非書媒體＋非書資訊

因此，「非書資料」實指「非書媒體」和「非書資訊」的一種結合體。爲了達意，我們常將它們分開來討論。當我們用「非書資料」這個名詞的時候，意義兼顧媒體和資訊。假如我們引用非書資訊的時候，那我們僅指儲存在非書媒體中的資訊內容，並不包含非書媒體在內。

第一節　「非書資訊」組織之必然性

---

❼ Daily, Jay E., *Organizing Nonprint Materials*, 2nd ed., NY: Marcel Dekker, 1986, p. 7.

❽ 同❼，頁8。

「圖書資料」的組織，並不是爲組織而組織，而是爲便利使用和管理而組織。對「圖書資料」是如此，對「非書資料」也應如此。當讀者一卷在手，他從不會想到假如那一本書變成了縮影卷、光碟、或磁碟，在閱讀上會遭遇什麼樣的限制和困難。別的不說，閱讀縮影卷，他必須要有縮影卷片閱讀機。閱讀光碟，他必須要有整套的光碟操作系統。閱讀磁碟，他必須要有一套微電腦設備。像這些設備，無一能離開電源。假如在深山荒野，這些設備一分錢不值。相反，圖書和雜誌所需要的「設備」，只是一雙肉眼和自然光源。比較起來，一書在手和一片光碟在手，對讀者來說，心情和感受，都會不相同的。

閱讀圖書和期刊，爲的是吸取知識。同樣的，我們閱讀縮影卷，並不就是爲了檢視縮影卷，而是爲了吸取儲存其中的資訊(知識)。光碟中儲存的資訊，可能和書裏的資訊，並無不同。可是，在展示上，光碟配合電腦所產生的立體畫面和聲光，比起圖書資料來，要生動得多。圖書館蒐集「非書資料」，志在供給讀者資訊和知識一個新層面，使他們對主題知識的瞭解更遼濶，更完整。

爲圖書資訊編目和分類，是爲它的內容建立主題。使相同主題的各種圖訊資料在書架上或目錄中，按照它們之間的親疏關係，能够列舉在一起。當然，這樣做是想讓讀者能够獲得一個有關主題的「知識面」，而不僅是獨立的「知識點」。在研究工作上，「知識面」遠比單獨的「知識點」重要。「非書資料」爲「資訊媒體」的一類。它們的結構、典藏、和使用，雖然與圖書資料有極大的區別，可是，它提供的資訊或知識，絕不遜於圖書資料。而且，從知識整體觀來說，非書資料提供的知識，也實不可少。換句話說，在供應知識的功能上，「非書資訊」的重要實不亞於圖書資訊。這種結果，造成了非書資料需要組織的必要性。

若我們從另外一個角度看，非書資料，如藝術仿製品、繪畫、圖片、模型、地圖、藝術珍藏等的蒐集，主要是爲了供讀者把玩、欣賞。另外一些非書資料，如縮影資料、透明圖片，機讀資料、光碟、密集碟、電腦軟體資料等，都需特別設備，很少外借。在非書資料中，能够供給讀者自由利用的，只有唱片、錄音／錄影帶、影片、幻燈片、手稿、手册等❾。換句話說，也只有這幾種非書資料才需要經過組織及整理的程序和手續。照這種說法，那麼非書資訊的組織又該屬於偶然，而非必然了。

對圖訊資料加以組織，在原則上，總是利多弊少。不過，若資料的蒐集，並不是以讀者的利用爲目的，那麼詳盡的組織和整理則幾近浪費。尤其，非書資料在使用上和典藏上的種種限制，使它們的利用障礙重重。因此，它們早就失去了組織圖書資訊爲了方便讀者的先決條件。

組織非書資訊，既非必然，也不一定是偶然。它的需不需要組織和需要什麼程度的組織，那就要看非書資料在圖書館館藏發展中所居的地位輕重如何了。總而言之，非書資料雖然使知識的儲存立體化，但是地方性的組織色彩和決定，仍舊使非書資訊的組織，距離一個完全「標準化」的理想甚遠。

非書資料需不需要組織，和需要什麼樣的組織，下面幾點，應該考慮:

---

❾ 根據 1964 年，UNESCO 會議通過，凡 49 頁以上的印刷品稱爲圖書 (Book)， 5 頁以上，48 頁以下的印刷品，稱爲「小册」(Pamphlet)。

一、館藏發展計畫中是否包括「非書資料」？

若圖書館有計畫的發展「非書資料」，並以它作爲館藏的核心部份，這就明顯的表示「非書資料」發展性的徵集。這種情況若不是爲了擴展主題，便是爲了滿足讀者的需要（包括教學需要）。無論是那一種原因，只要是針對讀者的使用，那就必須加以組織和整理。（請讀者注意，這裏所指的「非書資料」爲一個包含資訊的整體。並非僅指媒體。）

二、「非書資料」的發展有無重點？

「非書資料」的徵購是以種類（媒體）爲主？以主題（資訊內容）爲主？或是以利用（讀者需要）爲主？假如徵集重點以展覽性的資料媒體爲主，或者僅限於縮影期刊資料，那麼像圖書資訊那樣的編目、分類、目錄等手續，是不必要的。只需極簡單的收件登錄和編目就足夠了。反之，若重點是以主題爲主，那就非採用嚴謹的組織和整理不可。否則便失去了徵集的原意。

三、「非書資料」的徵集是否有固定的預算？

預算是「非書資料」能夠成爲核心館藏的必要條件。沒有固定預算，就沒有館藏。圖書館的圖訊資料，不能仰賴贈送和施捨。否則，館藏既無「人格」(Personality)，也無靈魂(Soul)。「非書資料」若無固定預算，也就表示圖書館沒有發展「非書資料」的誠意。在這種情況下，詳盡的組織方法可免。反過來說，若每年都有固定的預算，那麼系統性的組織是應該的。

四、「非書資料」的借閱是否有限制?

通常借閱政策，可以左右圖書資訊組織的方式。凡不外借或閉架式館藏，圖書資訊的組織和整理，可以簡單。圖書資訊只有在外借或開架式的環境中，才需要經過詳盡的組織和整理。「非書資料」不外借，並不構成不組織的條件。應該注意的是對利用「非書資料」所制定的限制。限制越少，越需要組織和整理。反之，則可以最簡單的列舉方式處理。不過，政策常因人、因地、因時而異。爲了避免將來作回溯性的轉換工作，對可以外借的非書資料，似仍以詳盡組織爲上策。

五、讀者的興趣何在?

讀者的興趣，一向是館藏規劃及發展的指南針。過去，圖書館的館藏發展都採取「我有什麼，你就讀什麼」。現在則是「你要讀什麼，我就蒐購什麼」。這個例子，不是描寫世態炎涼，而是圖書資訊服務的方式改變了。在資訊社會裏，圖書館過去那種「看門人」的威風，早已蕩然無存。

一般說起來，公共圖書館的「非書資料」多爲唱片、錄音／錄影帶、電影片等。大專院校圖書館的熱門「非書資料」，除唱片及錄音／錄影帶以外，還有電腦軟體，幻燈片等。圖書館中的縮影資料，多爲期刊[10]。因爲期刊都已有詳盡的索引及摘要服務，分類的作業實可免除。不過，編目的工作卻不可少。根據1981-82年的一項研究報告，發現美國公共圖書館中，有 83%替全部非書資料編目，另有 4.7%，

---

[10] 也有極少數的專著，如絕版書籍類。

只作部份編目⓫。

原則上，對讀者經常借用的「非書資料」，應該加以組織及整理，其他借用受限制的，則可以簡單方式處理。

六、「非書資料」是否重要?

莎士比亞的著作，被編印成書，被製成電影、唱片、舞臺劇等。雖然是同樣的「主題故事」，可是，內容的結構不同、媒體也不同。同時它們的效果也不相同。這些媒體並不互相取代，而是相輔相成。換句話說，這些不同媒體和它們儲存的資訊都非常重要，而必須予以組織及整理。反之，如電子出版 (Electronic Publishing) 的內容和印刷類的圖書或期刊中的內容，完全一樣，在這種情形下，我們似乎沒有再組織電子出版品的必要。何況電子出版品的編製和使用原理，都與印刷類相同。一般傳統性的編目、分類、以及目錄和索引，對這類資料可說是英雄無用武之地，根本不適用。

按理，任何徵集得來的圖訊資料，無論是印刷類或非印刷類，它們都有預估的資訊和利用價值。爲了方便讀者檢索和利用，我們都應該將它們編目和分類。只是，需要採用那一種方式的編目和分類，才最適合，才最經濟實惠，卻值得仔細斟酌和研究。每一所圖書館都有它自己的服務目標和讀者對象。在非書資料的組織問題上，既不必作繭自縛，也用不著削足適履。不過，非書資料中所包含的資訊內容，實應爲考慮斟酌時的重要依據。中小學圖書館的非書資料，大多由校區行政單位統一購買和分配，像這類非書資料的組織和整理，若能由這些高層單位，在資料分配以前，作統一處理，將可給予這些圖書館

⓫ Intner, Sheila S., "Equality of Cataloging in the Age of AACR2", *American Libraries*, 14: 2 (February 1983), pp. 102–103.

不少方便。而且，也間接的收到「統一規則」的功效。

第二節 「非書資料」與「圖書資料」之差異

在原則上，我們都同意「非書資料」需要編目。但是要怎麼樣去編，卻值得推敲。「非書資料」究竟是「非書」。顧名思義，我們就不應該將「非書資料」與「圖書資料」一視同仁。它們之間有區別，而且區別很大。

我們都知道幻燈片只是一張嵌在硬紙或塑膠匣中的透明影像。它的尺寸有 $3\frac{1}{4}'' \times 4''$， $2\frac{1}{4}'' \times 2\frac{1}{4}''$， 和 $2'' \times 2''$ 等三種。雖然幻燈片的體積小， 它在圖書館的管理上， 所引起的一連串的邏輯問題，實比它的面積大上千百倍。 首先讓我們來考慮它的儲存問題： 根據 Kodak 公司擬定的標準⑫， 我們不能將它直接放在太陽光底下。 同時， 也不能將它長時期的放在放映機的燈光下。 若超過一分鐘， 畫面就會變質。濕度應經常保持 15% 到 40% 之間。溫度則應維持在華氏 70 度左右。室內還應保持良好的通風系統。除非其他資料的典藏，也維持同樣的標準，幻燈片並不適於與其他資料混合排架。

幻燈片的分類系統， 也比較複雜。除了 AACR2 之外， 還有哥倫比亞、耶魯、哈佛、和紐約藝術博物館等分類系統。 在單元紀錄中， 我們還必須仔細紀錄攝影者的全名、國籍、製作日期、題目名稱、尺寸大小，以及製作地點。上述這些在維護上和組織上的種種條件，使幻燈片的蒐藏和利用，困難萬分。這種困難，只有一位實際工

---

⑫ Ellison, John W. and P. A. Coty, *Nonbook Media, Collection Management and User Services*, Chicago: American Library Association, 1987, pp. 343-344.

作者，才可以體驗和解決⓭。

光碟 (Videodisc) 是另一種「非書資料」。它的發展早在 1927 年就已開始，可是，一直到 1980 年代才開始普遍商業化。光碟與其他非書資料有顯著的不同。它有特別的資訊儲存和檢索的能耐。它儲存電視節目、靜止圖片、或數據資訊的功能，是其他任何資訊媒體所無。一張光碟可以儲存 108,000 個單位的畫面。換句話說，一張光碟經過適當的處理，可以儲存 108,000 張幻燈片的影像。每一張影像都可根據儲存在光碟中的索引 (Index) 作即時檢索 (Instant Retrieval)。旅美資訊學家陳欽智教授的「秦始皇帝」專輯⓮，就是光碟用在文教上的最佳表現。

由於光碟的儲存量驚人，很多索引和摘要服務都逐漸由書本式、縮影式，甚至線上檢索系統 (Online Retrieval System) 轉換到光碟檢索系統。譬如 Information Access Company 的 InfoTrac 資料庫檢索系統，可說完全以光碟取代了縮影卷為主的 Magazine Index。一張光碟的數據容量，約等於 5000 張軟性磁碟 (Floppy Disk)。

從幻燈片和光碟的二則例子，我們便不難瞭解它們的功用彼此迥異。在圖訊資料的問題上，也存在著不同的困難。一張幻燈片可能是一幅梵谷的畫，也可能是一幅動物解剖圖，也可能只是一本幻燈片集中的一張幻燈片。而光碟以「秦始皇帝」專集為例，情況就更複雜。它裏面包括 200 組活動影像，5000 張靜止圖片，4200 組文學紀錄，和約有 2 小時的中、英雙語講解說明。若我們仔細去研究它的內容，

⓭ 同⓬，頁 346。

⓮ 「秦始皇帝」專輯，為二張 12 吋光碟。原名應為「始皇帝計畫: 光碟技術下的中國寶藏」(Project Emperor-I: China's Treasure Revealed Via Videodisc Technology)。

我們還會發現專集中的每一幅圖片，每一組活動影像，甚至每一位專家的談話，都可單獨的成爲一個主題 (Subject)， 而且這個主題還可以再細分成很多個不同的副主題。

假如我們想要讓讀者在找尋有關梵谷作品的時候，除了檢索一般印刷類的圖書資訊以外，還能夠檢視到那一張幻燈片；當讀者研究中國先秦文物的時候，除了研讀一般性歷史作品外，也能夠檢視「秦始皇帝」專集中的有關圖片，那我們就必須將它們統統當作資訊個體來處理。這也就是說，「秦始皇帝」中的每一張圖片，每一組活動影像，每一位專家的談話，幻燈片集中的每一張幻燈片，都必須分別的著錄和分類，並且清清楚楚的列舉在有關目錄中。這個看起來容易，做起來煩死人的問題，可說是組織非書資訊幾十年來都無法解決的一個問題。這個問題，可大可小，端看圖書館所蒐藏的非書資料的種類和數量多少而定。尤其要看圖書館服務讀者的意願和決心。圖書館決定以專集處理，或是片片的分開來處理，全在決策者「一念之間」。幻燈片專集和「秦始皇帝」專輯本身，都不是問題。譬如「秦始皇帝」光碟本身就有一套完整獨立的檢索系統。如何將專輯中的每一張圖片和館藏中其他相同或相關主題的圖訊資料聯結 (Connect) 在一起， 才是問題。

假如將「秦始皇帝」當作一個單元紀錄處理，在館藏中只有一個紀錄，一個分類標記。若將它所包含的每張畫面個別處理，那就有幾千個不同的紀錄。這也就是說，要多花上幾千倍的時間，才能將一張光碟中的資料， 一一組織和整理完竣。 從編目及分類的觀點上看，一個紀錄的編製， 當然要比幾千個紀錄的編製要容易得多。 可是，若從讀者使用的觀點上看，幾千個紀錄顯然又要比一個紀錄要理想得多。

筆者一向認爲分類的目的，並不在將資訊分開，而是將相同或相近主題內容的資料銜接拉攏。假如不是爲這一點原因，分類與不分類，又有什麼區別？假如不將「秦始皇帝」分成片片，我們又那能眞正洞悉先秦時代的文物掌故。一張「秦始皇帝」只等於一本書，它所收集的畫片，卻等於幾千本書。因此，我們若想知道「圖書資料」與「非書資料」之差別有多少，那簡直就像一個在地下，一個在天上。而圖書館決策者，要決定那「一念」，實在是難，難，難。

第三節 「非書資訊」與「圖書資訊」之書目紀錄

「非書資訊」與「圖書資訊」，同屬資訊。因此，二者的「書目紀錄」(Bibliographic Record) 在處理上應完全相等。其實不然，它們之間有差別。就以一項問卷調查的結果爲例⑮，發現 73%的公共圖書館專業館員，都認爲二者的書目紀錄應該相等，只有 3%表示不同意。可是，在目錄的編製方面，發現只有 25%的專校圖書館採用混合排列的整體目錄系統 (Integreted Catalog System)⑯。而 68%的專業館員，卻反對將「非書資料」的目錄與「圖書資料」的目錄分開⑰。顯然，專業人員都願見一個整體目錄，包容全部圖訊資料。事實上，只有 1/4 的圖書館這麼做。這種「事與願違」的矛盾，就發生在「非書資訊」與「圖書資訊」的書目紀錄地位不相等。

我們可以另外一個例子來證明，二者書目紀錄的不相等。譬如美

---

⑮ 同❷，頁 126。

⑯ Dale, Doris C., "Cataloging & Classification Practices in Community College Libraries," *College & Research Libraries*, 42:4 (July 1981), pp. 333-339.

⑰ 同❷，頁 127。

國機讀編目格式所使用的格式 (Format)， 就分成下列七種，每種都有不同的資料欄 (Field):

1. 圖書格式 (Book Format)
2. 影片格式 (Films Format)
3. 手稿格式 (Manuscripts Format)
4. 地圖格式 (Map Format)
5. 音樂類格式 (Music Format)
6. 叢刊格式 (Serials Format)
7. 機讀資料檔格式 (Machine Readable Data Files Format)

在線上目錄的環境裏，這種分歧的現象，尚不十分顯著。唯一的分別，只在編製主題目錄上。假如非書資料，在著錄時沒有分類，如只用「秦始皇帝」為主要款目，而不將該專集中的圖片個別處理，同時，也不採用相對的主題標目，那麼縱使利用線上目錄，也無法利用主題檢索的方式，查尋出「秦始皇帝」專集中有關特定主題的個別圖片⑱。同樣的道理，也無法從作者或書名名稱 (Title) 目錄中，找尋到個別的圖片。對讀者來說，這是一種損失。從資訊組織的觀念上看，這更是一個大漏洞。

根據 Jay E. Daily 的說法，AACR2 的出版，給「非書資料」的著錄和編目，帶來了很多改進。而事實上，套用 AACR2 的結果，並沒有使非書資料的著錄和編目，來得更容易⑲。同時，專為圖書資訊設計的主題標目，發現也不一定都適用於「非書資訊」⑳。尤其是線上編目所用的 MARC 機讀格式，雖然為了適應「非書資訊」的

---

⑱ 「秦始皇帝」專集有詳細索引，可供高速檢索。
⑲ 同❼，頁 7。
⑳ 同❷，頁 127。

需要，作過不少次的修訂，然而，所作的努力，既不完全，也不充分。

從著錄和編目上「非書資訊」所遭遇到的種種困難看起來，越發證明了「非書資訊」與「圖書資訊」在書目紀錄的編製上，具有不同等的地位。其實，間接的也說明了現有的編目規則，包括 AACR2 在內，根本無法滿足每一種不同媒體的資訊，甚至每一所圖書館個別的需要。任何圖書館的編目，可說都是標準編目規則和本身意願的一種折衷和協調㉑。

編目規則的標準化，目的在去除編目的地方色彩，促進合作編目。可是，由於「非書資訊」的編目問題無法擺平，似乎使得本已澄清的一塘水，又給攪渾了。

第四節　「非書資料」之組織

十幾年來，從圖書館學文獻中，我們可以將組織「非書資料」的意見，大略的歸納成二大派：一派主張完全採用圖書資料的組織方法，另一派則認爲非書資料，有它獨自的特色，所以主張利用「與眾不同」的方法來組織。筆者稱前面的一派爲「聯合派」，它是以加拿大圖書館學家 Jean Weihs 爲首。稱後面的一派爲「分離派」，它是以匹茲堡大學圖書館暨資訊學系的 Jay E. Daily 爲代表。

一、「聯合派」的主張:

這一派的組織思想，完全建立在「讀者至上」的觀念上。他們主

㉑　同❼，頁9。

張:

1. 全部有關圖書資訊的編目紀錄，不分媒體，一律編排在同一個目錄中。
2. 全部館藏，不分媒體，使用同一種分類系統。
3. 全部館藏，不分媒體，混合排架。

Jean Weihs 等在 *Nonbook Materials: The Organization of Integrated Collections* 一書中，強調館藏合併在一起的重要。她們認爲唯有將多種媒體的館藏放置一起，在目錄中和在書架上，混合排列，才能算是最理想的讀者服務㉒。在另一本著作*Accessible Storage of Nonbook Materials* 的概論中，Weihs 也重申同樣的主張㉓。她認爲混合排架是一種合符瀏覽邏輯的安排方法。所有相同屬性的圖訊資料，都集中在一起，使讀者能在「一次」檢索中，就能達到資訊利用的目的。這樣的安排還會節省讀者和館員不少時間㉔。混合排架的另外一個優點，便是它很可能吸引一些教育程度不高，或不識字，但是能聽能看的「讀者」。這些讀者可以從非書資料中獲得知識㉕。

「聯合派」的最大弱點是將一種複雜的問題硬性的予以簡單化，而實際上，卻絲毫沒有減除「非書資料」組織上的種種根本問題。她們的主張，若眞實現，影響所及，眞會像「春風又吹縐了一池淸水」。「非書資料」和「圖書資料」混合編目、分類和排架的結果，固然可使讀者比較容易的檢索到同一主題的各類資訊，可是「非

㉒ Weihs, Jean R, et al., *Nonbook Materials: The Organization of Integrated Collections*, 2nd ed., Ottawa: Canadian Library Association, 1979, p. 1.

㉓ Weihs, Jean, *Accessible Storage of Nonbook Materials*, Pheonix, AZ: Oryx Press, 1984, p. xi.

㉔ 同㉓，頁 xii。

㉕ 同㉔。

書資料」的使用和典藏，卻不像「圖書資料」那樣直接、簡單。

美國教育資訊中心 (ERIC-Educational Resourus Information Center)，每年出版上千的縮影片 (Microfiche)，平均每二片 (4″×6″) 一份研究報告。因爲，研究主題廣，若這些縮影片，根據分類標記排列，它們便應該分別與有關的書籍和期刊混雜的排在一起。同樣的道理，其他如幻燈片、唱片、圖片、教學樣品、地圖、透明影片、電影片等等，也都應該和圖書期刊一樣，排上書架。

各種各類的圖訊資料的混合排列，不是一個不可解決的問題，只是怎樣去安排它們，怎麼樣使它們能經常保持井然有序，才是問題。假如不能做到後面的一點，卽使排在一起，對讀者又有甚麼好處？在「方便管理」的一節中，我們曾講過，站在資訊管理的立場，我們也不能沒有抑制的過份遷就「方便讀者」。除非有那麼一天，一種神奇的資訊媒體，兼具印刷類和非印刷類的各種優點，而將現在的多種媒體完全取代，否則，「非書資料」在資訊組織及資料安排上，所造成的困難，可能永遠都無法解決。在「無紙社會」裏，最多只解決了印刷類資訊一種問題，可是，非書資料在「無紙社會」中，所引起的混亂，可能還更會變本加厲。

二、分離派的主張：

Jay E. Daily 在 *Organizing Nonprint Materials* 中曾爲「非書資料」下了一個定義㉖：

> 「凡需要利用與普通圖書、期刊、以及樂譜標準處理規則不同的特殊方法來訪購、著錄、編目、使用和典藏的圖訊資料，通稱爲非書資料。」

㉖ 同❼，頁4。

在他的觀念中，「非書資料」顯然與「圖書資料」不同。這種區別並不是儲存在這些資訊媒體中的資訊內容有甚麼不同，而是它們儲存資訊（知識）的方式不相同。就因爲這個原因，他認爲必須用「非常」的手段來組織它們㉗。雖然他說 AACR2 爲非書資料的組織解決了不少問題，可是他又不得不指出「運用於圖書資訊的編目規則，並不一定適用於非印刷類資料」㉘。因此，他主張以標準的編目規則，如 AACR2，爲組織非印刷類資料的基礎，然後再針對圖書館本身和服務社區的需要，酌予調整㉙。由於 Daily 這種看法，使得 *Standards for Cataloging Nonprint Materials* 一連增訂了三次㉚。

根據一項問卷調查報告㉛，發現在美國公共圖書館中，只有 46% 利用 AACR2 作爲非書資料編目的藍本（54%利用 AACR2 編製圖書資訊目錄）。在沒有編目的圖書館中，有71%不準備利用 AACR2 來爲非書資料編目，相對的只有 54%表示不準備用 AACR2 來編製普通的圖書。

Daily 對非書資料的組織方法，簡單的分成下列二大類㉜:

1. 以內容爲主：如地圖、圖片等。
2. 以鑑定性特徵爲主：如錄音、電影、錄影等。

美國國會圖書館發展機讀編目格式的時候，最先是爲了解決圖書 (Books) 的編目問題。後來才漸漸擴展到包容其他非書資料，如影

㉗ 同❼，頁 13。
㉘ 同❼，1972，頁 5 。
㉙ 同❼，頁 20-22。
㉚ 同❷，頁 36。
㉛ 同⓫。
㉜ 同❼，頁 31-62，Daily 的組織方法與筆者「治學」「治書」的觀點頗爲吻合。

片、地圖、音樂和錄音等。爲了適應這些資料的需要，不是在原來的編目格式中，加添新的資料欄 (Field)，便是對舊有的資料欄，重作新的解釋。最近將原始的電影編目格式予以修改，俾容納其他視聽教材。此外，又多設計出一個新的機讀編目格式，專門爲「機讀資料檔」編目之用。

不同的編目格式，容納不同的非書資料。而不同的資訊網 (Network)，或書目共有中心，更將美國機讀編目格式予以地方法(Localized)，俾適應各會員圖書館的特殊需要。譬如 OCLC 有 OCLC-MARC、RLIN 有 RLINMARC 等等。這些機讀編目格式是美國機讀編目格式的變形。這些「新」的格式只能適用於特定的小圈圈裏。它既不能跳越自己的領域，也不能跨過國界。這種「自我化」的特性，證明了二件事實，那就是當世，沒有任何一種編目規則或系統，可以通行四海而皆準，也沒有任何一種編目規則或系統，被絕對地奉爲一絲不變的經典。從下面幾則非書資料的編目範例㉝，就不難看出非書資料組織之匪易。

REALIA（展示教學樣品）

〔1978 United States coins〕〔realia〕.—Denver, Colo.:

United State Mint, 1978.

5 coins, 1 medalion; in cellophane wrapper, 14 × 9 cm.

Contents: 1 penny—1 nickle—1 dime—1 quarter—

1 half dollar—1 U.S. Mint medalion.

I. United States Mint (Denver, Colo.). II. United States.

Department of the Treasury. III. Title: United States coins.

㉝ 取採自 American Library Association, RTSD/CRG/FLA, Non-book Materials Institute, The Hyatt Orlando, Orlando, Fl, May 25-27, 1985（非書資料講習會）。

SLIDES（幻燈片）

Bandelier National Monument [slide]. —

New York: GAF Corp., 19—.

5 slides: col. — (Panavue travel slides;

S319Q)

Contents: Frijoles Canyon—Upper Falls—

Pueblo of Tyuonyi ruins—Prehistoric cliff dwellings—

Talus House.

I. Series

TRANSPARENCY（透明圖片）

Park, Jeanne

[Zoning the home for better family living]

[transparency]. —St. Paul, Minn.: 3M, c1968.

20 transparencies (3 attached overlays);

col.; 21×27 cm. +1 contents sheet in

container 34×28×4cm. —(3M instructional

unit; Home economics; no. 32)

Title from container.

By Jeanne Park.

Transparencies are mounted.

3m: 3532.

I. Park, Jeanne. II. Title. III. Series.

ART ORIGINAL（藝術珍品）

Huchet

[Sunday sail] [art original]/Huchet. —197—?.

1 art print: lithograph, col.: 17×12cm.

Title on label affixed to the verso of the framed work

1st of 25 prints, signed by the artist in pencil.

Size when framed: 36×25cm.

I. Title

FILMSTRIP (AS PREDOMINANT MEDIUM)（幻燈卷片）

Friskey, Margaret

The little engine that could [filmstrip]/
adapted by Margaret Friskey; illustrated by
Katherine Evans; narrated by Donald Gallagher. —
Chicago: Society for Visual Education, 1966.

1 filmstrip (42 fr.): col.; 35mm. +
sound cassette (7 min.)+1 teacher's guide. —
(Children's fairy tales; A 111-5)

Other side of cassette: Rackety rabbit and
the runaway Easter eggs.

Based on the 1939 novel by Margaret Friskey.

I. Evans, Katherine. II. Gallagher, Donald.
III. Series. IV. Title. V. Title: Rackety rabbit
and the runaway Easter eggs.

FLASHCARDS（小學教學用閃視卡片）

Fenderson, Julia K

The reading box [flashcard]: 150 reading games & activities/Julia K. Fenderson.—Rev. ed.—Carson, Calif.: Educational Insights, c1974.

154 cards: b&w; 10×15cm. in box.

Summary: "This Reading Box is intended as a source of a variety of supplementary aids, ideas and techniques for your reading programs."

Contents: Reading readiness—Listening skill builders—Vocabulary builders—Phonics—Choral verse—Reading through writing—Comprehension skills—Dramatic play—Dictionary and reference skills—Speed reading—Book reports—Continuum of reading skills.

Educational Insights: 9112.

I. Title

GAME（遊戲）

PacMan [game]: Tomy pocketgame.—Japan: Tomy [198-?].

1 pocket game: plastic; 12×8×1cm.

Intended audience: For ages 3 and up.

Tomy: 7015

I. Tomy (Company).

KIT (套式教材)

Recycling [kit]: an ecology study/presented by
the Aluminum Association. —New York: The
Association, [1973?]

1 filmstrip (78 fr.): col.; 35mm. in container,
31×32×6cm. +1 cassette (ca. 30min.)+1 teachers
guide+1 booklet (45 p.).

Booklet lists recycling centers

Cassette with audible and inaudible signals.

I. Aluminum Association (United States)

MULTI-MEDIA KIT (多媒體套式教材)

Can I breathe the air? [kit]. —Cambridge, Mass. (1033
Massachusetts Ave., Cambridge, MA 02138): Urban
Systems, c1970.

1 vile calcium hydroxide, 1 carbon monoxide
detector, 1 carbond monoxide chart, filter paper, filter
holder, 1 rubber bulb atomizer, 1 eye dropper, 1 booklet;
in container, 35×25×10cm. —(Urban systems ecology
kit; 7)

Contains material for testing carbon dioxide, carbon
monoxide and sulfur dioxide.

I. Urban Systems.

MODEL (模型)

Empire State Building [model]: New York City. —
Hong Kong: Enco [National Corp.], [19—]

1 model: plastic, bronze; 23cm. high in
box 23×8×6cm.

Box contains facts about the Empire State
Building.

Enco 5-2192

PICTURES（照片）

19th cent. skills and crafts [picture]. —Madison,
Wisc.: State Historical Society of Wisconsin,
c1976.
24 pictures: b&w; 28×21cm. in folder.
Photographs from the Iconographic Collections,
State Historical Society of Wisconsin.
I. Wisconsin. State Historical Society.

POSTER（海報）

Go for it! [picture]: use your library. —
[Chicago: American Library Association,
1983]
1 wall poster: col; 56 cm. in diameter.
Poster for the 1983 National Library Week
promotion.
I. American Library Association. Public
Information Office. II. Title: Use your library.

PUPPET（木偶）

Abe [Lincoln] [realia]. —[Austin, Tex.:
Nancy Renfro Studios, 1980?]
1 hand puppet: cloth, col; 40cm. high

PUZZLE（撲朔）

School of fish [game]. —Phillips-Avon, Me.:

Lauri, [197-?].

1 jigsaw puzzle: rubber, col.; 28×21cm.

Lauri: 2122

機讀資料檔

Algebra [machine-readable data file]. —Version

3. 1. —[Saint Paul, Minn.]: Minnesota

Educational Computing Consortium, c1980.

1 of 8 program files (Apple II) on 1

computer disk; 5 1/4 in. +1 manual. —

(Mathematics; v. 1)

Title from documentation.

System requirements: DOS 3. 3M.

Summary: Provides drill and practice in

solving equations in one variable.

With: Bagels. ICBM. Polar. Polygraph.

Radar. Slope. Snark.

I. Minnesota Educational Computing

Consortium.

地圖資料

簡目

National Geographic Society (U.S.). Cartographic Division.

The Mediterranean seafloor; The Historic Mediterranean, 800 B.C. to A.D. 1500.—Scale 1:4,371,000. —Scale 1:4,730,000.—Cartographic Division, National Geographic Society, 1982.

2 maps on 1 sheet

Relief shown by spot heights. Relief also shown by landform drawings on seafloor map. Depths shown by landform drawings and soundings on seafloor map.

Published "Washington, D.C., December 1982."

"Supplement to the National Geographic, December 1982, Page 694A, Vol. 162, No. 6—Mediterranean."

Includes text and notes. Historical map also includes 6 insets, 5 ancillary facsimile maps, abbreviation guide, and glossary.

細目

National Geographic Society (U.S.). Cartographic Division.

The Mediterranean seafloor/produced by the Cartographic Division, National Geographic Society; painted by Tibor G. Toth, staff artist. The Historic Mediterranean, 800 B.C. to A.D. 1500/produced by the Cartographic Division, National Geographic Society; design, John F. Dorr, Laura Robinson Pritchard; map compilation, Juan J. Valdes.—Scale 1:4,371,000. 1cm.=44km. or 1 in.=69 miles; Mercator proj.—Scale 1:4,730,000. 1cm.=47km. or 1 in.=75miles; Lambert conformal conic proj., standard parallels 33° and 45° (W 13°—E 44°/N 48°—N 27°).—Washington, D.C.: The Society, 1982.

2 maps on 1 sheet: both sides, col.; 54×90 and 43×94cm., sheet 58×94cm., folded to 15×24cm.

Relief shown by spot heights. Relief also shown by landform drawings on seafloor map. Depths shown by landform drawings and soundings on seafloor map.

Published "Washington, D.C., December 1982."

"Supplement to the National Geographic, December 1982, Page 694A, Vol. 162, No. 6—Mediterranean."

Includes text and notes. Historical map also includes 6 insets, 5 ancillary facsimie maps, abbreviation guide, and glossary.

1. Submarine topography—Mediterranean Sea—Maps. 2. Ocean bottom—Mediterranean Sea—Maps. 3. Mediterranean Region—Maps, Physical. 4. Mediterranean Region—History—Maps.

I. Toth, Tibor G. II. Dorr, John F. III. Pritchard, Laura Robinson. IV. Valdes, Juan J. V. Title: Historic Mediterranean, 800 B.C. to A.D. 1500.

G5672. M4C2 1982. N3

83-692664

AACR 2　　MARC

MAPS

三、「非書資料」之組織策略:

傳統的資訊組織，包括編目、分類、編製目錄和索引。目錄(Catalog)是讀者與圖書資訊溝通的重要管道。每一所圖書館都有館藏目錄。但是，在編目與分類上，每所圖書館都可以本身需要，作適當的選擇。這些選擇不外下列五種:

1. 編目又分類
2. 編目卻不分類
3. 不編目卻分類
4. 不編目也不分類
5. 部份編目部份分類

編目是爲資訊建立「單元紀錄」，作爲設計資訊檢索系統的根據。同時，也爲了在編製目錄的時候，同一著者和同一主題的圖訊資料，能夠列舉在一起。而分類的主要功能，是使同一主題的圖訊資料在排架上能夠顯示出它們之間的親疏關係。分類的另一功用，便是編製分類目錄和排架目錄 (Shelf List)。在前述五種不同的組織資訊策略中，第一種「編目又分類」，代表「全套」的組織及整理。普通一般圖書館對圖書資料，大都採用這種策略。使用的編目規則多爲AACR2。使用的分類系統，則有杜威十進分類法、美國國會圖書館分類法、國際十進位分類法、冒點分類法等。我國目前，則多半採用賴永祥編訂的《中國圖書分類法》。

裝訂成册的期刊，和大多數「不外借」的非書資料，尤其如縮影資料，多採用第二種「編目卻不分類」的策略。第三種「不編目卻分類」的實例，還不多見。索引法在意義上實屬於這一類，只是分類系統與普通圖訊資料所採用的不相同。第四種，既不編目，也不分類，常見於一般極小規模的圖書館。館藏量極少。另外一種圖書館，便是採用該館自己設計的線上目錄系統。在所謂「單元紀錄」的結構中，只有簡單的資料欄，而且並不一定遵守標準化的編目規則，如AACR2。最後一種，實爲二、三兩種的綜合。程度上各圖書館均有不同。

「非書資料」應該編目，已無異議。至於是否需要分類，在本章

第一節中已有討論。分類的決定應該根據圖書館本身的服務目的、讀者對非書資料的需要情況、以及「非書資訊」的內容重要性而定。原則上，凡是讀者常用而又必須借出的非書資料，都應該分類。既使這些非書資料與普通圖書資料分離排架，也應該分類，冀收相關位置和顯示主題親疏關係的功效。

在美國專科學校圖書館，對非書資料採用的分類系統分配如下㉞:

分類系統	百分比
杜威十進位分類法	25%
國會圖書館分類法	11%
登錄號	10%
資料形式加登錄號	14%
其他	40%

從上面這個表，可以看出大多數的圖書館，對是否爲「非書資料」分類這個問題，舉棋不定。天下事，很多是「能爲而不爲」。唯獨對「非書資料」這一樁事，是「欲爲而不能爲」。至少從筆者個人的觀點來看，對「非書資料」的分類，必須堅持選擇性 (Selective)。大可不必全部分類或全部不分類。無論傾向那一個極端，不是浪費了館員的精力和時間，便是過份抑止了讀者提昇對主題知識瞭解的水平。

組織圖書資訊的最終目的，是期求它們能被讀者即時和持續不斷的有效使用。組織非書資訊的目的，也不因它們的形象和使用方式特殊，而有所不同。我們知道組織「非書資訊」的不易。但是，如今既

㉞ 同⑯。

有了 AACR2，原本困難的編目工作，也就應該容易多了。

從資訊組織的觀點上看，我們講求精簡實惠。從讀者使用的觀點上看，我們卻希望非書資源 (Nonbook Resources) 能幫助讀者擴展主題知識的領域。可是，像「秦始皇帝」專集中的那些重要圖片，無法使它們與圖書館中其他相同屬性的主題館藏，建立起親疏關係，縱使有了線上目錄，也不能使讀者的主題知識增長。這實是一個技術上的難題。也許科技的進步，會帶領著我們跨越這一道阻礙知識溝通的洪渠。

「非書資料」的組織，除去傳統的方式外，也可採用「索引」的原理來組織。雖然這種方法不如編目那樣多的功用（指檢索項），可是在資料的處理時間上，要快很多。假如術語典編製得當，由主題標目的方式檢索，也非常便利。假如我們能利用微電腦和 dBASE IV 來操作，效果必定更佳。唯一的缺點，是索引方式不能與編目方式配合而編製出「混合目錄」。一旦非書資料採用了索引的組織方法，也就等於宣佈與圖書資訊的組織方式分了家。此後，便各走各的路，再也不碰頭。因此，在組織方法的選擇上，我們必須格外謹慎。

第十七章　圖書資訊組織自動化

五十年以前，組織圖書資訊是一件非常瑣碎而又「勞力密集」的作業。五十年後的今天，組織圖書資訊，仍舊是一件非常瑣碎而又「勞力密集」的作業。幸運的是，現在我們有了電腦，圖書館多已用它來作爲輔助人力不足，減低成本，增加生產力的重要工具。更重要的是電腦催逼著圖書資訊組織走上自動化。

假如我們有興趣回溯一下歷史，那是在四十多年前，也就是1946年，美國賓州大學 (University of Pennsylvania) 的一位電機工程師和一位物理學家，聯同五十多位同好，建造了世界上第一臺命名爲ENIAC (Electronic Numerical Integrater And Computer) 的電子計算機。這一臺機器，淨重 30 噸，共用了 18,000 支眞空管。當時的費用爲五十萬美元，約合時價三百萬美元。以現在的眼光看起來，無論那一臺計算機是多麼的笨重難看，自從那個時候開始，整個世界幾乎都被它的後代攪翻了過來。

二十多年來，電腦的快速發展，不僅使資訊社會紮穩了根，而且也使它的成本急劇下降，功能反而大增。圖書館利用它，使技術作業出現了新的生機，也使圖書資訊的組織，從「勞力密集」逐漸步向「資本密集」的道路。並且使整個圖書資訊事業的發展，也有了新的方向。但是，甚麼是電腦？它又爲甚麼能夠幫助資訊組織自動化？現在就讓我們對這二個問題，稍作探討。

第一節　甚麼是電腦

「電腦」實爲「電子計算機」的俗稱。英名 Computer 源自拉丁文 Computare。從字面上解釋，它是一種數字演算的機器。不過，現代的電算機，不獨可以演算複雜的數學公式，還可以處理各種能够轉換成數據的文字資料。電腦究竟是什麼呢？簡單的說，電腦是一種具備輸入、儲存、處理和輸出四種系統的電子機器。

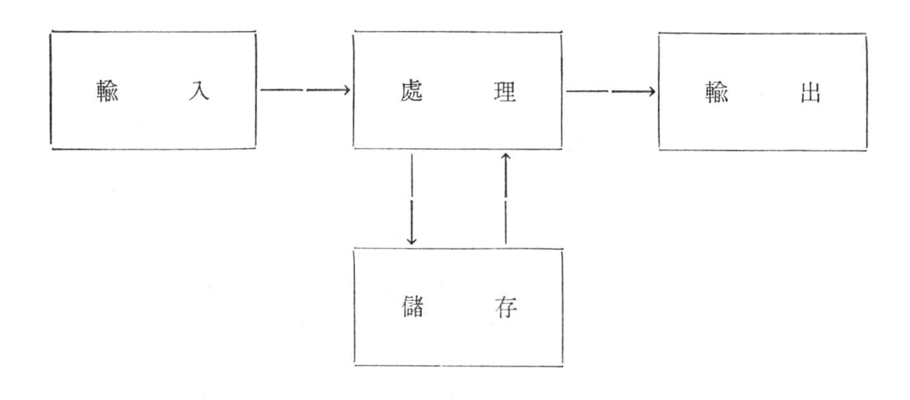

一、輸入系統:

圖書資訊原料輸入電腦共有三種方法: (1) 鍵入法 (Key In), (2) 樣本辨識法 (Pattern Recognition Device), 和 (3) 科學儀器法 (Scientific Instrumentation)。「樣本辨識法」又分「光學掃描法」(Optical Character Recognition) 和「聲音辨識法」(Voice Recognition) 二種 (圖八)。

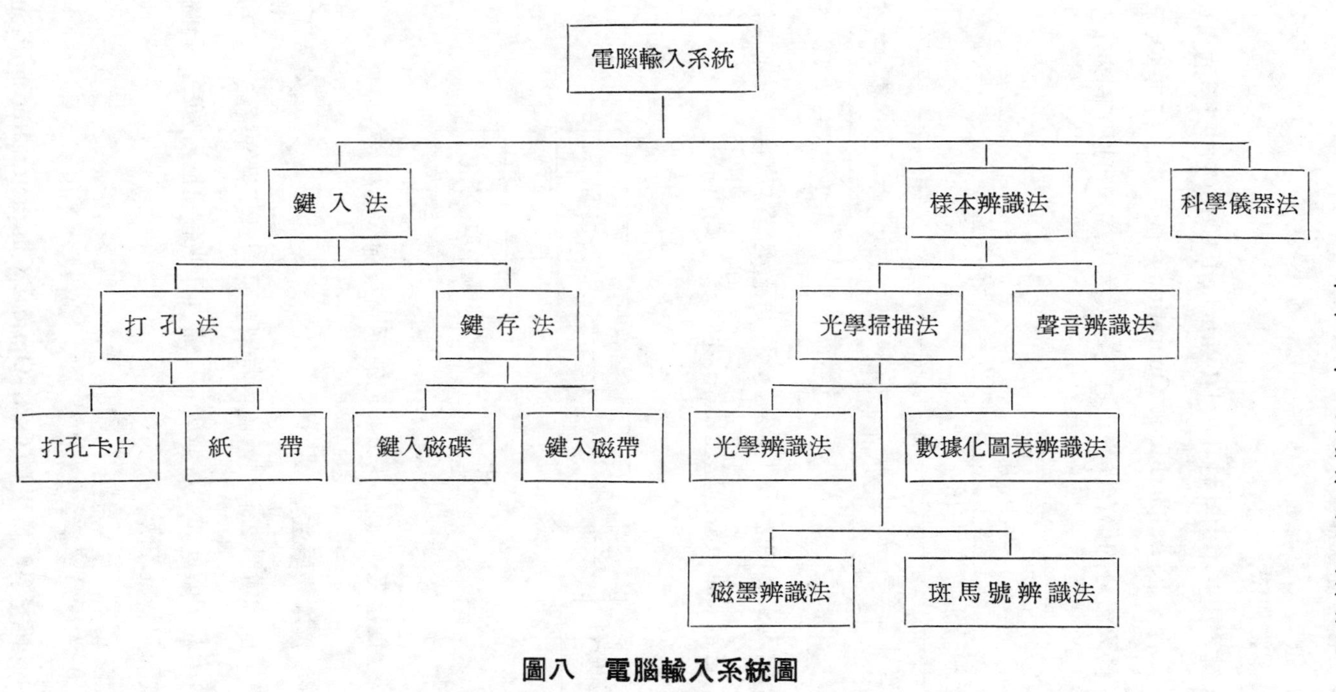
電腦輸入系統
鍵入法
樣本辨識法
科學儀器法
打孔法
鍵存法
光學掃描法
聲音辨識法
打孔卡片
紙帶
鍵入磁碟
鍵入磁帶
光學辨識法
數據化圖表辨識法
磁墨辨識法
斑馬號辨識法

圖八　電腦輸入系統圖

1. 鍵入法:

「鍵入法」中之「打孔法」(Punched Cards) 在資料的處理上，爲「整批作業」(Batch Mode Operation) 的方式。打孔卡片和紙帶便成了輸入資料的儲存媒體。打孔輸入的程序，可以下圖表示:

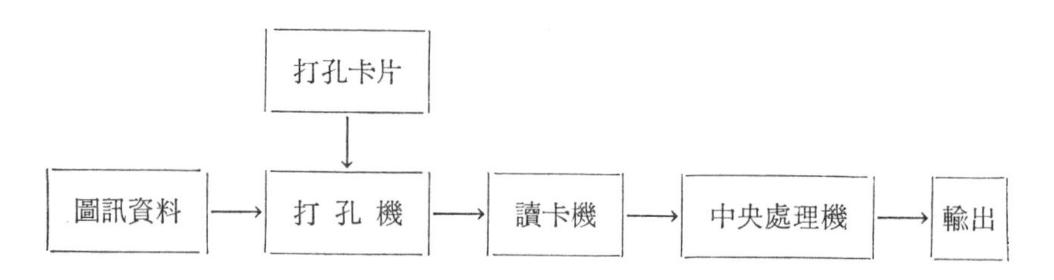

「鍵入法」中之「鍵存法」，是透過鍵盤，直接將資訊原料輸入電腦。它對圖訊資料的處理程序，也可以下圖簡示:

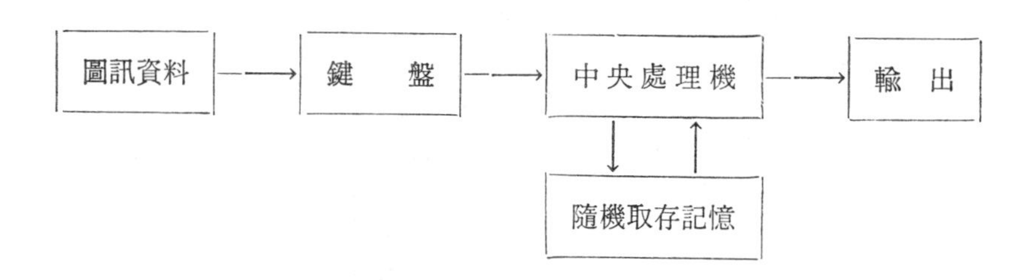

最近幾年來，「打孔法」已有逐漸被淘汰的趨勢。

2. 樣本辨識法:

在「樣本辨識法」中，值得特別重視的是「聲音辨識法」和「光學掃描法」中的「光學辨識法」二種。其他各種輸入方法，對圖書資訊組織的影響都不大。

(1) 光學辨識法:

「光學辨識法」(OCR-Optical Character Recognition) 是

比較新的一種資訊原料輸入電腦的方法。根據最近的研究報告，「光學辨識法」已有了相當的進展。尤其是美國聯邦政府屬下的幾所國立圖書館，在這一方面，已有了高水準的成績❶。以現在的技術水平，對一般性的印刷資料，都可成功的以這種方法，直接輸入電腦而完全不需人工。這種「光學辨識法」，對圖訊資料的處理程序，可以下圖表示:

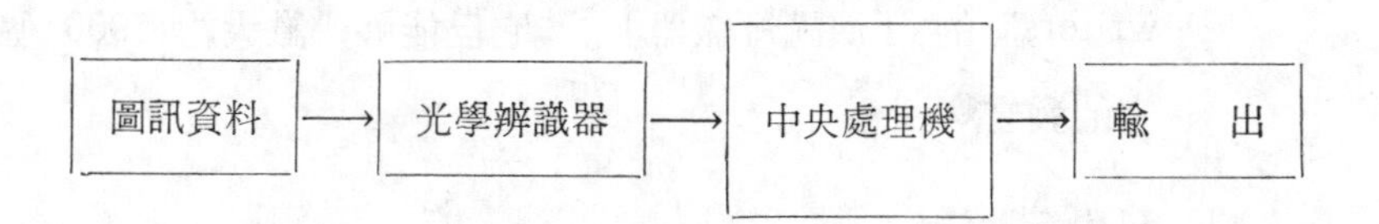

「光學辨識法」的辨識原理是「距陣配對」(Matrix Matching)。當一份資料穿過掃描器 (Scanner) 時，掃描器便將光線掃得的每一個文字和符號，與已經儲存在辨識器中的文字和符號相比較。凡完全「配對」上的，便予以「抄錄」並儲存在電腦裏❷。「光學辨識器」，與我們所熟知的「傳眞」(Facsimile) 有一點顯著的區別，那就是後者「不知」傳眞的內容，只是照章抄仿。而前者則非先鑑定內容，比較「樣本」，方能將所需的資訊儲存在電腦裏處理。

(2) 聲音辨識法:

雖然目前將聲音直接輸入電腦作業並非不可能，可是，要電

❶ *Proceedings of the Conference on Application of Scanning Methodologies in Libraries*, November 17-18, 1988, Beltsville, MD: National Agricultural Library, 1989.

❷ Brody, Herb, "Machines That Read Moved up a Grade," *High Technology* (February 1983), pp. 35-36.

腦能够辨識一種字體，懂得每種方言，或掌握住每一個說話人的語氣和抑揚頓挫，那恐怕還不是這一個世紀中能够實現的事。現在一般所見到的，只有「單字辨識系統」和「演講辨識系統」二種。「聲音辨識法」的原理與其他「樣本辨識法」相同，都需要預先「留下樣品」，然後才能比較和「配對」。「單字辨識法」也不例外。目前所用的單字，限於200 字左右。至於辨識演講，現在已有一套取名為 “Talk-writers” 的「演講辨識器」。它已能够辨識大約 5000 個字的發音❸。

3. 科學儀器法:

美國人造衛星 Voyager II，於1989年 7 月飛越離開地球 28 億哩外的海王星 (Neptune)。利用携帶的電視鏡頭和其他感應測量儀器 (Sensors)，掃描海王星及它的幾個月亮。Voyager 上的電腦，將電視鏡頭收得的影像轉換成數據，然後利用無線電波，將它們傳回地球。當美國南加州的 Jet Propulsion Laboratory 收到這些電波後，再利用電腦，將這些數據轉換成影像。

由於這些儀器的設計，不是以一般消費者爲對象，因此，對圖書資訊的組織，並沒有多大的幫助。

二、輸出系統:

「儲存」(Storage) 這個名詞，在電腦作業中，有二種不同的意義: 一種是資訊原料處理以前的儲存，另一種爲資訊原料處理以後的儲存。我們稱前者的儲存爲電腦系統的儲存。它包括「隨機取存記

---

❸ Blissmer, Robert H., *Introducing Computer*, NY: John Wiley, 1988, p. 98.

憶」(RAM) 和「唯讀記憶」(ROM) 二種。我們稱後者爲輸出儲存。它可分爲「永久儲存」和「臨時儲存」二種（如下圖）：

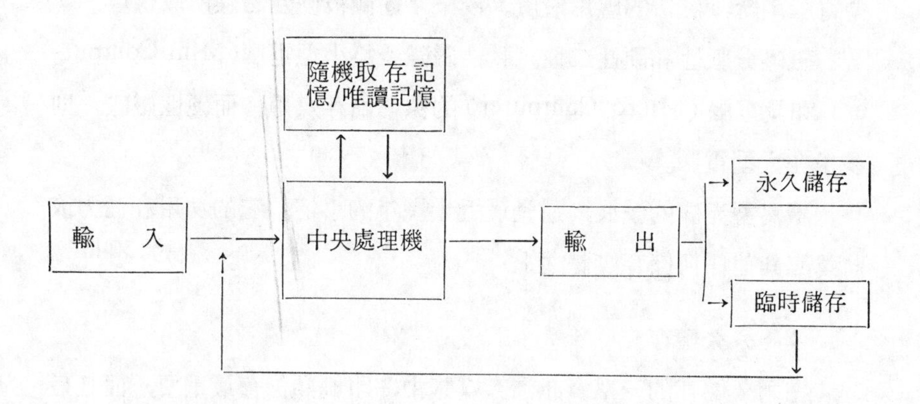

1. 臨時儲存:

輸出儲存中之臨時儲存，必須利用與電腦相容的儲存媒體。這類媒體與永久儲存媒體有極大的不同（圖九）。前者可以一用再用的作

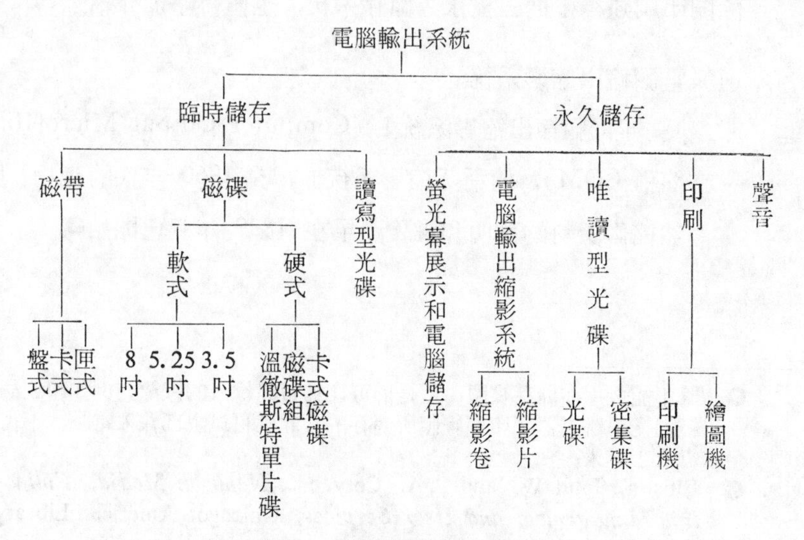

圖九　電腦輸出系統圖

爲資訊原料輸入電腦的媒體。而後者卻不能❹。

在臨時儲存媒體中，磁帶和磁碟的利用，最佔優勢。在早期的大型電腦系統，磁帶的應用最廣。後來才逐漸被硬性磁碟所取代。

磁碟分軟性和硬性二種。軟性磁碟多爲小型電腦(Mini Computer) 和微電腦 (Micro Computer) 的標準儲存媒體。而硬性磁碟，則多用在大型電腦。

讀寫型光碟的發展，還是最近十幾年的事情。它的功用和潛力或將駕臨其他任何儲存媒體之上。

2. 永久儲存:

在永久儲存的一羣資訊儲存媒體中，印刷類仍舊最重要，而且最受歡迎。印刷機的不斷改革更新，加上與各種軟體的配合，使印刷出來的成品，無論是在格式、字體、或版面設計上，都已接近職業化的水平。假如彩色印刷能夠普遍，印刷品就會更受到喜愛。

除開印刷類，下面三種永久儲存系統，也值得略加介紹:

(1) 電腦輸出縮影系統:

「電腦輸出縮影系統」(Computer Output Microfilm, 簡稱 COM)，簡稱「縮影系統」，是 1960 年代的產物。雖然縮影資料的發明和實驗，早在 1839 年就已開始❺。

---

❹ 雖不能再用作儲存媒體，可是仍可作爲資訊輸入的來源。例如印刷品經過光學辨識器，印刷媒體所儲存的資訊就可以全部輸入電腦，不需靠人工鍵入。

❺ Ellison, John W. and P. A. Coty, ed., *Nonbook Media, Collection Management and User Services,* Chicago: American Library Association, 1987, p. 140.

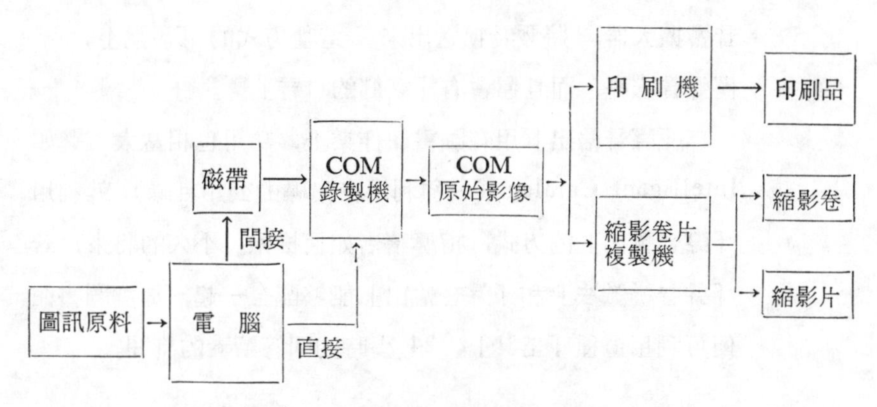

圖十　電腦輸出縮影系統圖

COM 的形成，可以圖十代表。一般圖書館多利用它來編製目錄，或用來作為「線上目錄」的臨時代用品。它的優點在檢索迅捷，不需排列目錄卡片，修訂容易，同時，目錄分布也比卡片式目錄容易。它的缺點是使用上的困難❻和閱讀機的昂貴。

(2) 聲音輸出系統:

1980年代，在電腦輸出系統中，逐漸展露頭角的是「聲音輸出」(Voice Output)。這一套系統和設備，與稍前提到過的「聲音辨識器」恰恰相反。它的程序是先將一定數量的單字發音予以數據化 (Digitized)，並存入電腦，然後，再利用微處理機 (Microprocessor) 選出單字，並將它們連在一起。最後，再從電腦記憶中，選出相同的單字發音，透過

❻ Hodges, Theodora & Uni Block, "Fiche or Film for COM Catalogs: Two Use Tests," *Library Quarterly*, 52: 2(April 1982), pp. 131-144.

音響擴大器，將發音擴送出來。這種方式的「說話」，不僅聲音宏亮，而且還會有「家鄉的口音」❼。

「聲音輸出」用在圖書館作業上，功用也相當大。譬如 Intelligent Catalog（一種利用密集碟的公用目錄）就利用「聲音輸出」的方式，指導讀者如何檢索。不久的將來，若「聲音辨識法」和「聲音輸出」能够配合一起，那麼圖書館便可利用這種「工具」，24 小時的回答讀者的詢問。

(3) 唯讀型光碟:

光碟(Videodiscs)，顧名思義，是一個光亮的盤形物。通常，它的直徑爲12吋。早期也有 8 吋。在非印刷類電腦輸出媒體中，它最是多采多姿。它能儲存電視節目，也能儲存普通圖片，數據資訊，甚至聲音和音樂。一張 12 吋光碟，能容納 108,000 張畫面（每面 54,000 張）。

光碟中儲存的畫面和聲音，在品質上，比錄影帶、錄音帶都要好。它還有一種其他媒體皆無的特性，那就是一旦光碟和電腦混合在一起，它們所產生的效果，遠遠超過二者之合❽。

美國 Information Access Company 可能是第一家公司利用光碟編製資料庫 InfoTrac，供作資訊檢索。但是，使光碟和微電腦連線操作的效果，達到巔峯狀態的，當推我國旅美著名資訊學家，西蒙斯圖書館學暨資訊科學研究院副院

---

❼ Hussain, Donna and K. M. Hussain, *Information Processing Systems for Management*, Homewood, IL: Richard D. Irwin, 1981, p. 90.

❽ 同❺，頁 353。

長陳劉欽智教授。她那蜚聲國際，經過一年多時間（1984年10月—1985 年 12 月)完成的「始皇帝計畫：光碟技術下的中國寶藏」(Project Emperor-I: China's Treasure Revealed Via Videodisc Technology)，透過光碟和電腦的混合技術，使那些埋藏了二千多年的中國先秦文化，美麗生動的重新「活」了過來。

「始皇帝計畫」是以中國西安秦始皇帝墓地中出土的7000多兵俑和藝術文物爲背景，利用激光燒鑄成二張 12 吋光碟。配合電腦，在檢索上還有下列四點重要特點❾：

(1) 檢索迅速：檢索54,000張畫面中的任何一張畫面，平均只需 1.5 至 3 秒。

(2) 可以逐章（Chapter）檢索，也可以逐張畫面檢索。

(3) 可以利用近鏡頭檢視個別畫面或畫面的任何部分。

(4) 索引中專門術語，便利檢索個別畫面。

「始皇帝計畫」的成功，一方面固然展露陳劉欽智教授過人的睿智和才華，另一方面也顯示出光碟和電腦混合操作所擁有的發展潛力。也許，光碟正是我們需要的一種圖書資訊媒體。它的應用到圖書資訊事業，還正開始❿。

三、儲存系統：

---

❾ Chen, Ching-chih, "Interactive Videodisc Technology & Hypermedia Information Delivery: The Case of Project Emperor-I," In: *Proceedings of IMACOM '88 Conference on La Video Interactive et ses Applications*, held in Besancon, France, October 25-27, 1988.

❿ Intner, Sheila S., "A Conversation with Ching-Chih Chen," *Technicalities*, 7: 3 (March 1987), pp. 3-7.

電腦系統裏的儲存 (Storage)，不是指輸出儲存媒體一類的永久或臨時儲存，而是指處理 (Process) 以前所謂的「隨機取存記憶」(RAM-Random Access Memory)。也有人稱它爲「讀寫記憶」(Read/Write Memory)。它是預留「中央處理機」(Central Frocessing Unit) 或微電腦的「微處理機」(Microprocessor) 中的一部分儲存空間，作爲讀寫輸入資料之用。另外的一部分儲存空間，則供給電腦系統本身作業之用。我們稱這一部分的儲存爲「唯讀記憶」(ROM-Read Only Memory)。

以文字資料操作爲主的電腦系統，「隨機取存記憶」的容量 (Capacity) 大小非常重要。通常一個字、一個數字、或一個標點符號，佔據 8 個「數元」(bit)。每 8 個「數元」組成一個單位的「數元組」(Byte)。這二個單位 (Unit) 在資料的層次結構上，屬於最基礎的二層（如下圖）。

資料層次

Bit（數元）

Byte（數元組）

Field（資料欄）

Record（紀錄）

File（資料檔）

Database（資料庫）

現在的微電腦，RAM 的容量多在 640k 或 1024k 左右（每K等於 1024 個單位的數元組），並可視需要而擴增。一臺 640k 的微電腦，可儲存 655,360 個數元組 (Byte)。

「隨機取存記憶」爲臨時性的記憶，一旦電源消失或作業終止，儲存在 RAM 中的記憶，也就隨之消失。因此，在操作的時候，應該養成一種隨時作「輸出性儲存」的習慣，以免電源切斷，而全功盡棄。市面上多數微電腦都有所謂「附加」(Build-in) 輸出性儲存。容量多在 20MB（二千萬個字左右）。

四、中央電子綜合系統:

無論那一類型的電腦，都有一個所謂的「中央電子綜合體」(Central Electronic Complex)。這個綜合體包括「中央處理機」(Central Processor)，記憶 (Memory)，和一些供應資訊穿梭於處理機與記憶部門之間的「通道」(Pathway)。這個綜合體，實爲電腦的神經中樞。在功能上，它與電腦的週邊設備（Peripherals）完全不同。

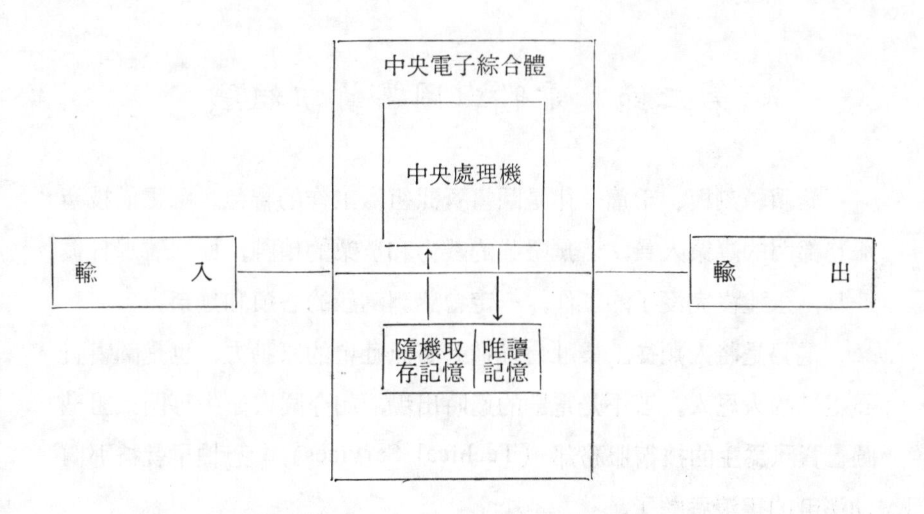

電腦的「中央電子綜合體」和一套音響設備有很多相似的地方。音響設備的中樞爲一擴音器 (Amplifier)。它擔任信號(Signal)的寫碼和解碼雙重任務。電腦的中央電子綜合體，也有寫碼和解碼的責任。它們之間另外一個相似的地方，便是在體積上可以大小不同。電腦與音響設備的相同，終止於記憶的功能。音響設備沒有記憶的功能。而電腦的神奇，就建立在處理機和記憶（RAM 和 ROM）的微妙關係上。

處理機的主要作用是接受指令和執行命令。它包括控制（Control），運算／邏輯（Arithmetic/Logic Unit-ALU），隨機取存記憶，和唯讀記憶等單位。另外一個單位便是所謂的巴士（Bus）。實際上，它是一組電路（Circuit），爲訊息穿梭傳遞的通道。

電腦工業正不斷的朝著速度更快、體積更小、功能更大、操作更易、價格更廉的方向發展。誰也不敢預測它究竟會發展到甚麼樣的程度。不過，有一點我們可以確定，那就是它的發展，永遠與人類的慾望亦步亦趨。

第二節　電腦與圖書資訊組織

繁瑣、刻板、千篇一律是圖書資訊組織工作的特色。圖書館技術服務部門的專業人員，若無堅強的毅力和敬業的精神，面對著那日復一日，永遠沒完沒了的工作，一定會感到萬般的心煩和無奈。

電腦是將人類從工業社會推進到資訊社會的原動力，也是圖書資訊組織的大恩人。若不是電腦的適時出現，如今圖書館中專門以組織圖書資訊爲主的技術服務部（Techical Services），恐怕早就被那洶湧澎湃的書浪吞噬了。

從 1960 年代開始，中外圖書館及資訊學界，都積極的追求圖書館作業自動化。目的並不是褒貶圖書館專業人員的工作能力，而是想利用電腦來幫助他們解決「一人只有二隻手」的困難，對暴增的圖書資訊能够予以有效的控制和駕馭。

誰都知道電腦「萬能」。但是，它能不能將那「神奇之術」轉嫁到組織圖書資訊的作業上去，卻很值得討論。

一、「勞力密集」的圖書資訊組織:

二千多年來，人類對組織圖書資訊，算已盡了心力。讀者走進任何一所圖書館， 看見各種各類的圖訊資料， 整齊有序的排列在書架上，任由他們自由瀏覽和取用，這種方便，絕非一人一日之功。每一分有價値的圖訊資料——「個體資訊」——一旦進入了圖書館，它就會像送上了「輸送帶」(Assembly Line)，一站一站的往前送去， 一直到它被排在書架上爲止。在這一連串的作業中，每經過一站，「個體資訊」的原始本質就會消失一成。到了終點站，「個體資訊」也已蛻變成「整體資訊」的一部分。它是一個廣大主題知識面中的一點（知識點）。這個輸送帶就是技術服務部門的一套工作流程。而每一站 (Stop)，則是圖書資訊組織程序中，不同的重點作業 (Task)。

不可否認，組織圖書資訊的重心，在編目部 (Cataloging Department)。它的主要任務是爲每一份圖訊資料建立正式的單元紀錄 (Unit Record)。這些「單元紀錄」，便是各種公用目錄 (Public Access Catalogs)、書目 (Bibliographies)、或索引 (Index) 的基本組成元素。我們說過，「目錄」是一份館藏的清單，也是讀者檢索資訊的重要工具。

概括起來說， 組織圖書資訊的工作只有二種: (1) 建立紀錄，(2) 運用紀錄。前者是資訊「輸入」的目的，後者是資訊「輸出」的結果。

1. **建立紀錄:**

爲圖訊資料建立紀錄的方法，若以「線上編目」(Online Cataloging) 的程序爲標準， 可以分成二部分： (1) 抄仿編目 (Copy Cataloging)，(2) 原始編目 (Original Cataloging)。 而 「抄仿編目」又可再分成「全抄」和「半抄」⓫二種情況（如下圖）。

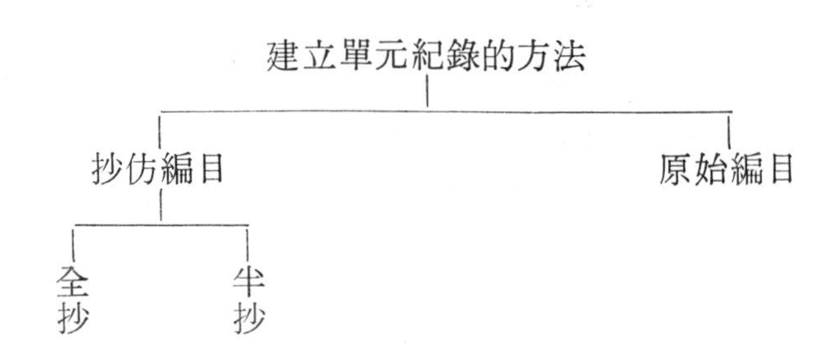

編製「單元紀錄」，包含三種基本作業: (1) 敍述編目，(2) 主題編目，(3) 編製索書標記。 「敍述編目」又包括 「敍述著錄」 和 「決定檢索項」二種工作。而「主題編目」則包括「決定分類標記」

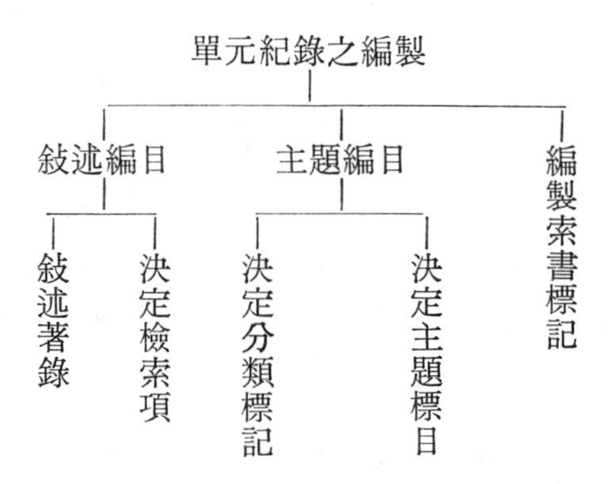

⓫ 「全抄」、 「半抄」 都爲筆者術語。 它們與英文的 Exact Copy Cataloging 和 Modified Copy Cataloging 意義是一樣的。

和「決定主題標目」二種工作（如上圖）。最後則爲各種目錄的編製。

2. 運用紀錄:

當「單元紀錄」編製完成後，下一步作業便是將這些個別的單元紀錄，根據「檢索項」，有「秩序」的編組起來而成「目錄」（館藏目錄、主題書目、索引等）。

假定目錄中的單元紀錄，包括一個以上服務單位的單元紀錄，我們稱這種目錄爲「聯合目錄」(Union Catalog)。若以主題標目、著者標目、書名／名稱標目爲編組的標準，我們便分別稱它們爲主題、著者、書名目錄。若將前述幾種目錄混合在一起，而以字母，或筆劃多少爲序的方式編排，我們便稱這種目錄爲字典式目錄(Dictionary Catalog)。

前述這二種「建立紀錄」和「運用紀錄」的工作，在 1967 年 USMARC 和書目共用中心出現以前，完全靠人力。

二、「資本密集」的圖書資訊組織:

圖書館自動化需要有一套完整的電腦系統，包括必需的週邊設備。這些硬體代表一筆不小的固定投資。同時，也代表它們配合軟體，在作業的積效上要達到某一個程度的標準。這個標準便是「要勝於人」。不只是勝過一個人，而是勝過十個人，甚至一百個人。換句話說，一套電腦系統一定要做十人甚至一百人之工。我們將「建立紀錄」和「運用紀錄」這二組作業，轉移給電腦來做，不僅要它做得比人工快，而且還要它做得比人工更確實。問題是，它能嗎?

現在不妨讓我們先來比較一下組織圖書資訊的步驟與電腦的基本功能，看看它們是否彼此相容。

電腦系統有三大功能：輸入、處理和輸出。圖書資訊的組織也有三大步驟：鑑定資料（檢索項）、編目和編製目錄。大致上看起來，二者的差別實在並不大。在圖書資訊的組織程序中，資料和檢索項的鑑定，實際上也就是資訊的輸入。圖書資訊編目和電腦的處理功能，意義上也沒有什麼差異。而目錄的編製，則更是一種資訊輸出無疑。凡是「雙手」能做的工作，電腦似乎都能做，而且不厭其煩的一做再做。譬如編製目錄，只要我們將「人讀」的單元紀錄，根據標準編目規則，輸入電腦，使它轉換成了「機讀」的單元紀錄以後，無論編製什麼樣的目錄，無論要編製多少次，電腦都會絕對服從的編製出來。可是，前面所說的「輸入」，並不是電腦自動輸入，而是經過人工。因爲鑑定檢索項的工作，以及決定分類標記和決定主題標目等工作，都不是現在的電腦技術能夠做得到的。換句話說，在組織圖書資訊的作業當中，凡是需要思考和判斷的工作，目前的電腦水平，還擔待不下來。像這類電腦所「不能」的問題，我們留待自動化索引和分類二節再討論，在此別過不提。現在且讓我們研討它能做，而且又做得很好的「抄仿編目」。

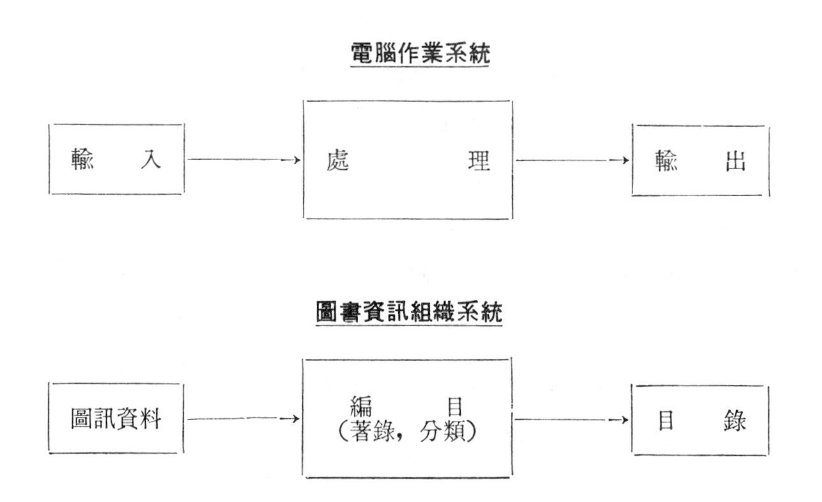

以電腦爲主的編目工作，偏重在「書目紀錄」，也就是「單元紀錄」的建立。在作業上，建立單元紀錄的目的是爲了建立「資訊原料基礎檔」(Data Base File)，簡稱「資料檔」。

什麼是「資料檔」？「資料檔」是彙集在一起互相關聯，而又彼此獨立的一組資訊原料（Data)。這些資訊原料，可經由一種通用的程序增減、修訂和檢索⓬。從圖書資訊的觀點來看，「資料檔」便是那些「單元紀錄」彙集的地方。這些紀錄不僅可供隨時檢索，而且還可以隨時修訂和增減。

一個資料檔至少包括一個以上的單元紀錄。而每一個單元紀錄，又包含一組特定數量的資料欄（Field)。換句話說，在數量上，一個單位的資料檔，爲全部紀錄之總合，而一個單位的紀錄，又爲全部資料欄之總合（如下圖）。

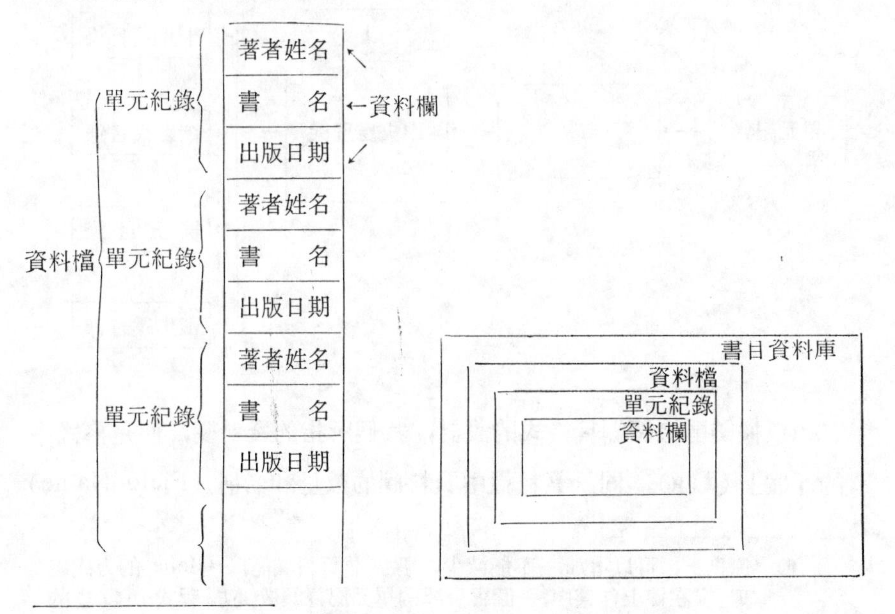

⓬ Martin, James, *Computer Data-Base Organization*, 2nd ed., Englewood Cliffs, NJ: Prentice-Hall, 1977, p. 22.

資料檔中單元紀錄的數量，可以任意增減。可是單元紀錄中的資料欄，只能修訂「欄」中資訊原料 (Data) 的文字、數字、或符號，它的數量和資料欄的名稱， 卻不能任意增減⑬。 否則將會造成資訊的喪失和操作錯誤(Bug)的發生。主要原因是電腦程式已無法和修改後的資料檔配合。因此，資料欄 (Field) 的設計，必須小心愼重。

建立資料欄是爲了使輸入電腦的資訊原料 (Data)， 容易操作和檢索。同樣的資料欄，利用不同的電腦程式，可以獲得不同的輸出結果。譬如我們利用美國機讀編目格式輸入電腦的單元紀錄，經過不同的電腦程式，可以編製出好幾種不同的目錄（如下圖）：

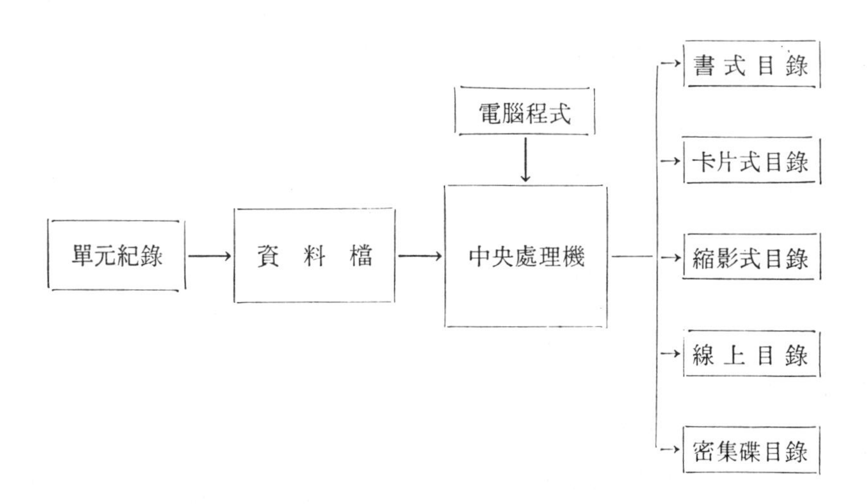

根據美國機讀編目格式的設計，我們所指的資料欄，便是格式中的「欄」(Tag)。同一資料檔中資料欄的數量和名稱 (Field Name)

⑬ 原則上，可以增加， 不能減少， 除非該資料欄能以 Globe 的方式處理。 在線上作業中， 圖書資訊的單元記錄頗像電腦程式所設立的 Source Table。 無論表中的數據如何變化， 對電腦程式本身並無影響。受影響的只有輸出結果。

不能任意修改，應無爭論。不過，因資訊需要情勢的改變，如今新的資訊媒體出現，單元紀錄中資料欄的數量，甚至名稱勢必需要更改，否則將會造成顧此失彼的現象。假如更改了資料欄，那麼原來的電腦程式，也就必須修正，甚至重寫。有時，有關的硬體，也需要加以更換或調整。像這一類「額外」的費用和時間上的耗費，都屬於我們所謂的「隱藏費用」(Hidden Cost)。這些意外成本，在資料欄設計之初，極難預測得到。

爲了避免這種「意外成本」破壞整個電腦作業，通常都採取三種應變的方法:

1. 堅持資料欄的獨立完整，不容許改變:

   這種方式，實不可取。雖然在管理上比較容易。可是，資料欄不容改變的結果，直接影響到電腦輸出。對圖書館作業來說，像這種「以不變應萬變」的固執，會使服務現狀因不能適應需要，而蒙受嚴重損害。

2. 保持資料欄的邏輯性完整，設計相當數量的「空欄」，以備「將來」擴充和修改之用:

   這種應變的方式，很像分類系統中預留的「空類」。資料欄雖然具備伸縮彈性，可是，卻無法估計要留多少「空位」才足够。若「空位」太多，會造成另一種「隱藏費用」，那就是「儲藏空間」(Storage Space) 的浪費。假如「空位」太少，又使彈性等於沒有了彈性。

3. 另外設計新資料欄，建立新資料檔:

   這種方式看似不經濟和不聰明，實際上，它的效果，比前二種都要好。這也正是美國機讀編目格式一共有了七種之多的緣故。站在電腦程式設計的立場，同一程式利用七種不同的資料檔，遠比同一資料檔中的資料欄修改六次要容易得多。

提及「單元紀錄」和美國機讀編目格式，我們不能不再談到MARC這個「頭字語」(Acronyms)。它的全名為Machine Readable Cataloging。從 1966 年 MARC I 編目格式開始，經過一年的試用，而變成了所謂 MARC II 編目格式。USMARC 的結構，雖然經過美國國家標準局和國際標準組織審定，可是資料欄 (Tag) 並沒有標準化。因此，每一個重要的書目共用中心，多多少少在資料欄的設計上都有不同。譬如英國、法國、德國、挪威、日本、中國(臺灣)、加拿大和意大利等國的國立圖書館所用的 MARC 格式，都略有不同為了便於書目資料的交換，國際圖書館學會 (International Federation of Library Association) 鼓勵會員國圖書館，採用所謂的 UNIMARC 編目格式。中國機讀編目格式 (Chinese MARC Format) 便是走的這一條路。

美國的幾家重要「書目共用中心」(Bibliographic Utility)，雖然都有它們自己的書目資料庫，而且它們所用的機讀編目格式，彼此之間，也都略有差異，但是，它們都以 USMARC 的編目格式為主，以便能與其他機讀編目格式相容（見下表）。

書目共用中心資料庫	相容機讀編目格式
OCLC	LCMARC, COMARC, CAN MARC, GPO, CATLINE, CONSER, MULS
RLIN	LCMARC, UKMARC, CATLINE, GPO, CONSER
WLN	LCMARC, COMARC, CONSER, GPO
UTLAS	LCMARC, COMARC, CANMARC, UKMARC, CATLINE, GPO, REMARC, Fichier MARC, INTERMARC
LIONS	LCMARC
IAS	LC MARC

第三節　編目自動化

「敍述編目」是編製單元紀錄三種作業之一。其實，以現在的科技水平，也只有這一項作業，才完全用得上電腦。譬如，在「抄仿編目」(Copy Cataloging)的過程中，假如發現了完全「配對」(Matching) 的單元紀錄，我們便可用「全抄」的方式來處理。只有這種結果，我們才勉強可以稱「敍述編目」的程序自動化，因爲圖書資訊的鑑定、檢索項、主題標目、分類號的選擇等步驟，仍需人工輸入。若爲「半抄」，也就是說，從書目共用中心資料庫檢得的單元紀錄和鑑定的圖訊資料稍有出入，而必須對呈現在螢光幕上的單元紀錄加以修訂。像這種修改以後再照抄的編目程序，我們最多只能稱它爲「半自動化」。

假如，建立單元紀錄，完全靠「原始編目」，那麼從編目的觀點上看，便絲毫沒有得到編目自動化的利益。不過，對其他利用上這一個原始編目紀錄的圖書館來說，便完全收到了自動編目的效果。

任何圖書館爲了適應客觀環境的需要，都可爲自己設計一種「與眾不同」的單元紀錄格式。這種「獨樹一幟」的做法，在短時期內，雖然可以達到「利己」的原則。可是，從長遠的觀點看，它旣不利己，也不利人。在圖書館資訊服務上，我們鼓勵「標新立異」，避免俗套。在圖書資訊組織上，我們卻應有「同乘一條船」的伙伴精神，力求標準統一。

分析圖訊資料的形象和主題內容，是一種穩定中稍嫌呆板的工作，不像欣賞一幅抽象畫，解釋人人而異。同樣一本圖書，假如分析的方法一致，十個人、一千個人，甚至一萬個人的看法和結論，都應該是一樣的。譬如，一本錢穆著的《論語新解》。無論那一個人析解，都會獲得下面幾點結論:

著者:	錢穆
書名:	論語新解
出版者:	東大圖書股份有限公司
出版時期:	民國七十七年四月
總頁數:	720 面
書高:	21 公分
裝訂:	平裝
基價:	NT$ 10. 44
附錄:	孔子年表

主題:　　　　　　國學、中國哲學

既然對同樣一份圖書資訊的析解，所獲的結論千篇一律，那麼要求這一道手續標準化，就並不爲過了。這種標準化，就是我們提到過的編目規則。

編目規則，是一種爲個別圖書資料建立單元紀錄的藍本。在美、英、加拿大等國圖書館線上編目系統，都一致採用 AACR2 爲它們的編目標準，並以美國機讀編目格式爲線上著錄的基礎。中國圖書館界，則採用 1983 年由中國圖書館學會和國立中央圖書館合作編製，以 AACR2 爲藍本的中國編目規則。線上著錄方面，則以仿自國際機讀編目格式 (UNIMARC) 的中國機讀編目格式爲標準。不過，由於編目規則和編目格式採用的來源不同，而造成「數處矛盾」⓮。

當編目規則和機讀編目格式確定以後，所謂的線上編目的預備工作，就算是完成。下一步就應該開始將圖訊資料的檢索項，根據編目格式，輸入電腦。

將圖訊資料的檢索項，根據編目規則和機讀編目格式，輸入電腦，共有二種方法：一種爲離線 (Offline) 編目，另一種爲線上 (Online) 編目。離線作業是編目員將所需資料塡入一種編目用的資料欄表格中，然後，再由鍵盤操作員 (Keyboard Operator)，按照該表格中所載，將檢索項逐一鍵入電腦。線上作業，則指編目人員直接將各檢索項鍵入機讀編目格式中。線上作業也包括「抄仿編目」，將「別人」的單元紀錄抄襲過來，作爲自己的單元紀錄。在線上編目的環境裏，彼此互相「抄仿」，實爲「合作編目」的具體表現。它也是編目自動化的主要條件，並不是一件不道德的事。

⓮ 黃淵泉，《中文圖書分類編目學》，臺北：學生書局，民75年，頁55。

不過，抄仿編目也會發生一些不十分理想的副作用。譬如，若發現一個「壞紀錄」(Bad Recod)，根據書目共用中心的規定，必須填報「錯誤報告」(Error Report)，並且還有義務將「正確」的單元紀錄鍵入資料庫。另外一些問題，如「權威紀錄」擠掉「會員紀錄」，「新」的紀錄擠掉「舊」的紀錄等等，因而使得「永久書目資料檔」永遠不能「乾淨」(Clean)⓯。

會員圖書館，若在書目共用中心的資料庫中找不到可用或可以配對的紀錄，就必須作「原始編目」，並且將這個紀錄鍵入書目資料庫，供其他會員圖書館利用。以 OCLC 書目資料庫為例，一般較大的研究圖書館 (Research Libraries) 作原始編目的機會較多。也就是說，給別人方便的時候多，給自己方便的時候少。純從服務與合作的觀點上，這些「大」圖書館幫助了「小」圖書館，理所當然。可是，若從作業成本上看，「大」圖書館所付出的總比收入的要多。於是在「收」「支」上，常產生「不平」之鳴。RLIN 會員的離開 OCLC，而另起爐灶，動機就在這種擺不平的心理上。

將圖訊資料的檢索項鍵入電腦的方法，因線上編目作業的系統不同，也有相當的差別。有的圖書館只利用資料庫的紀錄來核對書目資料的正確性。其他編目步驟，仍舊以人工的方式將資料鍵入電腦，建立自己的書目資料庫。另外一類的圖書館，透過資訊網連線作業。利用書目共用中心書目資料庫中的紀錄，作為檢索和編目的標準。然後，再彙集圖書館本身的書目資料，建立永久性的書目資料檔，並利用這個資料檔來編製各種目錄。

不論採用的是那一種輸入方式，鍵入的檢索項，或抄仿的單元紀

⓯ 這是線上編目人員常用俗語。意思是指書目資料必須隨時要修改，而與書目紀錄有關的各項作業，也必須重覆。

錄，都必須要與圖書資訊完全吻合。否則，那就等於一個人懷著一張「別人」的身份證。張冠李戴事小，誤了證明自己正確的身份事大。很多圖書館，爲了避免這種錯誤的發生，都設置「稽核」(Review)的一個步驟。在單元紀錄正式鍵入書目資料庫之前，必須要經過詳細的審核。這是一件相當浪費時間的工作。任何工作，所謂「人爲錯誤」(Human Error) 總是難免。工作效率高，不僅要求出產的數量多，而且出產的品質也必須相對的高。品質高，表示錯誤少。要求錯誤少，消極的審查，絕非因應之道，需要的是積極的措施，如工作人員的適時輔導，加強訓練和再教育，以及定期作業評鑑等。

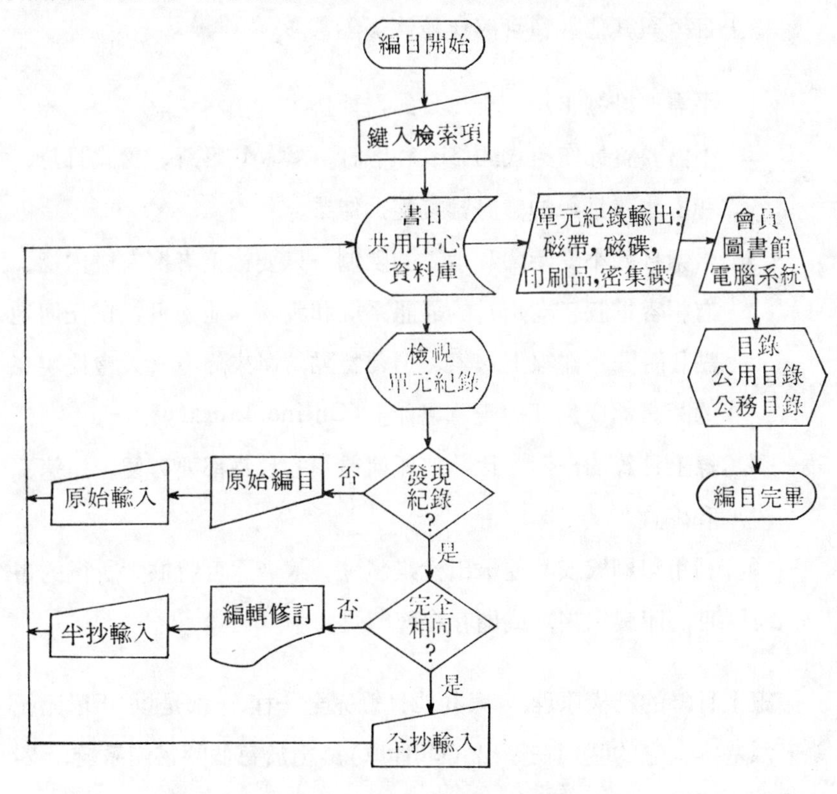

圖十一　線上編目流程圖

從圖十一，我們可以看出敍述著錄，只是整個自動化編目系統的一部分。當然，它也是最重要的一部分。單元紀錄的輸出，爲編目系統作業的後半部。雖然輸出品中包括卡片，一般圖書館，鑑於卡片目錄在分布上和使用空間上不斷擴展所遭遇到的困難，都已逐漸遠離這種傳統式的展示方法，而走向線上目錄 (Online Catalogs)。在這二種極端方式之間， 還有電腦輸出縮影系統目錄 (COM Catalogs), 密集碟目錄 (CD-ROM Catalog), 和書式目錄 (Book Form Catalog)。書式目錄，多半是用來彌補其他種類的目錄在數量分配上不足。很少用它來當作主要的目錄。

線上目錄與其他各種目錄比較，優點甚多:

1. 不需要排列卡片。卡片目錄需要排卡。
2. 不需要整批作業式的修改和增訂。COM 目錄、書式目錄、和密集碟目錄的修訂都屬整批作業。
3. 檢索目錄不受時間和地點的限制。只要檢索者擁有檢索權、有相容電腦、有適當的通訊系統和設備，他便可以在任何地點和時間，作線上檢索。這種特點，將來終有一天會使現在的圖書館成爲「線上圖書館」(Online Library)。
4. 線上目錄的檢索，比其他任何種類的目錄都要方便、迅速、和確實。
5. 利用印刷機或其他輸出性媒體 ， 讀者還可將檢索所得的書目，印製出來，或儲存在臨時媒體中。

線上目錄的結構原理， 與其他目錄完全一樣， 都是以 「單元紀錄」爲基本。它的區別在輸出 (Output)。由於每個圖書館系統， 對檢索要求不同，線上目錄的展示方法也就不同。一個圖書館系統，通常包括幾所重要分館。它們不僅地區分散，館藏性質也多不相同。因此，第一個發生的問題，便是決定線上目錄應該展示整個系統的館藏，或是應該分別展示各個分館的館藏。這是一個值得辯論的問題。不過，筆者認爲一個圖書館系統目錄，遠比數個分館目錄有意義:

1. 圖書館系統目錄，完全合符「資源共享」(Resources Sharing) 的原則。
2. 統一紀錄管理和維護，也卽品質管理，要比分開的方式容易有效。
3. 從圖書館系統目錄，使讀者對整個圖書館的確實館藏一目了然。
4. 節省讀者檢索目錄的時間。

若爲了要在圖書館系統目錄中，能够清晰的分辨出各分館的館藏，我們可以利用「分館代號」(Branch Code) 的方法，在單元紀錄中，加入分館標記。在 OCLC MARC 中，分館標記多列入欄號 ϕ49 之中。同時，爲了各館清點館藏的方便，還應該寫一套印製各館「排架目錄」的程式。

美國各主要書目共用中心，對各會員館館藏紀錄的保管方式也不盡相同。譬如 UTLAS, AGILE II, 和 IAS 將會員圖書館的機讀資料分開儲存。可是，書目紀錄檔只有一個。OCLC 和 WLN 雖然也只有一個總書目資料檔，但是每一個單元紀錄，都會有各圖書館的代號 (Code)，它的功用，不僅在鑑定某圖書館在它的資料庫中，是否已有了相同的紀錄（一種驗明複本 (Multiple Copies) 的功能），而且在館際借閱的副系統 (Subsystem) 中，還有辨明「誰有」和「誰沒有」的作用。OCLC 和 WLN，常利用不同圖書館的代號，爲各會員圖書館，分別編製永久書目資料檔。

線上目錄的主要對象爲讀者。螢光幕上的文字或符號，是讀者與圖訊資料溝通的第一個接觸點。因此，縱使圖書資訊的單元紀錄的格式完全一樣，在螢光幕上展示出來的畫面，不僅應該易識、易懂、和生動活潑，而且，還應該易於使用，使讀者能夠順利、迅捷的檢索到他尋求的圖書資訊⑯。NOTIS 線上目錄的展現，就顯得非常單調，而且非常不適於一般「生手」運用。OCLC LS/2000 系統，將展示畫面，分成四種，以適應四種不同的使用者⑰：(1) 初次使用者，(2) 有經驗的使用者，(3) 參考專業館員，(4) 編目專業館員。

Book In Print Plus 是一種唯讀記憶密集碟書名目錄。它的檢索方式只分 (1) 初次使用者和 (2) 有經驗的使用者二種。它那關鍵字、語和布耳邏輯的檢索特點，使查詢書目資料，非常方便、容易。通常，在檢索方法的設計上，可以分成指令式 (Command-oriented) 和選擇式 (Menu-oriented) 二種。NOTIS 很接近指令式，而 *Book In Print Plus*，則很接近選擇式。不過，多數檢索系統，多爲二種方法的混合⑱。

我們已不止一次的提到密集碟目錄的茁起以及它在資訊檢索上的

---

⑯ Lee, Lucy Te-Chu, "OPAC-Online Public Access Catalog," In: *Library Automation & Information Science: A Collection of Essays*, Taipei, Taiwan: Sino-American Publishing Co., 1985, pp. 89-106.

⑰ Saffady, William, *Introduction to Automation for Librarians*, 2nd ed., Chicago: American Library Association, 1989, p. 263.

⑱ 有關線上公用目錄 (Online Public Access Catalogs) 的文獻很多，下面的一篇綜合性論文尤值參考：Hildreth., Charles R., "Online Public Access Catalogs," In: *Annual Review of Information Science and Technology*, ed. by Martha E. Williams, Whitepl-ains, NY: Knowledge Industry Publications, Vol. 20, 1985, pp. 233-285.

快速和確實。比起線上目錄，密集碟目錄沒有立即修訂和增減的優點。因此，在保持目錄的新穎、確實上，它敵不過線上目錄。不過，比起其他種類的目錄，包括 COM 目錄在內，它又要優越很多。

密集碟目錄「工作站」(Work Station)的特色，是成本高，佔地廣。不過「工作站」的微電腦，除操作密集碟目錄以外，還可利用dBASE、Lotus 和 WordPerfect 等軟體。因此，若不將這個「工作站」的設備，改變成一個「多元資料系統工作站」，未免是一種損失。可是，若將它變成了一個「多元工作站」，讀者「佔用」它的時間將會更長。相對的，又等於密集碟目錄數量的減少。這的確是一個難於取捨的問題。

第四節　索引自動化

在電腦的運用沒有普遍以前，索引的編製，也像編目一樣，全靠人力。以電腦來協助編製索引，應該從 H. P. Luhn 於 1958 年利用 IBM 電腦編製「關鍵語索引」(KWIC) 開始⑲。在當時，Luhn 的索引方法會立刻受到資訊界的重視，實有它的特殊背景⑳：

1. 1950 年代開始，圖書館學界以及資訊學界面對資訊的暴增，亟思有效控制對策。
2. 電腦科技已開始快速發展。
3. 新學科「運算語言學」(Computational Linguistics) 的出現，使語言結構和意義的分析逐漸走上電腦化。

⑲ Luhn, H. P., "A Statistical Approach to Mechanized Encoding and Searching of Library Information," *IBM Journal of Research & Development*, 1:4 (1957), pp. 309-317.

⑳ Chomsky, N., "Three Models for the Description of Language," *IRE Transaction on Information Theory (IT-2)*, 2:1 (1956), pp. 113-124.

4. 「人工智慧」(Artificial Intelligence) 和自動化組織的研究，都已有了豐碩的成果。

上面這幾點條件，無不間接的鼓勵索引自動化。KWIC 的出現，只不過是一個「理想」的實現。到了 1962 年，已經約有 30 種不同的出版品，採用了 KWIC 的觀念和方法。著名的如 *KWIC Index to Neurochemistry* 和 *KWIC Index to the Science Abstracts of China*。美國化學學會 (American Chemistry Society) 出版的《化學摘要》(*Chemical Abstracts*) 之所以能够脫穎而出，成爲美國，甚至世界上重要的基本科學出版品，就是因爲它採用了 KWIC 索引方法，使它的內容能够保持特別新穎適時[21]。

自動化索引的編製，通常都必須經過下面五個步驟[22]:

1. 資訊原料輸入。
2. 索引元素之辨識、鑑定和運算。
3. 代表性結構的組成。
4. 款目名稱的製定。
5. 索引輸出。

索引編製的第一道手續，爲文件的輸入。輸入的方式可以人工鍵入，也可以利用「光學辨識法」(OCR)，或從已儲存在磁帶、磁碟中的資料，直接輸入。文件中「索引元素」(Indexing Element) 的辨識、鑑定、分析和代表性結構的組成，可說是自動化索引成功與

---

[21] Herner, Saul, "Methods of Organizing Information for Storing and Searching," *American Documentation*, 13: 1, pp. 3-14.

[22] Landry, B. C. and James E. Rush, "Automatic Indexing: Progress and Prospects," In: *Subject & Information Analysis*, ed. by Eleanor D. Dym, NY: Marcel Dekker, 1985, p. 207.

否的幾個重要關鍵。一般性資訊原料的輸入和索引成品的輸出，都由電腦操作。Luhn 氏的 KWIC，在當時仍利用人工鍵入的方法，所以，它還不能算是眞正的自動化索引。眞正算得上自動化的索引，只有三種[23]：

索引名稱	索引種類
HAIC	KWIC
KLIC	KWIC
CAS Patent Concordance	KWOC

HAIC (Hetero Atom in Context) 索引[24]，有一個非常有規律的結構。它包含的款目，全都是化學分子式。

KLIC (Key Letters in Context) 索引的特點是文字中，英文字母的排列，都有它們一定的先後秩序：

SEB	ACIC
THOR	ACIC
	ACID
ANT	ACID
	ACIDAZOL
	ACIDEMIA
LACT	ACIDEMIA
	ACIDEMIAS

---

[23] 同[22]，頁 209。
[24] HAIC 索引已於 1971 年終止出版。

Patent Concordance 是《化學摘要》出版品之一。它屬於「關鍵字索引」系統。它的款目結構形式如下:

$$N \quad N_1 \quad C$$

N: 專利編號。

N: 專利登記國別。

C: 《化學摘要》之摘要 (Abstract) 編號。

款目排列如下例:

專利編號	專利登記國別	化學摘要編號
156951	GER	1814293
157288	BRIT	1243646

從這三種完全自動化的索引中，我們可以發現它們有一個共同的特點，那就是款目的結構，都未曾經過修改。文件中用的是甚麼文字，甚麼符號或數字，電腦就將它們選出來作爲款目。我們稱這種方式的索引爲「導引索引」。稱這些被電腦挑出來的字詞、數字、或符號爲「自由詞彙」(Free Vocabulary)。其他各種半自動化的索引，如 BASIC (Biological Abstracts Subject in Context), Double KWIC，和另外幾種 KWIC 系統的索引，它們所用的款目，都是利用「導引索引法」選出的術語，再重新合組編製而成。我們稱這一類的索引法爲「指定索引」，或「控制詞彙」(Control Vocabulary)。在現階段，只有能直接利用「導引索引法」來編製的索引，才能有機會完全自動化。

為一種或一組文獻編製索引，完全是為了給予對文獻內容完全陌生的讀者，一種「接觸」文獻的機會。這種機會的大小，端視索引系統是否能眞正達到它預期的目標，那就是使讀者透過索引找尋到他眞正所需要的圖訊資料。這種牽涉到圖訊資料、索引和讀者的三角關係，可以用下面這一個圖來表示：

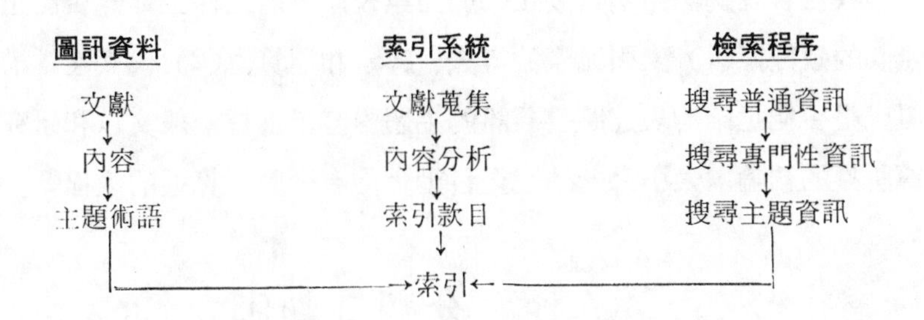

圖訊資料（文獻）是編製索引的目標 (Target)，索引系統是編製索引的步驟，檢索程序則為讀者檢索所需資訊的一般習慣。在「定型資訊與圖書資訊」一節，我們曾說過一旦圖書資訊出版發表以後，它就變成了「定型的資訊」，也就成了一種「靜止」(Static)的資訊。讀者憑著自己的想像和經驗，尋找他自己所需要的資訊。這種過程是「活動」(Dynamic) 的。而編製索引的步驟，卻介於「靜」與「動」之間。它在「圖訊資料」的一面是「靜止」的，但是在讀者的眼中，它卻是「活動」的。因此，一種最能左右逢源的索引，必定兼具「圖訊資料」和「檢索程序」的雙重性格。

從前，索引的編製靠人的智慧。索引專業人員位居於著者的思想結晶——圖訊資料，和讀者檢索過程之間。因為三方面都是「人」，所以在思想和行為上，雖不能說完全一致，至少專業人員知道如何遷就讀者的需要。專業人員憑著他們的主題學識和豐富的作業經驗，由他們編製出來的款目，絕對不會離開讀者的思路太遠。換句話說，索引專業人員多能兼顧到著者和讀者的利益。可是，電腦卻沒有這種能力。它不折不扣是一臺機器。它只知道作「是」或「否」的決定。根本不知道在「是」「否」之間還有程度上、語氣上，甚至表達方式上的區別。

我們曾說過，索引自動化的成功與否，要看二件工作是否能正確無誤的做好：(1) 索引元素的辨識、鑑定和運算，(2) 代表性結構的組成是否能正確的表達圖書資訊的主題內容。根據一般文獻和研究報導所獲的結論，索引系統的完全自動化尚有一段不算近的途程㉕。

第五節　分類自動化

圖書資訊的分類一向都是人工作業。如今有了電腦，我們是否可以利用它來代替人工，在文獻中挑選出合適的術語，編組合適的類目，製訂合適的分類標記呢？換句話說，我們是否可以使分類工作完全自動化？

研究自動化分類系統的目的，變相的，也就是對現在的各種分類原理作重新估價。看看它們是否能適合電腦作業。同時，也看看它們是否仍能供給讀者在自動化環境中，檢索並擷取所需主題資訊的機會。

圖書館蒐藏圖訊資料的目的，純係爲提供讀者即時 (Instant) 資訊服務。使讀者能以最快的速度和高度信心，檢索到他所需要的資訊，而立即予以有效使用。分類系統是將數量龐大的圖訊資料，「同

㉕ 同㉒，頁 230-237。

其所同」的各歸其類。它的價值便是使讀者獲得所需資料的效率增高，速度增快。使讀者對圖書資訊的檢索次數大大減少。實際上，這也就是分類眞正方便讀者的目的和本意。在我們繼續討論自動化分類以前，讓我們略略回顧一下有關圖書資訊分類的「過去」。

將圖訊資料「整齊」的排上書架，已經有了一二千年的歷史。在這一段時期內，人們曾以圖書的體積大小、顏色、裝訂材料，以及著者姓名、書名等，作爲排架的標準。直到十九世紀下半葉，一位名叫杜威（Melvil Dewey）的圖書館專業人員，才發現安排圖書資料最恰當的方法，應該是以圖訊資料中資訊內容的主題爲標準。慢慢地，圖書館學界，經過了長時期的研究和實際作業，更發現以主題爲標準的分類法，實爲展開圖書館服務的基礎㉖。要爲圖訊資料分類，必須要對圖書資訊的內容加以分解、剖析，並擷取出它的主要特徵(Characteristics)。這些特徵就是圖書資訊內容的代表。我們再根據這些特徵，組合成一個主題款目。在圖書資訊分類一章，我們稱這種分類法爲分合分類法(Analytical-Synthetic Classification)。另外一種聯合分類法（Associate Classification），在原理上與分合分類法極爲相近。由於這二種分類方法的款目，都是由摘取獨立術語組合而成，非常適合電腦作業。可是，電腦是否眞能夠用來編製類目呢？這個問題還難有確切的答案。

爲圖書資訊分類有二種最基本的目的：(1) 使讀者在開架式圖書館的書架上，瀏覽到同類的圖書資訊，(2) 將全部相關的圖訊資料，一一列舉出來。使讀者能獲得有關知識的全貌。同時，也供給他們一

㉖ Neelameghan, A., "Classification, Theory of," In: *Subject and Information Analysis*, ed. by Eleanor D. Dym, NY: Marcel Dekker, 1985, p. 392.

個「退而求其次」的選擇機會。譬如，在中國哲學中，若找不到有關儒家的圖書，我們還可以告訴讀者，另外還有「直系的」有關孔子、孟子、荀子等人的作品，或「横系的」有關道家、名家、陰陽家、法家等作品。當然，這種選擇也是有它一定的限度。同歸屬於工程類電機工程的圖書，並不一定就可以代替機械工程的圖書。同樣的道理，一本有關水利工程的書，決不可能以公路工程的書來代替。雖然水利工程和公路工程，同屬於土木工程類。從這個例子，又牽出一個新的問題，那就是類目究竟應該細分到何種程度才「適可而止」？

一套 McGraw-Hill 公司出版的 *Encyclopedia of Science and Technology*，共有一千萬字。若只採用 Science 和 Technology 二個字爲主題（類目），那麼全文字數與主題字數的比率爲5,000,000:1。假如以百科全書中的七千篇論文爲主題，那麼它們之間的比率就降低到 1400:1。百科全書的索引，平均每頁有 8 組二個字的索引，每頁平均約 1000 字，那麼索引中的主題術語與全文之比率，就成了 60:1[27]。根據這三種比率，試問那一種比率的主題類目數量，2 個、7000 個或 80,000 個，才算是恰到好處?

在傳統式分類法中，如杜威十進位分類法，它的類目多半沿襲傳統的知識分類，純屬一種哲學上的推理和想像。不過，它的十分法，顯然是一種個人決定。美國國會圖書館分類的類目多根據「作品保證原理」，從圖書資訊中抽取出來。這個例子在美國醫學圖書館的分類系統中，最爲明顯。假如現在我們要用電腦來組織類目，並決定它們的數量，唯一的方法，便只有採取實用的原則。只要所採用的類目，

---

[27] Vickery, B. C., "Analysis of Information," In: *Subject and Information Analysis*, ed. by Eleanor D. Dym, NY: Marcel Dekker, 1985, pp. 6-33.

能够充分的代表相同屬性的文章或作品，這些類目便可繼續的沿用下去， 直到新的類目出現爲止。 凡以電腦爲基礎設計的一套自動分類法，都應具備這種特性。

圖書資訊之間的選擇或代替，不能純粹根據分類標記或類目名稱爲準。我們還必須分析它們之間的關係，究竟有多密切。爲了尋求這個答案， 美國的 H. Borko， 在 1962 年， 就以統計中因數分析 (Factor Analysis) 的方法， 來決定術語間的親密度。電腦就根據這種親密關係，選出適當的類目㉘。

英國的Karen Sparck Jones 和她劍橋語言研究小組 (Cambridge Language Research Unit) 中的 R. M. Needham 更一連串發表不少類似的研究報告㉙。他們的重要發現， 包括 Theory of Clumps。"Clumps" 代表一組組不同的文字或觀念，常常成句的或同時的在一起出現。這些 Clumps 雖然顯得散漫無章， 但是在觀念上， 它們彼此之間卻會有四種不同程度、不同效果的關係㉚：

㉘ Borko, H., "The Construction of An Empirically Based, Mathematically Derived Classification System," *Proceedings of Spring Joint Computer Conference*, Vol. 21, 1962, pp. 279-289.

㉙ ①Needham, R.M. & K. Sparck Jones, "Keywords and Clumps: Recent Work on Information Retrieval at the Cambridge Language Research Unit," *Journal of Documentation*, 20:1 (1964), pp. 5-15.
②Jones, K. Sparck and R.M. Needham, "Automatic Term Classification and Retrieval," *Information Storage & Retrieval*, 4:2 (1968), pp. 91-100.

㉚ Maltby, Arthur, *Sayers' Manual of Classification for Librarians*, 5th ed., London: Andre Deutsch, 1975, p. 324.

1. Clumps:

2. String:

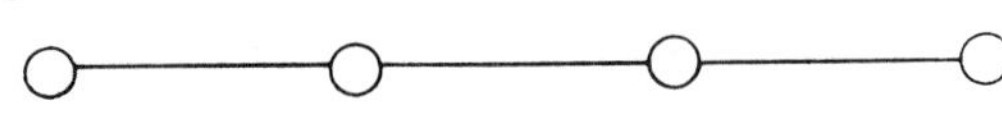

3. Star:

4. Cliques:

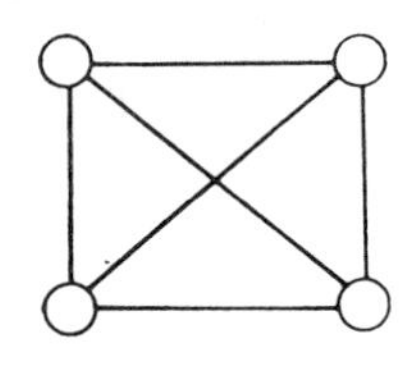

由於文字間在造句上，呈現上述四種有規律的組合關係，使 Jones 和 Needham 相信他們遲早定能發現自動分類的原理。在造句中，文字之間彼此有著一定的關係（文法上的結構）是毋庸置疑的，因爲世界上「語無倫次」的人究竟不多。可是圖書資訊的分類都以文字爲準，任何文獻都是利用文字或數字所組成。不同類屬或內容的文獻，所用的術語也必定不同。所以，我們若根據這個「物以類聚」的原則，將同屬性的圖書資訊歸併在一起，應該理屬當然。這種歸併的原理，卻很少能獲得完全而又正確的分類。主要原因，是每個人對文字的解釋和運用都不盡相同。因此，若我們能免除這種語言上的差別，使文字的解釋「公式化」或「標準化」，那麼利用電腦來選擇主題術語，甚至編製類目，應該是可以做得到的。問題是怎麼樣才能使文字的解釋呆板、僵化得像 1 ＋ 1 或 2 ＋ 2？

M. E. Maron 早在 1961 年，在一篇以「自動化索引」㉛爲題的論文中，就提到自動分類面對的一些困難。其中之一，便是如何利用機械的方式，判斷出文獻中的主題或主題知識應該屬於那一類。爲了避免這種困難，他先以實驗的方式，以某一研究文獻爲準，編製出一些主題類目。然後，再仔細的審查屬於這些類目的文件，選出 90 組代表性的文字。最後利用 Bayesian 公式決定文章的類屬。說起來，這是一個倒裝方法，先知結果，後查原因。

利用統計和數學方式來研究自動分類方法和理論的文獻很多。可是，它們結論的可靠性和合理性，尙未完全被肯定。因此，從理論上講，只能算是局部性成功。自動分類法，在過去二十年中，已有了不少成就。雖然離開全面作業的時間還遠，但是它所代表的卻是一個可以實現的希望。一旦自動分類法研究成功，那將是建立世界性資訊中心的開始。到那個時候，圖書館中就再也看不見積壓待編的各類圖書資訊。因爲，每一份進館的圖訊資料，在書背上或明顯的地方，早已有了完整的分類標記（假如到那個時候，我們還用得著分類標記的話）。同時，單位記錄甚至全部文獻也都早已儲存在世界性的資訊中心的電腦系統裏。換句話說，一旦自動分類法成功，組織圖書資訊的責任，就會由個別圖書館轉移到出版公司，或使「成形資訊」轉變成「定型資訊」的任何其他機構。到那個時候，圖書館可能搖身一變而成爲了所謂的「資訊經理人」(Information Broker)。

㉛ Maron, M. E., "Automatic Indexing: An Experimental Inquiry," *Journal of ACM*, 8: 3 (July 1961), pp. 407-417.

第六節　圖書資訊組織自動化

圖書資訊的組織，雖然手續繁雜，但是爲了方便讀者的有效使用，卻不可免。電腦的出現，使圖書資訊組織自動化，頓時呈現出一線曙光。近三十年的努力，在十種重要圖書資訊組織作業中，已有三種接近完全自動化的水平（見下表），另外七種，還待繼續發展。雖然路途遙遠，人類總會見到那一天。

圖書資訊組織自動化現狀一覽

圖書資訊組織作業	自動化處理	可能解決方法
鑑定圖訊資料	×	光學辨識法
仿抄編目		
全抄	√	
半抄	×	編目絕對標準化
原始編目		
敍述著錄	×	光學辨識法
決定檢索項	×	光學辨識法
主題編目		
決定分類標記	×	光學辨識法
決定主題標目	×	光學辨識法
編製索書標記	×	光學辨識法
編製各種目錄	√	
編製各種索引	√	

筆者借這個機會，作下列幾點預測，作爲本章的結束:

1. 一旦自動化分類研究設計成功，圖書資訊組織的工作，將完全由全國性書目共用中心、出版公司或其他任何使「成形資訊」轉變成「定型資訊」的機構代理。
2. 圖書資訊組織將絕對標準化。
3. 無論何種類型的圖訊資料，出版公司或機構將會負責將全部有關的單元記錄， 包括各種分類標記， 都以斑馬號 (Bar Code Number) 的方式， 顯明的印鑄在資料的表面。 供資料的流通和貯藏之用。
4. 「光學辨識法」 將會成爲最重要的一種資訊輸入、組織和控制工具。
5. 在電子出版的世界裏（「無紙社會」）， 傳統式的組織方法，將會完全被淘汰。不過，紙和印刷卻不會被取代。它們永遠是人類文明的一部分。

第十八章 結　論

圖書資訊事業是一種「科技敏感」❶的事業。它的發展與科技的進步總是息息相關，如影隨形。近年來，由於電腦科技，特別是通訊科技的突飛猛進，全國性資訊網的擴展，使得圖書館內部的各項作業，無論是在觀念上或是在實質上，都已有了脫胎換骨的改變。而受到衝擊最大的，便是圖訊資料的組織及整理。

線上編目不僅劃一了敍述著錄的格式，增加了圖訊資料編目的效率，更重要的，它減低了編目的人工成本，促進了線上圖書資訊目錄的早日蒞臨。線上目錄的出現，帶給讀者一種前所未見、又快速、又確實的館藏查詢工具和方法。由於通訊的日益方便和微電腦的逐漸普及，讀者已可以足不出戶的檢視圖書館的館藏。假如這種現象繼續不斷的發展下去，進入圖書館的人數將會慢慢減少。相反的，使用館藏的頻率，一定會相對的日漸增高。不可否認，電腦科技，包括它的週邊設備，使得編目的程序簡化，使得目錄和索引（不涉及內容分析的索引）的編製，變得更迅速方便。可是，對整個圖書資訊的自動化，尤其是對圖書資訊的自動分類來說，電腦的貢獻仍舊非常有限。未來圖訊資料組織的完全自動化，很可能會寄托在光學辨識法和電腦技術的精密配合上。

資訊科技的發展，固然給圖書館資訊事業帶來空前的進步，另一

---

❶ 筆者用語。

方面卻也養成了圖書館專業人員對科技的盲目依賴。身爲資訊社會中堅份子的圖書館專業人員，應該比誰都清楚，從組織圖書資訊的觀點上看，科技並不是目的，它只是達到目的的一種手段。組織圖訊資料，使讀者能夠即時有效的使用那些儲藏在各種資訊媒體中的資訊，實爲吾輩圖書館專業人員無從逃避的責任。至於將來圖訊資料的組織，是否仍舊會維持我們現在所熟知的幾種分類和編目的方式，那就要看科技的發展以及資訊內容分析和辨識自動化的何去何從。不論將來它們會是甚麼樣的結果，圖書資訊分類和編目，相信一定還會繼續不斷的演變下去。

人類的進步，靠一代又一代知識的增值，一代又一代經驗的傳遞。同時，也靠人類有那一個永遠也填不滿的慾望之井。也許二十世紀八十年代的今天，才正是圖書資訊事業發軔和人類知識文明眞正向前大步邁進的開始。

附錄 U. S. NEW BOOK PRODUCTION 1903-1986

Year	Volume	Year	Volume
1986	41, 925	1943	6, 764
1985	39, 753	1942	7, 786
1984	40, 564	1941	9, 337
1983	42, 236	1940	9, 515
1982	36, 238	1939	9, 015
1981	41, 434	1938	9, 464
1980	34, 030	1937	9, 273
1979	36, 112	1936	8, 584
1978	31, 802	1935	6, 914
1977	33, 292	1934	6, 788
1976	32, 352	1933	6, 813
1975	30, 004	1932	7, 556
1974	30, 575	1931	8, 506
1973	28, 140	1930	8, 134
1972	26, 868	1929	8, 342
1971	25, 526	1928	7, 614
1970	24, 288	1927	7, 450
1969	21, 787	1926	6, 832
1968	23, 321	1925	6, 680
1967	21, 877	1924	6, 380
1966	21, 819	1923	6, 257
1965	20, 234	1922	5, 998
1964	20, 542	1921	5, 438

1963	19, 057	1920	5, 101
1962	16, 448	1919	7, 625
1961	14, 238	1918	8, 085
1960	12, 069	1917	8, 849
1959	12, 017	1916	9, 160
1958	11, 012	1915	8, 349
1957	10, 561	1914	10, 175
1956	10, 007	1913	10, 607
1955	10, 226	1912	10, 135
1954	9, 690	1911	10, 440
1953	9, 724	1910	11, 671
1952	9, 399	1909	10, 193
1951	8, 765	1908	8, 745
1950	8, 634	1907	8, 925
1949	8, 460		
1948	7, 807		
1947	7, 243	1906	6, 724
1946	6, 170	1905	7, 514
1945	5, 386	1904	6, 971
1944	5, 807	1903	5, 793

索　引

二　劃

三　劃

四　劃

五　劃

十　六　劃

十　七　劃

十　八　劃

十　九　劃

三民大專用書書目——教育

教育哲學	賈馥茗 著	臺灣師大
教育哲學	葉學志 著	前彰化教院
教育原理	賈馥茗 著	臺灣師大
教育計畫	林文達 著	政治大學
普通教學法	方炳林 著	前臺灣師大
各國教育制度	雷國鼎 著	臺灣師大
清末留學教育	瞿立鶴 著	
教育心理學	溫世頌 著	傑克遜州立大學
教育心理學	胡秉正 著	政治大學
教育社會學	陳奎憙 著	臺灣師大
教育行政學	林文達 著	政治大學
教育行政原理	黃昆輝主譯	陸委會
教育經濟學	蓋浙生 著	臺灣師大
教育經濟學	林文達 著	政治大學
教育財政學	林文達 著	政治大學
工業教育學	袁立錕 著	彰化教院
技術職業教育行政與視導	張天津 著	臺北工專校長
技職教育測量與評鑑	李大偉 著	臺灣師大
高科技與技職教育	楊啟棟 著	臺灣師大
工業職業技術教育	陳昭雄 著	臺灣師大
技術職業教育教學法	陳昭雄 著	臺灣師大
技術職業教育辭典	楊朝祥編著	臺灣師大
技術職業教育理論與實務	楊朝祥 著	臺灣師大
工業安全衛生	羅文基 著	國立編譯館
人力發展理論與實施	彭台臨 著	臺灣師大
職業教育師資培育	周談輝 著	臺灣師大
家庭教育	張振宇 著	淡江大學
教育與人生	李建興 著	臺灣師大
教育卽奉獻	劉眞 著	臺灣師大
人文教育十二講	陳立夫等著	國策顧問
當代教育思潮	徐南號 著	臺灣大學

三民大專用書書目——新聞

基礎新聞學	彭家發 著	政治大學
新聞論	彭家發 著	政治大學
傳播研究方法總論	楊孝濚 著	東吳大學
傳播研究調查法	蘇蘅 著	輔仁大學
傳播原理	方蘭生 著	文化大學
行銷傳播學	羅文坤 著	政治大學
國際傳播	李瞻 著	政治大學
國際傳播與科技	彭芸 著	政治大學
廣播與電視	何貽謀 著	輔仁大學
廣播原理與製作	于洪海 著	中廣
電影原理與製作	梅長齡 著	前文化大學
新聞學與大眾傳播學	鄭貞銘 著	文化大學
新聞採訪與編輯	鄭貞銘 著	文化大學
新聞編輯學	徐旭 著	新生報
採訪寫作	歐陽醇 著	臺灣師大
評論寫作	程之行 著	紐約日報
新聞英文寫作	朱耀龍 著	前文化大學
小型報刊實務	彭家發 著	政治大學
媒介實務	趙俊邁 著	東吳大學
中國新聞傳播史	賴光臨 著	政治大學
中國新聞史	曾虛白 主編	國策顧問
世界新聞史	李瞻 著	政治大學
新聞學	李瞻 著	政治大學
新聞採訪學	李瞻 著	政治大學
新聞道德	李瞻 著	政治大學
電視制度	李瞻 著	政治大學
電視新聞	張勤 著	中視文化公司
電視與觀眾	曠湘霞 著	政治大學
大眾傳播理論	李金銓 著	明尼西達大學
大眾傳播新論	李茂政 著	政治大學
大眾傳播理論與實證	翁秀琪 著	政治大學

大眾傳播與社會變遷	陳世敏 著	政治大學
組織傳播	鄭瑞城 著	政治大學
政治傳播學	祝基瀅 著	國民黨文工會
文化與傳播	汪　琪 著	政治大學
電視導播與製作	徐鉅昌 著	師範大學等

三民大專用書書目——歷史・地理

書名	作者		單位
中國歷史	李國祁	著	師範大學
中國歷史系統圖	顏仰雲	編繪	
中國通史（上）（下）	林瑞翰	著	臺灣大學
中國通史（上）（下）	李方晨	著	
中國近代史四講	左舜生	著	
中國現代史	李守孔	著	臺灣大學
中國近代史概要	蕭一山	著	
中國近代史（近代及現代史）	李守孔	著	臺灣大學
中國近代史	李守孔	著	臺灣大學
中國近代史	李方晨	著	
中國近代史	李雲漢	著	政治大學
中國近代史（簡史）	李雲漢	著	政治大學
中國近代史	古鴻廷	著	東海大學
隋唐史	王壽南	著	政治大學
明清史	陳捷先	著	臺灣大學
黃河文明之光（中國史卷一）	姚大中	著	東吳大學
古代北西中國（中國史卷二）	姚大中	著	東吳大學
南方的奮起（中國史卷三）	姚大中	著	東吳大學
中國世界的全盛（中國史卷四）	姚大中	著	東吳大學
近代中國的成立（中國史卷五）	姚大中	著	東吳大學
秦漢史話	陳致平	著	
三國史話	陳致平	著	
通鑑紀事本末 1/6	袁樞	著	
宋史紀事本末 1/2	陳邦瞻	著	
元史紀事本末	陳邦瞻	著	
明史紀事本末 1/2	谷應泰	著	
清史紀事本末 1/2	黃鴻壽	著	
戰國風雲人物	惜秋	撰	
漢初風雲人物	惜秋	撰	
東漢風雲人物	惜秋	撰	
蜀漢風雲人物	惜秋	撰	

書名	作者		單位
隋唐風雲人物	惜秋	撰	
宋初風雲人物	惜秋	撰	
民初風雲人物（上）（下）	惜秋	撰	
世界通史	王曾才	著	臺灣大學
西洋上古史	吳圳義	著	政治大學
世界近代史	李方晨	著	
世界現代史（上）（下）	王曾才	著	臺灣大學
西洋現代史	李邁先	著	臺灣大學
東歐諸國史	李邁先	著	臺灣大學
英國史綱	許介鱗	著	臺灣大學
德意志帝國史話	郭恒鈺	著	柏林自由大學
印度史	吳俊才	著	政治大學
日本史	林明德	著	臺灣師大
日本信史的開始——問題初探	陶天翼	著	
日本現代史	許介鱗	著	臺灣大學
臺灣史綱	黃大受	著	
近代中日關係史	林明德	著	臺灣師大
美洲地理	林鈞祥	著	臺灣師大
非洲地理	劉鴻喜	著	臺灣師大
自然地理學	劉鴻喜	著	臺灣師大
地形學綱要	劉鴻喜	著	臺灣師大
聚落地理學	胡振洲	著	中興大學
海事地理學	胡振洲	著	中興大學
經濟地理	陳伯中	著	前臺灣大學
經濟地理	胡振洲	著	中興大學
都市地理學	陳伯中	著	前臺灣大學
中國地理（上）（下）（合）	任德庚	著